Anna Heesch
Alida-Nadine Kurras

ABER … WIR LEBEN!

Anna Heesch
Alida-Nadine Kurras

ABER ... WIR LEBEN!

Die intimen SMS zweier Frauen

edition fischer

Die Handlung dieses Romans sowie die darin vorkommenden Personen sind frei erfunden; eventuelle Ähnlichkeiten mit realen Begebenheiten und tatsächlich lebenden oder bereits verstorbenen Personen wären rein zufällig.

Bibliografische Information der Deutschen Nationalbibliothek
Die Deutsche Nationalbibliothek verzeichnet diese Publikation in der Deutschen Nationalbibliografie; detaillierte bibliografische Daten sind im Internet über http://dnb.d-nb.de abrufbar.

Orber Str. 30, D-60386 Frankfurt/Main

Cover-Fotos und Foto auf Seite 493: Darren Jacklin, Ammersee
Schriftart: Times 11°
Herstellung: Satz*Atelier* Cavlar
Druck: CPI books GmbH, Leck
Printed in Germany
ISBN 978-3-89950-461-3

Eine SMS (laut Duden):

SMS, die; -,- (über den Mobilfunkdienst versendete Nachricht; Textnachricht); eine SMS erhalten

Viele SMS (laut Katie und Sanny):

ein Roman

Danksagung

Zuallererst möchten wir uns bei der Sonneninsel Mallorca bedanken – hier fanden wir die Ruhe, um zu schreiben, wenn auch manchmal zu viel Ruhe … Gott, was haben wir geschlafen! Wir bedanken uns bei Papa und Mama Kurras für die regelmäßigen Essenszeiten (und die Knoblauchfahnen …) und bei Mama Heesch für ihr Verständnis für die durchgeknallten Weiber (also uns).

Bei ein paar Menschen würden wir uns gern für die Anregungen zu unseren Stories bedanken, aber die dürfen wir nicht nennen … Ein großes Dankeschön an unseren Handyanbieter, der auf die geniale Idee mit der SMS-Flatrate kam! Und ein Dankeschön an den Unbekannten für die Einladung nach Monza – auch, wenn wir Sylvester Stallone nicht – wie erwartet – getroffen haben und auch keine *world challenge* stattfand, haben wir die Stunden (und es waren viele!) in unserer schäbigen Unterkunft ausgiebig genutzt, um kreativ zu sein.

Wir sagen auch Danke an die Freunde, die wir nach diesem Buch nicht mehr haben werden … Tut uns leid, aber Eure Geschichten waren einfach unglaublich und zu geil, um nicht der Welt mitgeteilt zu werden! Danke an den kleinen, erlesenen Kreis derer, die vorab schon mal Probe lesen durften und mussten und aus dem Lachen über die SMS-Stories nicht herauskamen und uns damit immer wieder motivierten, weiterzumachen.

Unser besonderer Dank gilt der R.G.Fischer-Verlagsgruppe und der *edition fischer* in Frankfurt, die mit uns gemeinsam dieses Abenteuer Buch eingegangen sind.

Und noch ein Tipp an alle, die Liebeskummer haben: er lohnt sich nicht!!!

Anna Heesch und Alida-Nadine Kurras

Vorwort

Das liebe Handy ist doch eine rattenscharfe Erfindung der heutigen Zeit – kaum vorstellbar, ohne diesen ständigen Begleiter zu leben! Wie hat man das in früheren Jahren nur gemacht, so ganz ohne mobiles Telefon? Was hat man getan, wenn man die neueste must-have-Handtasche in der Auslage seines Lieblingsgeschäftes entdeckt hat und voller Entzücken und Begeisterung natürlich seiner besten Freundin diese aufregende Neuigkeit sofort mitteilen musste? So ein Handy ist ein treuer Begleiter – was man sich ja auch von seinem Partner wünscht, aber nicht immer auch wirklich erhält …

Das persönliche Handy wird liebevoll ausgesucht, bekommt immer wieder neue Outfits und erfreut den glücklichen Besitzer. Waren es früher noch extrem übergroße Knochen, sind es heute kleine Kostbarkeiten in gold oder silber, mit Swarovski-Glitzersteinchen oder Perlen, manche sogar von den Top-Designern wie Prada, Dolce&Gabbana oder Armani. Und erst diese süßen, kleinen und schnuckeligen Anhänger in allen Formen und Farben – da macht das Aussuchen Spaß! Das Handy ist ein riesengroßes und dunkles Geheimnis und wirklich nur für den echten und wahrhaften Besitzer gedacht. Denn – wie jeder von uns weiß –, man darf leider nicht in fremde Handys schauen, auch wenn man das manchmal noch so gerne täte. Es überkommt einen – das Kribbeln in den Fingern und diese nicht zu bändigende Neugier – nur ein kleiner, ein klitzekleiner Blick in das Innere des Handys des Partners, nur so, ohne jeglichen Hintergedanken natürlich …

Was ist die Telefonanrufliste des anderen aber auch spannend … leider ist eben diese auch recht häufig der Trennungsgrund für viele Paare. Das Handy ist also nicht nur der beste Freund, sondern kann schnell zur scharfen und gefährlichen Waffe werden und sich sogar gegen den eigenen Besitzer richten!

Aber es gibt ja noch etwas viel Aufregenderes als das Styling des Telefons oder die Anrufliste, und das ist definitiv die Tatsache, dass man kurze oder längere oder ganz lange SMS verschicken und erhalten kann. Eine Short Message ist immer wie ein kleiner Brief – und ganz ehrlich: wer bekommt nicht gerne Post? Ein wirklich schlauer Kopf, dieser geniale Erfinder des SMS-Services. Es gibt tatsächlich einige Menschen, die diese SMS-Optionen gar nicht in Anspruch nehmen. Kaum vorstellbar, aber wahr! Was geht denen nur ab? Es gibt verschiedene Möglichkeiten, den SMS-Service zu nutzen: einfach nur schnell Termine machen, Treffpunkte vereinbaren oder Verspätungen ankündigen. Manche beenden sogar ihre Beziehung per SMS und wieder andere bestreiten ihr komplettes Leben damit – so wie Sanny und Katie!

Datum: 07.07.

09:46 Uhr
Sanny an Katie
»Maus, oh Gott!!! Ich habe gestern etwas ganz Dummes gemacht. Ich werde definitiv sterben. Elend – ich brauche Deine Hilfe. S.O.S.!!«

09:47 Uhr
Katie an Sanny
»Was ist denn jetzt schon wieder los???!«

09:47 Uhr
Sanny an Katie
»Nein, heute ist es wirklich ernst.«

09:49 Uhr
Katie an Sanny
»Okay, Süße. Von vorne … hast Du getrunken?:)«

09:50 Uhr
Sanny an Katie
»Schlimmer!!!! Also, es ist schon so, dass ich ein wenig (zu viel) getrunken habe! Aber das ist das geringere Problem …!!«

09:51 Uhr
Katie an Sanny
»Mit wem warst Du unterwegs?«

09:53 Uhr
Sanny an Katie
»Unser liebenswerter Redakteur Dennis hatte doch gestern Geburtstag, und Du weißt ja, wie beleidigt er sein kann, wenn man ihm nicht das Gefühl der tiefsten Liebe vermittelt. Also bin ich nach der Arbeit noch spontan zur Party. Und dann ist es passiert …! Und nun rate mal, wer es war.«

09:56 Uhr
Katie an Sanny
»Oh nein! Sag, dass das nicht wahr ist. Nein. Sag bitte nicht, dass der Typ mit M… anfängt und mit …eier aufhört!«

09:56 Uhr
Sanny an Katie
»BINGO! Du bist mein Alibi!!!!!«

09:59 Uhr
Sanny an Katie
»Schatz???? Du kannst doch mein Alibi sein, oder? Oder bin ich grade Deins? Katie – jetzt ist nicht der richtige Zeitpunkt, um Späße zu machen. Oder bist Du unter der Dusche? Bestimmt duschst Du grade …, sonst hättest Du längst geantwortet …«

10:00 Uhr
Sanny an Katie
»Hallo????????????????????????«

10:01 Uhr
Sanny an Katie
»… ich rufe jetzt die Polizei. Ohne Witz. Ich rufe da jetzt an. Jawohl! Katie???????!«

10:02 Uhr
Katie an Sanny
»Sorry, ich arbeite schon und mein Chef war grade da wegen Drehbuchbesprechung. Weißt doch, wie die bei 'ner daily soap so ticken! Mann, scheinst ja wirklich Panik zu schieben. Du musst jetzt einfach die Nerven bewahren. Wie war er denn??«

10:04 Uhr
Sanny an Katie
»Chef – eine nette Bezeichnung für Peter. Hast Du das gut – seht Ihr Euch heute noch? Mika war erstaunlicherweise gigantisch. Ich sage nur: acht Mal in der letzten Nacht. Kannst Du Dir das vorstellen? IN DER ERSTEN NACHT!!!! Mir tut alles weh und ich kann kaum noch stehen. Sitzen klappt überhaupt nicht mehr!!:)«

10:07 Uhr
Katie an Sanny
»Leckt er?«

10:08 Uhr
Sanny an Katie
»Wie ein junger Gott – als gäbe es keinen Morgen. Hat sich richtig festgesaugt. Wow! Hat der ein Handbuch gelesen? Es war alles dabei und er hatte eine Dauerlatte. Da merkt man, dass er zehn Jahre jünger ist ... haben mehr Kraft und so kleine, knackige Klöten, die sitzen noch richtig fest am Riemen.«

10:09 Uhr
Katie an Sanny
»:))))))«

10:10 Uhr
Katie an Sanny
»Dass Du den Typen echt klar gemacht hast, ist ja wirklich abgefahren. Im besten Alter, sieht aus wie eine Mischung aus George Clooney, Elvis Presley in jung und dem Cola-Mann aus der Werbung, hat Charme und alle Weiber fliegen auf ihn. Und Du hast ihn mal soeben zum Dinner vernascht und zum Boy des Jahres gekürt. Alle Achtung. Nee, Peter und ich sehen uns heute Abend leider nicht. Er fliegt gleich heim und kommt erst morgen wieder … er hat doch heute happy family day mit seiner unsäglichen Alten. Die geht echt gar nicht. Erst hängt sie ihm zwei Gören an und jetzt sieht sie aus wie eine Knautsch-Lack-Tasche. Schatz – sorry, muss jetzt los. Mein Dreh fängt an und die Szene muss ich überzeugend spielen!«

10:11 Uhr
Sanny an Katie
»… nein, nein, nein! Warte doch kurz, nur eine schnelle Sekunde: was mache ich denn jetzt nur???? Hoffentlich hat uns keiner gesehen. Bernhard bringt mich um …! Oder ihn oder uns beide!«

10:20 Uhr
Sanny an Katie
»Männo …!«

13:25 Uhr
Katie an Sanny
»Wir haben einen so schlechten neuen Kollegen bekommen, der den Hannes, einen Verehrer von mir in der Soap, spielen soll. Der hat die Energie einer Ente und dessen Gehirn scheint ein Sieb zu sein. Wir mussten sämtliche Szenen ständig neu starten. Jetzt ist endlich alles im Kasten. Was überlegst Du denn, Maus? Der Plan ist doch ganz klar: Du streitest grundsätzlich alles ab. Du hast

schön bei mir geschlafen, weil Markus doch eh geschäftlich unterwegs ist. Alles safe. Baby, nur die Ruhe, Du hast es mal wieder verdient.«

14:50 Uhr
Sanny an Katie
»War auch grade unterwegs, die Beiträge für heute Abend anschauen. Was ist eigentlich mit den Promis los? Gut, dass wir so normal sind. Ja klar, ich würde es bis aufs Blut abstreiten. Mika hat schon angerufen. Wir treffen uns heute wieder. Hilfe, bin ich verrückt?«

14:53 Uhr
Katie an Sanny
»Na, der muss Dich ja schwer beeindruckt haben … dass Du nach 7 Jahren Deinen Bernhard ernsthaft betrügst und Du den Typen auch noch privat (!!!) wieder treffen willst. Normalerweise holst Du Dir doch nur für eine halbe Nacht das, was Du sonst nicht bekommst, und gut is. Nicht, dass Du Dich verliebst, Kleine!«

14:54 Uhr
Sanny an Katie
»Ach, Quatsch!!!! Kennst mich doch. Niemals würde ich für einen Anderen so empfinden. Bernhard ist der Mann meines Lebens! Du weißt, wie sehr ich ihn liebe. Aber Mika war von den ganzen Flachpfeifen einfach der Beste, und ich will mehr …«

14:58 Uhr
Katie an Sanny
»Sei so gut: mach nichts, was ich nicht auch tun würde …:))«

20:30 Uhr
Sanny an Katie
»Schatz, Schatz, Schatz … gleich ist es soweit. Er holt mich ab mit seiner Schrottchaise (fährt einen uralten, rostigen, feuerwehrroten Opel …). Welcher Lippenstift ist besser? Der neue braune oder doch lieber zartrosa?«

20:34 Uhr
Katie an Sanny
»Na, also rosa fällt ja wohl aus – bist zwar turbo-blond, aber schließlich keine Barbie. Aber ganz ehrlich?! Brauchst Du überhaupt Lippenstift? Erstmal hast Du doch dieses Permanent-Lippen-Make-up und zweitens kaut er Dir den doch direkt wieder runter. Wo trefft Ihr Euch?«

20:36 Uhr
Sanny an Katie
»Er kommt erstmal zu mir ins Hotel und dann weiß ich noch nicht, was passiert. Sicher will er erstmal schick essen gehen, von mir aus könnten wir uns das sparen und direkt in die Kiste ☺ Hab' eine ganze Batterie Kondome an der Tanke besorgt, man weiß ja nie …!«

20:38 Uhr
Katie an Sanny
»Darf ich Dich an Deine Worte erinnern, meine Liebe? Wie war das noch gleich? … ich kann nicht mehr sitzen!!!???? Na dann: viel Spaß, gehe jetzt pennen, hab morgen einen anstrengenden Tag. Pressekonferenz – Hilfe!!!! Und ich muss strahlen – Peter ist dabei …«

23:13 Uhr
Katie an Sanny
»Maus, alles klar? Musste grade innerlich so lachen, weil ich mir vorgestellt habe, wie der Meier Dich mit Erdbeeren füttert und Du wie pretty woman alles gibst. Sterbe vor Neugierde …«

Datum: 08.07.

00:30 Uhr
Sanny an Katie
»Schatz: ich schrei mich weg. Du glaubst es nicht, wo ich gelandet bin: er lebt in einer WG!!!! Hallo? In einer WG!!! Dachte, aus dem Alter ist man schon ein paar Jahrzehnte raus. Alter, hier ist nur Sperrmüll, und er nennt das Einrichtung. Mein Leben ist ein Trip. Bin grade auf Klo – alles gelb hier. Also gelbe Kacheln, wie in den Siebzigern – dass es so was noch gibt. Trotzdem: er ist ein Traum und es ist genial. Und er schämt sich auch ein wenig, wie er hier so haust. Zu Recht!!! Er wollte erst mit ins Hotel, nachdem wir uns ein schnelles Steak gegönnt haben, aber mein Team wohnt da zurzeit auch, und das ist mir einfach zu heiß. Dachte, Du wolltest schon lange schlafen? Alles gut bei Dir? Und wieso machst Du Dir Gedanken über meine Nacht – morgen ist doch eher Peters und Deine …«

00:34 Uhr
Katie an Sanny
»… ach, kann einfach nicht schlafen. Kennst doch meine nervigen Schlafstörungen und die Aufregung, wenn ich Peter mal wieder eine Nacht für mich habe … weiß nicht so recht, wie ich es morgen machen soll: mein werter Verlobter kommt nun doch

schon morgen aus Kapstadt wieder – statt übermorgen, wie geplant. Scheiße. Endlich hätten Peter und ich mal wieder eine Nacht, und da kommt der nette Herr R. früher. Ist ja typisch. Bin ich ja schon vom Bett gewohnt – wobei: lang, lang ist's her … aber ich will mal nicht undankbar sein – er kommt immerhin … ☺. WG???? So richtig mit: jeder hat ein Zimmer und man teilt sich die Dusche und das Klo? Ist ja furchtbar. Geht ja gar nicht, obwohl: was für ein Abenteuer. Ja, pass bloß auf im Hotel – Du weißt: auch die Straßen haben Ohren. Die quatschen doch alle. Ach, apropos Quatschen: wo bist Du morgen, also heute – ich muss Peter einfach sehen. Also schlafe ich offiziell bei Dir, oder fliegst Du morgen schon wieder nach Hause? Lass später einfach telefonieren. Kuss, hab' Dich lieb.«

10:12 Uhr
Katie an Sanny
»Schön, dass ich Dich noch erreicht habe, bevor Du in den Flieger steigst … also, ich penn bei Dir und Du fliegst natürlich erst morgen … hast doch niemandem erzählt, dass Du heute schon los musstest? Oder? Das muss absolut wasserdicht sein … Du weißt ja, ich will die Hochzeit durchziehen, denn Peter wird seine Familie nie! für mich verlassen – wie er ja auch immer schön betont – und ich hab keinen Bock, als alte Wachtel zu verenden … außerdem ist Markus auch wirklich der Richtige … er ist liebevoll, sieht gut aus, kommt aus gutem Hause und hat Stil … nur das mit dem Ficken, das kriegt der nicht hin … leider … dabei bin ich doch die Granate in Person …«

10:15 Uhr
Sanny an Katie
»Sag' mal, spinnen die in München eigentlich? Ich bin schon durch den Sicherheitscheck und die Affen haben mir mein Feuerzeug abgenommen! Hatte drei in meiner Tasche, und das

darf man nun auch schon nicht mehr. Gott, wo kommen wir hin – lauter Spießer. Schatz, ich bin offiziell natürlich noch in München und Du musst Dir keine Sorgen machen, alles abgesichert! Wehe, ich werde nicht Trauzeugin. Wenn Markus wüsste … wir sind Schlampen – nein, wir sind einfach nur die Königinnen, und man hat uns auch gefälligst so zu behandeln. Und ganz ehrlich, Katie: wenn er nicht vögelt, dann macht das eben ein anderer … Man sollte Sex und Liebe auch trennen. Machen die Männer doch auch – oder warum gibt es wohl um die 400.000 Nutten und eine Reihe von Gelegenheitsprostituierten allein in Deutschland? Nein, alles gut, und Du machst das richtig! Mika hat auch schon angerufen. Wir sehen uns in drei Tagen wieder, wenn ich zurückkomme. Ganz schön lange noch …«

10:26 Uhr
Katie an Sanny
»Bist wahrscheinlich schon im Flieger. Denk dran: der kann nicht abstürzen. Du machst Dir doch sicher schon wieder ins Hemd … Ach, ehe ich es vergesse: melde Dich später bitte mal bei Franzi. Sie hat tolle Bilder aus meiner Jugend- und Schulzeit gefunden, die wären für die Hochzeitszeitung ideal. Du machst doch eine Hochzeitszeitung für uns, oder? Das ist der verdammte Job einer Trauzeugin … wollte Dich nur erinnern … Aber nicht zu kitschig, und lass bloß die peinlichen Geschichten um meine furchtbaren alten Beziehungen aus Deiner Rede. Der verlässt mich sonst direkt am Brauttisch. Kennst ja seine Eltern: immer etwas etepetete und leicht zu schocken. Und schließlich soll es doch ein unvergesslich schöner Tag werden.«

10:27 Uhr
Sanny an Katie
»Sei Dir mal sicher, dass Deine künftigen Schwiegereltern begeistert sein werden. Und warum nicht ein wenig aus dem

Nähkästchen plaudern? Die haben schließlich Humor. Stil und Bildung schließen ja nicht aus, dass sie Dein Vorleben nicht dulden … Sind doch auch Menschen mit Herz und einer Vergangenheit … waren ja schließlich auch mal jung …«

10:28 Uhr

Katie an Sanny

»Da hast Du Recht – und das liebe ich ja auch an denen. Ich möchte einfach nur alles perfekt haben, damit die Familie auch stolz auf mich ist!«

17:36 Uhr

Katie an Sanny

»Wo tigerst Du denn schon wieder rum? Hab' ja ewig nichts von Dir gehört … Wieder mal typisch: kaum bist Du in Hamburg, bist Du auch direkt in der Versenkung verschwunden. Du liebst mich nicht mehr. Aber da bist Du nicht die Einzige: Peter hat mich behandelt wie eine Kollegin. Als wäre ich nur Schauspielerin und bei ihm unter Vertrag. Du kannst es Dir nicht vorstellen, aber der hat mich auf der Pressekonferenz mit dem Arsch nicht angeschaut. Was bildet der sich eigentlich ein? Als wäre ich nur eine flüchtige Bekannte. Aber sein Gesicht später wird mich entschädigen. Was meinst Du, wie der glotzt, wenn ich ihm sage, dass unser Date heute Abend platzt!??????????!!!!!!!!!!! Schön, dass ich Dich habe.«

18:05 Uhr

Katie an Sanny

»Ich revidiere: schön, dass ich Dich hatte … warst 'ne tolle Freundin. Ich bin einsam und keiner will mich. Wieso?«

18:15 Uhr

Sanny an Katie

»Was ist denn los, mein Hase? Ich hab' Dich ganz doll lieb, und das weißt Du doch auch. Kleines Gewitter? Ganz ehrlich: ich kann Dich verstehen – immer und in jedem Punkt – aber wie bitte hätte er Dir denn seine Zuneigung zeigen sollen? Dich auf der Konferenz vor allen Journalisten schnappen und das Röckchen hochziehen und Dich vernaschen???? Ihr wart auf einer PRESSE-KONFERENZ!!!!! Profi muss Profi bleiben, egal wie hart es manchmal ist, aber so ist er so weit gekommen. Außerdem findest Du doch genau DAS ziemlich sexy. Stell Dir vor, Peter wäre so ein Weichlappen, der Dir sabbernd hinterher rennt. Willst Du das? Ich habe schnell Bergi besucht und so viel gelacht. Zwei ihrer vier Kinder sind krank und wir hatten es echt schwer, mal in Ruhe zu sprechen. Bin nun zu Hause. Was machst Du jetzt mit heute Abend? Echt absagen? Dumm, wirklich dumm.«

18:18 Uhr

Katie an Sanny

»Nee, Maus, der kann mich wirklich mal. Wer bin ich denn? Der hat sich ja bis jetzt noch nicht gemeldet. Und sein Handy ist AUS! Der will mich doch verarschen. Hast Du bitte mal auf die Uhr geschaut? Es ist 18:17 Uhr und sein Handy ist AUS! Wann will er denn mit mir essen gehen? Zum Mitternachtssnack oder was? Hat sich erledigt. Dann eben nicht. Gleich kommt Markus mit dem Flieger. Er hat gefragt, ob ich es noch einrichten kann, bevor ich bei Dir schlafe, ihn kurz zu begrüßen. Außerdem will er mir seinen Anzug für die Hochzeit zeigen. Hat er in Südafrika gekauft. Ist bestimmt schön, wie ich ihn kenne. Geschmack hat er ja. Ich werde ihn mal schön überraschen und hole ihn sogar vom Flughafen ab. Gott, was bin ich für eine liebende Verlobte!«

18:19 Uhr
Sanny an Katie
»Finde ich ja cool, dass er es so locker hinnimmt, dass er von der Geschäftsreise heimkommt und Du Dich gleich schön aus dem Staub machst … Bernhard wäre da sauer!«

18:19 Uhr
Katie an Sanny
»Ja, ja – ich bin natürlich auch ein pfiffiges Kerlchen und hatte Markus erzählt, dass wir uns heute Abend mit einer wichtigen Journalistin treffen. Was man sich nicht alles ausdenkt, um seinen Trieben nachzugehen … Markus weiß, dass bei mir der Job IMMER vorgeht und dafür liebe ich ihn so, dass er das akzeptiert! Ich bin ja genauso tolerant …«

18:20 Uhr
Sanny an Katie
»Genial! Du bist einfach die Tollste! Dann hole ihn mal schön ab, aber nicht, dass ich mir dann das Gejammer anhören muss, wenn sich Dein Peter nun doch noch meldet. Der wird doch nicht heute schon zurück nach Berlin geflogen sein? Soll er sich doch wieder einen netten Familienabend mit dieser hässlichen Kuh machen und von Dir träumen. Der soll mal aufpassen, dass er Dich nicht verliert. Bernhard und ich haben uns auch gleich nach fünf Minuten gestritten. Wegen nichts. Habe nur bemerkt, dass der Müllbeutel stinkt. Er ist direkt wieder abgedüst, zum Kumpel, schätze ich. Wie immer. Bloß nicht reden und gleich schön das Weite suchen. Wieso auch nicht – haben uns ja heute das erste Mal nach acht Tagen wieder gesehen – da reichen fünf Minuten auch. Idiot! Wie kann man sich darüber so aufregen? Egal, mache mir es gemütlich, schmiere mir ein paar Masken ins Gesicht und hau mich früh hin. Bin ganz traurig. ☹«

20:00 Uhr
Katie an Sanny
»Kopf hoch – die können uns alle mal. Obwohl ich echt Glück gehabt habe: Peter ist so so süß.«

20:01 Uhr
Sanny an Katie
»Häh???? Wieso denn nun schon wieder Peter???? Dachte, er ist das Allerletzte? Und ich gehe davon aus, dass Du Deinen Verlobten grade vom Flughafen abholst?!«

20:03 Uhr
Katie an Sanny
»Kleine Planänderung in letzter Minute: Markus' Flieger hat Verspätung. Der landet erst nachts. Hat den Anschlussflug in London nicht bekommen. Und Peter kann eben doch nicht ohne mich – hat eben angerufen. Er ist doch noch hier in München und hatte Endabnahmebesprechung für den nächsten Block. Das neue Autorenteam muss sich erstmal eingrooven, Scheint eine Katastrophe zu sein und er muss natürlich wieder alles regeln. Ein Held. Bin jetzt vorm Restaurant, habe sein Auto schon gesehen. Muss Schluss machen, er hasst es doch, wenn ich zu spät komme. P.S.: Habe Markus geschrieben, dass ich wie vereinbart bei Dir schlafe. Lieb Dich!«

20:17 Uhr
Sanny an Katie
»Na siehste, kleine Maus – alles wieder gut. Und bleib cool, Du bist drei Minuten zu spät. Drei Minuten sind nichts. Ich sehe aus: Honig und Gurke, und das nicht auf einem Brot, sondern im Gesicht. Wenn's schön macht. Schreibe mir grade mit Mika. Ein Schnuckel. Aber wir haben klargestellt, dass wir uns nicht ineinander verlieben werden. Bin angeblich gar nicht sein Typ. Mir

soll es Recht sein, gibt weniger Stress. Genieße Deinen Abend und treib es nicht zu wild. Habt Ihr wieder das Holiday Inn gebucht? Gut, dass er das immer zahlt …«

Datum: 09.07.

12:00 Uhr
Katie an Sanny
»Guten Morgen, meine Süße. Siehst Du, wie hell heute die Sonne scheint?«

12:01 Uhr
Sanny an Katie
»????? – Hier regnet es!!!!«

12:01 Uhr
Katie an Sanny
»Hier auch! Aber ich bin ja sooooo glücklich! Ich habe mich letzte Nacht wieder auf's Neue in meinen Peter verliebt! Ich weiß ganz genau, warum ich nach fünf Jahren, trotz bevorstehender Hochzeit, diesen Mistkerl so abgöttisch liebe und begehre. Kaum zu glauben, dass ich das ein Jahr ohne ihn durchgezogen habe. Wie konnte ich nur auf das alles, was uns so magisch verbindet, verzichten? Na ja, ich wollte das mit Markus eben richtig beginnen. War auch gut so. Letzte Nacht hat er es zum ersten Mal gesagt! Er sagte / O-Ton: ICH LIEBE DICH!!! Könnte heulen …«

12:09 Uhr
Sanny an Katie
»Er hat gesagt ICH LIEBE DICH!???? Reden wir vom gleichen Peter? Also, ich meine, reden wir hier gerade vom Obermacho – ich bin ein wenig zurück mit meinen Gefühlsausbrüchen – Peter???«

12:12 Uhr
Katie an Sanny
»Ja! Ja! Ja! Er sagte ganz genau das heute Morgen. Er sagte sogar ICH LIEBE DICH, WEIL DU SO HERRLICH VERRÜCKT BIST! Ist das nicht einfach nur toll?«

12:14 Uhr
Sanny an Katie
»Sensationell! Warte – mache gleich ein Kreuz in meinen Kalender. Gott, Schatz – und jetzt????«

12:15 Uhr
Katie an Sanny
»Jetzt? Jetzt geht es doch erst richtig los …«

12:16 Uhr
Sanny an Katie
»Wie? Was ist mit Deiner Hochzeit?«

12:17 Uhr
Katie an Sanny
»Warum? Läuft doch alles!!! Ach, da fällt mir ein: hast Du die Bilder von Franzi bekommen?«

12:25 Uhr
Sanny an Katie
»Ja, hab' ich! Aber weißt Du was? Peter hat echt Recht! Du bist einfach nicht ganz dicht! Also – nur zum Verständnis – Du liebst Peter, Peter liebt Dich und Du heiratest in drei Monaten das komplette Gegenteil an Mann. Entschuldige bitte, dass ich ein paar Sekunden brauchte, um das zu kapieren …«

12:27 Uhr
Katie an Sanny
»Aber Maus, ich liebe auch Markus, das weißt Du doch …! Dafür, dass er so ist, wie er ist. Das mit Peter ist halt anders – nennen wir es Schicksal! Kann man eigentlich zwei Menschen gleichzeitig lieben? Meinst Du, dass es das wirklich gibt oder bin ich einfach in diesem Punkt doch anders als andere?«

12:44 Uhr
Sanny an Katie
»Klar! Hörte davon, obwohl ich mir das gar nicht so vorstellen kann. Ich könnte meine Liebe wahrscheinlich nicht teilen. Gut, dass bei meinem neuer Lover und mir Gefühle keine Rolle spielen. Bernhard ist heute Morgen um fünf total betrunken nach Hause gekommen. Ekelhaft, diese Trinkerei. Ich kann diese Alkohol-Fahne und den Bierschiss einfach nicht mehr riechen. Frage mich ja, wo er mitten in der Woche bis fünf Uhr morgens gesteckt hat. Und mit wem??? Nein, er ist treu, das würde er nie machen! Der ist ja schon froh, wenn es bei uns nur mit einem Bruder-Schwester-Kuss ins Bett geht.«

12:46 Uhr
Katie an Sanny
»Ich verstehe das nicht: wieso haben wir eigentlich die einzigen beiden Männer auf diesem Planeten erwischt, denen Sex so

unwichtig ist? Wofür werden wir eigentlich bestraft? Und wenn es dem Zweck der Standhaftigkeit dienen sollte, dann haben wir das wohl ziemlich missverstanden …«

12:47 Uhr
Sanny an Katie
»Raffe ich auch nicht. Und dabei haben die doch die geilsten Weiber abbekommen. Ohne Witz, Katie: andere würden Millionen geben, um unsere Luxuskörper berühren zu dürfen. Aber wie heißt es doch noch gleich so schön: Es gibt doch viel wichtigere Dinge im Leben als Sex …«

12:48 Uhr
Katie an Sanny
»Ach so: und welche Dinge sollten das bitte sein …????«

12:48 Uhr
Sanny an Katie
»… wenn ich das nur wüsste …????!!!«

12:49 Uhr
Katie an Sanny
»Er ist gerade nach Hause geflogen und ich vermisse Peter jetzt schon, obwohl er eben erst gefahren ist. Und nun heißt es tapfer sein und mir bei Markus nichts anmerken lassen. Fällt doch manchmal ganz schön schwer.«

12:50 Uhr
Sanny an Katie
»Nun hör mal auf zu flennen … Du, mal was anderes: Hast Du die Flüge nach Mallorca gebucht für uns? Hoffentlich klappt das. Würde uns beiden einmal gut tun, ein wenig auszuspannen! Und es wäre in meiner Sommerpause perfekt. Im Club ist es so schön,

und selbst wenn die anderen Gäste uns erkennen, dann lassen die uns doch weitgehend in Ruhe. Paar Autogramme schreiben, ein paar Handyfotos machen und mehr haben wir nicht zu befürchten.«

12:58 Uhr
Katie an Sanny
»Was Du immer so frei nennst … Lass mich raten? Wie viele Veranstaltungen wirst Du mal eben so zwischendurch im Urlaub moderieren? Alter Geldgeier … Aber ist ja auch gut so. Der Rubel muss rollen, und man sollte alles mitnehmen, solange es so super läuft. Wegen Flügen schaue ich gleich ins Internet, habe ich bislang noch nicht geschafft. Ich sehe Peter jetzt ganz lange nicht mehr. Wie bitte soll ich das bloß aushalten? Sag es mir bitte. Er kommt doch erst übermorgen wieder.«

17:05 Uhr
Sanny an Katie
»Sag mal, Schatz, wann wollten wir das Brautkleid aussuchen gehen?«

19:45 Uhr
Katie an Sanny
»War gerade mit Markus essen und haben ein paar Details von der Hochzeit besprochen. Mann, ist der detailverliebt … und wie toll er ausgesehen hat: schlank, braungebrannt und sein blondes Haar von der Sonne noch ein wenig heller. Adonis, sage ich nur. Ja, Brautkleid. Das machen wir gleich nach Malle. Will noch ein wenig abnehmen …«

19:47 Uhr
Sanny an Katie
»Abnehmen? Wo denn?? Unter der Zunge? Willst Du als Twiggy bei Deiner eigenen Hochzeit auftreten? Also, eine 34 fände ich echt zu dürr. Markus war braun? Dachte, er war auf Geschäftsreise. Da sieht man mal, wie man Job und Vergnügen vereinen kann. Richtig macht er es. Und was steht jetzt noch an?«

19:48 Uhr
Katie an Sanny
»Poppen … :)«

19:49 Uhr
Sanny an Katie
»Ha ha ha …!!!!!!!!! Nein, ernsthaft …«

19:52 Uhr
Katie an Sanny
»Man darf doch mal ein wenig träumen … Werde mich wahrscheinlich noch mal vor die Staffelei setzen und was pinseln. Ich denke mal, Markus wird früh ins Bett gehen, der scheint ziemlich k.o.«

19:59 Uhr
Sanny an Katie
»Na dann, Bob Ross, frohes Schaffen! Ich treffe mich gleich mit Bergi und Lilli und wahrscheinlich kommen Kirsche und Melinda auch. Also klassischer Frauenabend – habe jetzt schon Kopfschmerzen. Nein, da fällt mir ein: ich trinke ja gar nicht. Habe noch immer mein alkoholfreies Jahr! Kuss und bis später!«

20:05 Uhr
Katie an Sanny
»Grüß die Rasselbande von mir. Ich muss echt auch mal wieder nach Hamburg kommen – ist schon lange her. Zu lange! Gute Nacht!«

21:32 Uhr
Katie an Sanny
»Mist – komm' nicht weiter! Obwohl ich so kreativ bin. Der Elefant sieht aus wie ein schwangeres Nilpferd und meine Giraffe ist eher ein Geier. Ach so: weißt Du ja noch gar nicht. Ich male ein Bild mit den Tieren aus Südafrika, und das schenke ich Markus zur Hochzeit. Er war doch so begeistert von der Tierwelt im Busch und die Schweizer mögen es ja gerne exklusiv und mehr geht doch nicht. Geld hat er ja genug, aber das ist doch endlich mal was Persönliches. Ich bin so toll!«

22:34 Uhr
Sanny an Katie
»Es ist so lustig hier. Habe mir auf die Schenkel geklopft: Bergi ist in Hochform, und das schon nach nur sechs Gläsern Prosecco! Wir lachen Tränen. Geile Idee – mache mal ein Handyfoto und schicke mir eine MMS. Wusste ja gar nicht, dass Du ein zweiter Picasso bist … Es steckt doch viel in uns.«

22:35 Uhr
Katie an Sanny

22:36 Uhr

Sanny an Katie

»Schatz: ich schrei mich weg. Ich kann nicht mehr. Was ist denn das????? Darf ich die Wahrheit sagen? Kannst Du damit umgehen? Bitte: fang einfach noch mal komplett von vorne an. Da zeichnet meine Nichte in ihrer Vorschule schöner! Probiere es doch einfach mal mit Malen nach Zahlen!!!«

22:37 Uhr

Katie an Sanny

»Blöde Kuh … Bist gemein. Aller Anfang ist schwer. Soll ja auch ein Unikat sein. Dass Du das nicht begreifst. Na ja, feier Du mal und schaue es Dir morgen früh noch mal an. Ich finde es zunehmend gelungen.«

22:38 Uhr

Sanny an Katie

»Mausi – was bist Du denn heute wieder so sensibel? Es ist einfach Scheiße. Malst Du auch noch Hyänen und Zebras? Brüll☺«

22:40 Uhr

Katie an Sanny

»Das schwarz-weiße ist keine Kuh: DAS IST EIN ZEBRA!!!! Gute Nacht, SÜSSE!«

Datum: 10.07.

01:12 Uhr
Sanny an Katie
»Na, mein Spatz, vermisst Du mich ein wenig? Der steht doch bestimmt direkt, wenn Du an mich denkst … Also: alles schön sauber halten, ich komme in weniger als 48 Stunden zu Dir und IHM zurück …«

01:14 Uhr
Sanny an Katie
»Sag mal, geht es denn eigentlich noch, Du Arsch? Wo bist Du und mit wem? Scheinst mich ja sehr zu vermissen … Dann leck mich doch!«

13:45 Uhr
Sanny an Katie
»Oje, mir geht es nicht wirklich gut. Ich habe von meinem alkoholfreien Jahr einen kleinen Abstand genommen. Oder es beginnt eben ab heute. Die Chinesen beginnen ja auch mitten im Jahr Sylvester zu feiern. Es war der berühmte Schluck Cola Bacardi zuviel. Boah, aber den anderen Mädels geht es auch nicht besser. Weiß noch nicht einmal, wie ich nach Hause gekommen bin und wann. Habe eben mit Lilli telefoniert und sie meinte, sie hätte mich – nachdem ich scheinbar etwas ausfallend geworden bin – mit dem Taxi zu Hause abgesetzt. Ich weiß von nichts. Erschreckend. Und warum ich mich so aufgeregt habe, fällt mir nur noch schleierhaft ein. Mika, die dumme Sau, hat auf meine SMS nicht reagiert. Habe ihm gestern Nacht so niedliche SMS geschickt und: nichts!!!!«

13:50 Uhr
Katie an Sanny
»Schau doch einfach mal in den Postausgang … vielleicht hast Du Schnapsleiche sie ja an Bernhard geschickt … ☺«

13:51 Uhr
Sanny an Katie
»Mein Leben ist vorbei! Keiner kann mich retten. Du weißt doch, dass ich erst recht im angenebelten Zustand direkt immer alles lösche … Scheiße, meinst Du das wirklich? Er war heute Morgen auch leicht angesäuert. Glaube ich. Konnte meine Augen einfach noch nicht öffnen, als er ging. Ich fuhr noch Karussell …«

14:10 Uhr
Katie an Sanny
»Bist schon aus Deiner Wohnung geflogen? Da sage ich nur: gut, dass Du mich hast. Du versoffene Printe hast mir die SMS, die an Mika gehen sollte, geschickt! Interessant, was Du dem so schreibst … Bist ja richtig heiß auf ihn! Aber nicht verliebt. Nee, nee … beruhigend.«

14:11 Uhr
Sanny an Katie
»AHHHHHAAAAAHHHHH … Bist Du eigentlich WAHNSINNIG!!!!????? Du brauchst geschlagene 20 Minuten, um mir das mitzuteilen? Zwanzig Minuten hatte ich kein Leben mehr. Habe schon die Koffer gepackt, mich zu Tode geschämt und mir tausend Erklärungen ausgedacht. Mach das nie nie wieder!!!!!«

14:12 Uhr
Katie an Sanny
»Siehst Du! Und was sagt uns das? VORSICHT, wenn man schon bescheißt.«

14:13 Uhr
Sanny an Katie
»Wie Du das so sagst … Klingt so hart …«

17:30 Uhr
Katie an Sanny
»Maus – wann kommst Du eigentlich wieder? Fehlst mir …«

17:35 Uhr
Sanny an Katie
»Morgen, habe dann aber gleich zwei Aufzeichnungen für das neue Pilotprojekt. Sanny on Tour! Klingt das nicht schon super aufregend? Mensch, wäre das geil, wenn das klappen würde …!!«

17:41 Uhr
Katie an Sanny
»Oh, das ist ja doof – habe morgen drehfrei und Peter ist ja auch nicht da. Was mache ich denn dann den ganzen lieben, langen Tag? Muss ich wohl oder übel wieder shoppen gehen … Furchtbar, die Hochzeit geht echt ins Geld. Wie gut, dass mein zukünftiger Göttergatte die Party zahlt. Mensch, drücke Dir die Daumen. Das Konzept klingt super und Du bist ja eh die Allerbeste. Wenn die schon einen Piloten drehen, dann hast Du das so gut wie in der Tasche! Zahlen die gut, weißt Du das schon? Ich weiß nur noch nicht, wie und wann Du das auch noch machen willst. Hast doch genug Stress mit Deiner täglichen Sendung. Eigentlich kannst Du gleich nach München ziehen. Wäre doch eh besser … auch für Dich und Mika!«

17:58 Uhr
Sanny an Katie
»Spinnst Du? Ich lebe in Hamburg. Schon vergessen? Ich liebe diese Stadt. Und Du weißt genau: ich liebe zu Hamburg auch

meinen Bernhard. Ich würde wirklich nie, niemals aus meiner Stadt ziehen. Ihr habt keine Alster, keine Elbe – nichts. Wo baden die in München eigentlich? Und Mika? Der Drecksack hat sich noch nicht einmal gemeldet …«

18:12 Uhr

Katie an Sanny

»Du und Dein Hamburg. Hier ist doch nun wirklich alles, was das Herz begehrt: Berge, Natur und Italien gleich um die Ecke. Alter Fischkopf …«

18:17 Uhr

Sanny an Katie

»Ist richtig! Italien um die Ecke. Deswegen habt ihr ja auch immer so ein tolles Wetter – komisch nur, dass die letzten drei Sommer in Hamburg gigantisch waren und in München verregnet. Ich war live dabei. Und ich sage Dir noch was: deswegen gibt es bei Euch auch keine Beach Clubs – lohnt sich einfach wettermäßig nicht. Bei uns gibt es die schönsten am Hafen! Mit Sand von den Seychellen und Palmen aus Dubai!«

18:20 Uhr

Katie an Sanny

»Klar! Hamburg ist besser – gibt ja auch Jobs ohne Ende in unserer Branche bei Euch Nordlichtern – deswegen fliegst Du ja auch zum Arbeiten und machst jedes Mal vorm Abflug einen riesigen Aufstand und Alarm, weil Du denkst, dass das Ding abstürzt.«

18:22 Uhr

Sanny an Katie

»Ich habe meine Flugangst voll im Griff!!! Fliege nur noch mit LEICHTEN Beruhigungsmitteln. Super!«

18:25 Uhr
Katie an Sanny
»Natürlich, Träumerin!!!! Mein Oberschenkel ist heute noch blau vom letzten Flug mit Dir, so hast Du da reingekniffen vor lauter Schiss. Ich dachte echt, Du drehst durch. Schön auch Deine Aussage, dass Du sofort aussteigen möchtest, als der Flieger ein wenig wackelte. Du bist echt verrückt. Schreibst Du Mika noch?«

18:27 Uhr
Sanny an Katie
»Sei froh, dass ich nicht mehr in Notlandeposition gehe beim Start. Hat die anderen Fluggäste ja doch immer ein wenig irritiert … Und natürlich schreibe ich Mika NICHT – wer bin ich denn bitte? Wer ficken will, muss freundlich sein – und zwar zu mir! Lauf dem WG-Hansel doch nicht hinterher. PÖH …«

18:31 Uhr
Katie an Sanny
»Würde ich auch nicht machen. Die sollen mal alle schön uns begehren und verehren – vergiss nicht: wir sind die Königinnen!«

22:32 Uhr
Sanny an Katie
»Er hat sich gemeldet!!!!«

22:34 Uhr
Katie an Sanny
»Mika? Was will er?«

22:35 Uhr
Sanny an Katie
»Na: FICKEN …!!!!«

22:36 Uhr
Katie an Sanny
»Glückliche! Wann?«

22:36 Uhr
Sanny an Katie
»Morgen, wenn ich zurückkomme. Er betreut morgen redaktionell meine Sendungsaufzeichnung. Perfekt gelaufen, würde ich sagen …!!!«

22:37 Uhr
Katie an Sanny
»Was schreibt er denn genau?«

22:38 Uhr
Sanny an Katie
»Hab' ich doch gesagt: wann morgen ficken?«

22:40 Uhr
Katie an Sanny
»Was für ein Romantiker! Immerhin bringt er es auf den Punkt!«

22:41 Uhr
Sanny an Katie
»Und findet DEN Punkt auch noch! Ein Traum!«

22:41 Uhr
Katie an Sanny
»NEID!«

Datum: 11.07.

11:05 Uhr
Sanny an Katie
»Sitze jetzt schon am Flughafen in der Lounge. Wenigstens hier darf man noch rauchen … bin ganz traurig. Jetzt sehe ich meinen Bernhard ganze acht Tage nicht mehr. Fällt ihm auch so schwer. Wir waren gestern noch im Kino und danach … – na, das glaubst Du mir eh nicht.«

11:07 Uhr
Katie an Sanny
»Der wird doch nicht wohl …????«

11:07 Uhr
Sanny an Katie
»Doch!!!! Er hat!«

11:08 Uhr
Katie an Sanny
»Ach was – seinen Pippimann in die lange nicht mehr gesehene Schatztruhe getaucht?«

11:10 Uhr
Sanny an Katie
»Doch-doch-doch!!! Für knackige 3,5 Minuten! Dann war der Zauber vorbei!«

11:12 Uhr
Katie an Sanny
»Ihr stellt ja direkt neue Rekorde auf. Wohl Sommergefühle, was? Und heute noch Mika? Wie machst Du das denn nur?«

11:15 Uhr
Sanny an Katie
»Da stellt die Richtige ja die richtige Frage … Nein, allein das Wissen, dass Bernhard und ich uns so nah sein können, ist schon wirklich schön. Aber heute Abend geht es ab … Freu mich so! JUHU!!! Frisch rasiert – natürlich alles – und los geht's. Mensch, merke richtig, wie ausgehungert ich war. Es ist doch alles der Wahnsinn.«

11:21 Uhr
Katie an Sanny
»Na, dann wird die Katze ja wieder ordentlich jaulen!«

11:24 Uhr
Sanny an Katie
»Ach, Du Elend – der Aufruf! Die Gangway ist ja doch immer ein bisschen wie der Gang zum Henker. Heute ist es so windig und stürmisch hier in Hamburg. Es wird doch nichts passieren, oder?«

11:25 Uhr
Katie an Sanny
»Also: ich würde heute definitiv nicht fliegen …!!!«

11:25 Uhr
Sanny an Katie
»WAAASSSS???? Ernsthaft? Hast Du die Zeiten der Bahn? Mist – braucht zu lange. Ich habe das Leben so genossen und Dich, meine kleine Maus, wirklich geliebt!«

11:26 Uhr
Katie an Sanny
»Jetzt werde mal nicht gleich dramatisch. Steig ein und guten Flug! War doch nur ein Scherz – alles ist gut!«

11:26 UHR
Sanny an Katie
»Deine Scherze kotzen mich an ...! GOOD BYE!«

13:35 UHR
Katie an Sanny
»Wo bist Du jetzt?«

13:44 UHR
Katie an Sanny
»Hallo???? Du kannst nicht abgestürzt sein – das würde in den Nachrichten kommen. Dein Witz ist gescheitert. Also – was ist los?«

13:50 UHR
Sanny an Katie
»Es war der Horror! Habe den halben Flug gezittert und mit allem abgeschlossen. Und dann kam die Belohnung: MIKA hat mich abgeholt! Er sah so süß aus. War unterm Grill und richtig schick. Peinlich nur seine rote Bauernschüssel. Hoffentlich hat uns keiner gesehen. Habe ihm jetzt gesagt, er möge doch bitte künftig etwas weiter hinten parken. Wow, was für ein Typ. Er holt sich grade Kippen von der Tanke – kommt jetzt wieder! Später mehr!«

13:52 UHR
Katie an Sanny
»Peter holt mich nie vom Flughafen ab ☹«

13:53 UHR
Sanny an Katie
»Liegt daran, dass Du ihn immer abholst ... Du wohnst in München – schon vergessen?«

13:53 Uhr
Katie an Sanny
»Stimmt, auch ICH werde geliebt!«

13:54 Uhr
Sanny an Katie
»KUSS!«

20:03 Uhr
Katie an Sanny
»Bist Du etwa schon wieder in dieser Hottentottenbude?????«

21:25 Uhr
Katie an Sanny
»Könntet Ihr nicht bitte mal eine ganz kurze Pause machen? Hallo: mir ist langweilig und Deine beste Freundin braucht Dich JETZT!!!!! Hast Dich den ganzen Tag schon nicht gemeldet! War alleine in der Stadt und habe nichts gefunden – dementsprechend Frustration pur! Dann kam Markus und wir haben noch nach Dingen für die Hochzeit geschaut. Will Dich jetzt sehen – also triff Dich sofort mit mir!«

22:04 Uhr
Katie an Sanny
»So, das hast Du nun davon … gehe mit meiner neuen – sehr guten und treuen (!) – Freundin Tina noch ins Hugos. Die ist so lieb. Und so naiv, wie wir immer dachten, ist Tina nun auch nicht …«

Datum: 12.07.

00:46 Uhr
Katie an Sanny
»Bin wieder zu Hause – bist Du böse auf mich? Oder vielleicht ein ganz wenig eifersüchtig wegen Tina? Keine Angst, wollte Dich ein bisschen ärgern, Du weißt doch, dass sie nicht so mein Ding ist. Erlebe sie ja jeden Tag am Set. Mittelmäßige Schauspielerin, denkt aber, sie ist ultragut und träumt von der großen Karriere. Eben doch naiv. Kann ja nicht jeder so ein Naturtalent sein wie ich beim Schauspielern ☺ … Und jetzt kommt's: privat ist sie genauso aufgesetzt wie im Job. Jeden hat sie angeflirtet und wollte auf Teufel komm raus erkannt werden. Fünf Autogramme hat sie verteilt mit Küsschen hier und Küsschen da … So, bist Du nun böse oder was ist eigentlich los????«

00:57 Uhr
Katie an Sanny
»… ich hasse Tina … die stinkt … nein, Maus, Du bist doch meine beste Freundin …«

01:14 Uhr
Katie an Sanny
»Und Mika hasse ich auch. Hängt der etwa immer noch auf Dir drauf???? Ist ja widerlich, diese Maßlosigkeit und Wollust. Sind im Übrigen Todsünden! Ebenso wie Neid, Geiz, Zorn und Trägheit … Ich habe davon gar nichts!«

10:03 Uhr
Katie an Sanny
»OHNE WORTE!«

13:24 Uhr
Sanny an Katie
»Oh what a night … es war fantastisch. Irgendwie war ich von seiner Sperrholzplatte, die er Bett nennt, abgeturnt. Und außerdem war heute Putztag in der WG – hey, die scheuern noch mit Ata. Ein Gestank da. Puh! Und da sind wir spontan ins Auto, mal nett ausgedrückt, und ab nach Starnberg. Schnuckeliges Hotel genommen und los ging es … hab nur schlechten Empfang auf dem Handy hier. Tina war also gestern wieder in ihrem Element … typisch. Und ich soll eifersüchtig auf dieses dumme Huhn sein? Quatsch, bin ja eh Deine Liebste ☺!!! Und? Was habt Ihr für das Fest der Feste gekauft?«

14:05 Uhr
Katie an Sanny
»Ist ja schon fast wie auf Hochzeitreise bei Euch … Haben kleine weiße Tauben für die Serviettenringe besorgt und von Tischdeko über Sitzordnung und Menukarten alles besprochen. Du glaubst ja gar nicht, wie viel Arbeit in so einem JAWORT steckt …«

14:15 Uhr
Sanny an Katie
»Neben wem sitze ich bitte? Wenn Du mich neben Deinen verpickelten, schmierigen Cousin setzt, dann streike ich aber.«

14:16 Uhr
Katie an Sanny
»… aber der ist doch total niedlich. Habe doch schon lange gemerkt, dass Du ein kleines Auge auf ihn geworfen hast … ☺!!!«

14:17 Uhr
Sanny an Katie
»Ich werde an dem Tag Deiner Hochzeit leider an Magen- und Darmgrippe erkranken oder an Scharlach. Wäre zu gern dabei gewesen …«

14:18 Uhr
Katie an Sanny
»Keine Panik! Der Plan steht noch nicht ganz, aber irgendwie muss ich Dich ja an den Familientisch setzen, und da ist nun mal auch die ganze buckelige Verwandtschaft …«

14:20 Uhr
Sanny an Katie
»Und Essen? Was gibt es? Soll ich mein Hummerbesteck mitnehmen?«

14:24 Uhr
Katie an Sanny
»Da habe ich mich durchsetzen können und Deinen Tipp befolgt. Markus wollte ja unbedingt auf Anraten seiner Eltern gesetztes Essen. Aber der eine will Fleisch, der andere Fisch und der mag dies nicht und der andere das nicht. Null Bock drauf. Jetzt gibt es ein phantastisches gutbürgerliches Buffet!«

14:26 Uhr
Sanny an Katie
»Aha. Gutbürgerliches Buffet. Was bitte soll das sein oder anders gefragt: soll ich mich auf Schweinskopfsülze einstellen oder was? Das soll mein Tipp gewesen sein? Da hast Du aber was in den ganz falschen Hals bekommen, meine gutbürgerliche Braut!«

14:30 Uhr
Katie an Sanny
»Sülze gibt es tatsächlich. Aber auch so Bratkartoffeln, Braten, Rinderroulade und all solche Schweinereien. Und natürlich alles schön aufgeblasen und auf dicke Hose. Hauptsache, es regnet an dem Tag nicht, wir stellen nämlich auch einen Grill auf. Es wird wie im Märchen.«

14:32 Uhr
Katie an Sanny
»Kommst Du eigentlich in Begleitung? Da schreib ich dann wohl besser keinen Namen auf die Einladung ... dann kannst Du die universell einsetzen ... lach ...«

14:33 Uhr
Sanny an Katie
»Wahrscheinlich komm ich echt besser allein ... man kann ja nie wissen ... außer Deinem Cousin wirst Du doch sicher noch ein paar heiße Prinzen zum Wohle Deiner besten Freundin einladen ... oder? ☺«

14:45 Uhr
Katie an Sanny
»Du kleiner Nimmersatt hast doch nun wirklich schon genug Liebesduseleien um die Ohren!«

14:49 Uhr
Sanny an Katie
»Bei Mika und mir ist es wie gesagt nur Sex, und das wird sich auch nicht ändern. So ... und jetzt erstmal Schluss mit Spaß ... denn der Ernst des Lebens ruft ... die Arbeit.«

14:50 Uhr
Katie an Sanny
»Na, dann viel Erfolg … ich hab heut ’nen Nachtdreh und dann nur noch einmal schlafen und Peter ist endlich wieder bei mir … lieb Dich!«

Datum: 13.07.

10:25 Uhr
Sanny an Katie
»Guten Morgen, meine Süße … wie war’s? Bei mir ganz gut … ich schwör Dir, die unterschätzen mich alle.«

11:07 Uhr
Katie an Sanny
»Hallo, Maus … bin so erledigt, war echt anstrengend und ziemlich lang … war erst gegen 5 Uhr im Bett. Fühl mich leider etwas nach aufkommender Erkältung … und das ausgerechnet jetzt – wo Peter wiederkommt.«

11:09 Uhr
Sanny an Katie
»Das tut mir leid … dann schlaf halt jetzt auch noch ein bisschen, und grundsätzlich weißt Du ja … bis zur Hochzeit ist alles wieder gut ☺«

11:13 Uhr
Katie an Sanny
»Wieso unterschätzen die Dich alle? Du bist doch bereits die Moderatorin der Sendung und musst echt nichts mehr beweisen!«

11:22 Uhr
Sanny an Katie
»Stimmt, aber heute haben sie mir tatsächlich einen Dolmetscher hingestellt. Und warum? Als könnte ich kein Englisch. Ich darf erinnern? Ich hatte eine Eins in Englisch! Und mein Englischlehrer war ein Held! Herr Maichel. Leider verheiratet und vier Kinder. Seine Schuld. Egal, dann kam mein Gast: Gianna Nannini. Schon mal Italiener auf Englisch quatschen hören? Ich glaube, uns hat keiner verstanden, aber das Interview war super und Gianna und ich waren ganz dicke.«

11:23 Uhr
Katie an Sanny
»Erzähl mir mehr von den spannenden Geschichten …!«

11:26 Uhr
Sanny an Katie
»Du nun wieder, ich kann den Schmalz aus Eurer Soap auch nicht mehr hören ☺«

11:30 Uhr
Katie an Sanny
»Wenn Du wüsstest, wie der Erzählstrang meiner Figur ausgeht, dann würdest Du mich direkt abtransportieren. Gut, dass wir im echten Leben nicht wissen, was in der Zukunft noch so kommt.«

11:34 Uhr
Sanny an Katie
»Ja, so bleibt es wenigstens aufregend. Obwohl Du doch vor ein paar Wochen ganz euphorisch von dieser Kartentante erzählt hast, zu der Franzi immer rennt. Da warst Du doch so was von überzeugt, dass die Alte mit ihrer Hokuspokus-Glaskugel genau sieht, was Dir im Leben widerfährt.«

11:41 Uhr
Katie an Sanny
»Ich glaube, irgendwann gehe ich da tatsächlich mal hin. Nur so zum Spaß. Ohne Witz: Franzi hat gesagt, dass die Dame ALLES zu 110 % richtig erkannt hat. ALLES.«

11:43 Uhr
Sanny an Katie
»Das sind alles gute Psychologen. Die fragen Dich aus, ohne dass Du das merkst und hinterher denkst Du, die kann wirklich aus der Hand lesen. Blödsinn. Die Einzige, die wirklich in die Zukunft schauen kann, bin nämlich ich! Und da sehe ich doch tatsächlich, dass Dein geliebter Peter heute wieder aus Berlin nach München kommt!«

11:50 Uhr
Katie an Sanny
»Du bist doch Waage. Und gleich doppelt – Dein Aszendent ist doch auch Waage, oder? Dachte, Ihr seid künstlerisch und verträumt. Und auch für mystische Dinge zu haben … Also, wieso jetzt so realistisch? Aber ich bin froh und dankbar, dass ich die einzige lebende Hexe zur besten Freundin habe, denn ja: ER KOMMT!!! Bis später mal!«

12:45 Uhr
Sanny an Katie
»Mensch, Du kümmerst Dich heute ja so gar nicht um mich. Was ist denn los? Peter schon getroffen und abgeleckt? Bin völlig fertig. Stell Dir vor, ich habe grade meine Handyrechnung bekommen. Die schicken die ja immer in den Sender, damit die nicht mal in falsche Hände gerät … Du weißt: Vorsicht ist die Mutter der Porzellankiste. Und jetzt kommt's: die bescheißen mich. So hoch war die echt noch nie. Knappe 700 Euro. Und angeblich – halte

Dich fest – habe ich letzten Monat 654 SMS versandt. Haben die eigentlich noch alle? Als hätte ich den ganzen Tag nichts Besseres zu tun, als zu simsen! Ich habe da natürlich sofort angerufen. Da hast Du einfach keine Chance, angeblich wird korrekt abgerechnet. Die können einem doch alles sagen und man muss das schlucken. 654 SMS. Im Durchschnitt braucht man knappe zwei Minuten pro SMS – da kannst Du Dir ausrechnen, dass mein Tag minimum 30 Stunden lang sein muss ... bin stocksauer.«

12:53 Uhr
Katie an Sanny
»Bin entsetzt. Aber das wird künftig geändert: lass einfach die Mitteilungen an die Anderen weg. Wem mailst denn Du auch ständig? Mich lässt Du am langen Arm verhungern und die Anderen werden von Dir bombardiert.«

12:55 Uhr
Sanny an Katie
»Also, ich sage Dir: ich maile wirklich fast NIE! Betrug! Egal. Meine Sendung heute Abend wird der absolute Knaller! Schau sie Dir unbedingt an. Ich verrate nichts – aber einem wirklich SEHR bekannten Promi geht es heute so richtig an den Kragen. Und meine Redaktion hat es aufgedeckt!!!!!! Ich bin so gut!«

13:00 Uhr
Katie an Sanny
»Wer mit wem???? Oder Drogen?????? Du kannst doch Deine ungeduldige und sagen wir mal: an ALLEM interessierte – aber nicht neugierige – Freundin nicht so auf die Folter spannen ...«

13:01 Uhr
Sanny an Katie
»Ätschi – kann ich doch!!!! Schau es Dir an – würdest Du mir eh nie glauben. Denn das, was da passiert ist, hätte niemand jemals vermutet! Also: 19.00 Uhr: die Promi-Tonne!!!«

13:03 Uhr
Katie an Sanny
»Och – nun sag' schon.«

13:04 Uhr
Sanny an Katie
»Nein …!!!«

13:05 Uhr
Katie an Sanny
»☹«

13:06 Uhr
Sanny an Katie
»… auch so nicht! Würde Dir den Spaß doch verderben …«

13:07 Uhr
Katie an Sanny
»… ich schwöre: ich freu mich trotzdem … büdde … Mir als treuer Seele in jeder Hinsicht kannst Du doch nun wirklich alles erzählen!!!!«

13:08 Uhr
Sanny an Katie
»Nun hör' doch schon auf. Ein NEIN einer FRAU bedeutet grundsätzlich auch genau DAS! Und treu????? Was macht Dein Lover?«

13:10 Uhr
Katie an Sanny
»Behalt's halt für Dich, die Promis gehen mir eh am Arsch vorbei … Außerdem bin ich jetzt voll beschäftigt!«

13:11 Uhr
Sanny an Katie
»Drehst Du schon?«

13:12 Uhr
Katie an Sanny
»Nein, muss erst gegen späten Nachmittag auf eine Szene ins Studio.«

13:13 Uhr
Sanny an Katie
»Ja, und warum bist Du nun schon voll beschäftigt? Womit denn?«

13:15 Uhr
Katie an Sanny
»Ich freue mich auf heute Abend!!!«

13:17 Uhr
Sanny an Katie
»???«

13:18 Uhr
Katie an Sanny
»Sag' ich Dir auch nicht, was ich heute mache. Du vertraust mir ja neuerdings auch nichts mehr an …«

13:19 Uhr
Sanny an Katie
»?????????????????«

13:21 Uhr
Katie an Sanny
»Na gut! Also, um halb sieben treffe ich mich mit Peter im Hotel. Es wird ein Fest. Dann können wir uns zusammen das große Geheimnis ansehen … Und dann ist er fällig!!!! Vielleicht auch schon davor! Oder davor und danach … Klingt am besten.«

13:22 Uhr
Sanny an Katie
»Na, dann mal ab in die Wanne und mach mal aus der Kiwi wieder einen Pfirsich … Ich habe eben mit Bernhard telefoniert. Er vermisst mich. Verstehe ich. Ich ihn aber auch. Er hat im Moment ganz schön Trouble mit seinen ganzen Geschäften. Die Leute sind ja von Natur aus alle faul und müssen angetrieben werden. Und sie betrügen Dich, wo sie können. Fehlte schon wieder viel Geld in der Kasse der großen Filiale am Jungfernstieg. 120 Euro einfach weg! Der Arme. Unser schönes Geld. Aber der bekommt schon raus, wer da den Langfinger macht. Und wie sagt man so nett: vergib Deinen Gegnern, aber merke Dir die Namen.«

13:25 Uhr
Katie an Sanny
»Vergeben? Rausschmeißen muss er die! Alle rausschmeißen! Ich finde sowieso, dass die mit 5,50 Euro in der Stunde alle überbezahlt sind. Machen sich doch ein faules Leben in Euren Boutiquen. Verdienen sich den Hintern fett, aber trinken nur Kaffee, den ihr bezahlt, rauchen und quatschen dummes Zeug. Gibt doch genug süße Mädchen da draußen, die freuen sich über so einen Spitzenjob!«

13:31 Uhr
Sanny an Katie
»Süße Mädchen? Der soll man schön seine aufgedonnerten Elsen behalten. Keine darf schöner sein als die Chefin. Das ist Gesetz. Aber da brauche ich mir ja eh keine Sorgen zu machen …«

13:34 Uhr
Katie an Sanny
»Wann kommt denn eigentlich die neue Kollektion raus? Ich habe wirklich NICHTS im Schrank!!!«

13:37 Uhr
Sanny an Katie
»Wir werden beklaut und sind am Rande des Ruins und Du fragst nach neuen Fummeln? Wieso hast Du nichts zum Anziehen? Ist Dein Ankleidezimmer ausgebrannt?«

13:41 Uhr
Katie an Sanny
»So ähnlich. Schließlich bin ich bald eine verheiratete Frau, und da muss ich den Stil der Kleidung anpassen. Du weißt doch, wie heiß ich auf Bernhards Entwürfe bin … und der Name der Kollektion ist so sexy: be yourself!!!!«

13:43 Uhr
Sanny an Katie
»Bekommst Du doch alles, mein Schatz! Du wirst die Zweite sein, die die neuen Sachen trägt!«

13:44 Uhr
Katie an Sanny
»Wieso die Zweite???? Und die Erste?«

13:45 UHR
Sanny an Katie
»Natürlich die Muse und Frau des großen Künstlers: ICH!«

13:46 UHR
Katie an Sanny
»Genehmigt!!!! Hilfe, die Wanne läuft über – bis später!«

19:32 UHR
Sanny an Katie
»UND?UND?UND? Hättest Du damit gerechnet? Dieses Schwein, oder? Ey, mein Handy steht nicht mehr still, das hat nun echt niemand erwartet. Habe Dir doch gesagt, das ist der Knaller!«

19:43 UHR
Katie an Sanny
»Knaller? Mit dem komme ich jetzt! Habe mich soeben von Peter getrennt. Endgültig und für immer. Es gibt kein Zurück!«

19:45 UHR
Sanny an Katie
»Ach, ist es wieder mal soweit? Glaube, das ist jetzt das 13. Mal. Was ist denn passiert? Hat er schlecht gefickt?«

19:46 UHR
Katie an Sanny
»Damit könnte ich ja grad noch so leben. Aber leider: GAR NICHT! Dazu ist es nicht gekommen! Stell Dir vor: ich komme ins Hotel, die Vorfreude läuft mir schon das Bein runter, Schampus unterm Arm und ich sah einfach toll aus. Nein, verführerisch. Beides. Nach einem innigen Begrüßungskuss dachte ich, es geht rund. Kaum hatte ich meine Hand an seiner Hose, schob er die direkt weg. Entsetzlich. Ein wahrer Albtraum. Seine erste Be-

gründung: er hat momentan soviel Stress! Von was denn bitte? Von den dämlichen Geschichten der unfähigen Autoren? Die Soap läuft doch super und die Quoten sind perfekt. Also: wo hat er Stress???? TEXTZEILEN FEHLEN«

19:49 Uhr
Katie an Sanny
»Ich dachte, der macht einen schlechten Witz. Du kennst mich, So leicht lass ich nicht locker. Nachdem ich mich ordentlich reingesteigert habe, rückte er mit der Wahrheit raus! Er hat sich einen richtig widerlichen, fiesen Pilz geholt! ANGEBLICH IN DER SAUNA! Verarschen kann ich mich alleine. Es ist wie gesagt AUS!«

19:53 Uhr
Sanny an Katie
»Maus, nun schraub' doch mal Deinen Blutdruck runter und atme dreimal tief durch. Ist doch korrekt, dass er Dich nicht anstecken will. Weißt Du überhaupt, wie so ein Pilz jucken und stinken kann? Meine Redakteurin Nadja hatte mal einen. Ganz unangenehme Sache. SAUNA? Soll es ja geben oder meinst Du, dass er den von seiner Alten hat? Er war ja schließlich grade zuhause!«

20:01 Uhr
Katie an Sanny
»Sorry, dass ich jetzt erst antworte. Bin so fertig, brauchte erst einmal einen Wodka. Von seiner Frau????? Die haben sich das letzte Mal nackt vor zwei Jahren gesehen. Da läuft doch nichts mehr. Ganz klar: der hat noch 'ne Andere. Alles andere ist Quatsch. Dieser Betrüger. Er ist eine einzige Lüge! Ich will ihn nie, nie wieder sehen. Ich habe es so satt, ich dachte, er würde wenigstens zu mir ehrlich sein. Was war denn nun die Sensation in Deiner Sendung? Zu allem Unglück konnte ich mir das noch nicht ein-

mal ansehen, ich bin einfach abgehauen. Habe ihn mit seinem armseligen Nillenpilz alleine gelassen.«

20:03 Uhr
Sanny an Katie
»Oje, klingt nicht gut. Arme Maus. Das wird schon wieder. Die meisten Menschen holen sich so was wirklich im Nassbereich. Der war bestimmt nur in der Sauna und Du machst Aufstand ohne Grund. Erinnere Dich an seine letzten Worte: Ich liebe Dich, hat er gesagt! Das erste Mal nach so vielen Jahren. Der liebt Dich. Ich erzähle Dir von dem durchgeknallten Promi nachher am Telefon. Rufe Dich später an, wir feiern hier in der Redaktion noch ein bisschen unseren Erfolg. Morgen wird es in jeder Zeitung stehen.«

20:05 Uhr
Katie an Sanny
»Du hörst mir anscheinend nicht zu: ES IST VORBEI: AUS, ENDE, ÄPFEL!«

20:06 Uhr
Sanny an Katie
»Nichts wird so heiß gegessen, wie es gekocht wird. Scheißspruch. Aber wahr! Du kannst doch nicht ohne ihn und er nicht ohne Dich. Und wenn er wirklich fremdgevögelt hat, dann bringen wir ihn zusammen um! Männer sind doch alle gleich. Kaum wackelt mal eine mit dem Hintern, sind sie triebgesteuert. Unglaublich, bin so froh, dass wir Frauen sind.«

20:09 Uhr
Katie an Sanny
»Siehst Du: Du denkst im tiefsten Herzen ja auch, dass er mich betrogen hat! Es ist AUS! Ich bin einsam und verloren. Ach nee:

hab ja noch Markus. Er war immer meine Nummer eins und würde so was nie machen. Hatte ich von Peter auch gedacht. Er hat mich getäuscht. Wie konnte ich nur so blind sein? Frage mich, wer die Schlampe ist ...«

20:11 Uhr
Sanny an Katie
»Rufe gleich an!«

Datum: 14.07.

09:01 Uhr
Sanny an Katie
»Maus, guten Morgen! Geht es Dir besser?«

09:05 Uhr
Katie an Sanny
»Geht so. Meine Maskenbildnerin hatte richtig viel zu tun. Ich hasse diese frühen Drehs und meine Augen sind immer noch so geschwollen vom Weinen. Nach unserem Telefonat gestern Abend hat die Wut schon ein wenig nachgelassen. Du hast ja auch Recht, er liebt mich. Er hat heute Morgen so lieb geschrieben und darum gebeten, dass wir noch mal in Ruhe reden. Ich habe mich manchmal auch einfach nicht im Griff. Aber so bin ich nun mal. Immer ein wenig am Rande des Wahnsinns, einfach impulsiv. Und Genialität und Wahnsinn liegen doch sehr eng zusammen. Ich bin genial. Ich schäme mich echt ein wenig und werde mich entschuldigen. Oder, was meinst DU? Habe ich ihn jetzt verloren wegen meines Anfalls? Ich sterbe ohne ihn. Ich brauche den Mistkerl einfach.«

09:12 Uhr
Sanny an Katie
»Finde ich gut, dass Ihr das klärt. Aber ich verstehe Dich trotzdem. Viel Glück und halte mich auf dem Laufenden!«

12:05 Uhr
Katie an Sanny
»Ich drehe noch durch. Der Flurfunk, also Tina, hat mir eben gezwitschert, dass man sich erzählt, dass Peter eine Affäre hat. Und zwar hier! IN DER FIRMA!«

12:06 Uhr
Sanny an Katie
»Stimmt ja auch, Du dumme Nuss! Mit DIR!«

12:10 Uhr
Katie an Sanny
»Ja, aber von mir war hier nicht die Rede. Tina fragte mich sogar, ob ich mir vorstellen könnte, mit wem. Man vermutet seine neue Assistentin, dieses Flittchen.«

12:12 Uhr
Sanny an Katie
»Man vermutet? Also: Tina vermutet, oder was? Kann ich mir nicht vorstellen. Die hat doch keinen Busen und Peter mag doch ordentlich Holz vor der Hüttn! Nein, das kann ich nicht glauben. Alles nur Getratsche. Gib da nichts drauf. Was glaubst Du, mit wem ich es angeblich schon getrieben habe? Viele davon stimmten ja nun wirklich nicht. Das ist Mobbing.«

12:15 Uhr
Katie an Sanny
»Bin fix und fertig. Wie kann er mir das antun? Bin so verwirrt und verletzt. Hoffentlich klären wir das nachher. Weiß gar nicht, ob ich das überhaupt noch will ...«

13:23 Uhr
Katie an Sanny
»So – die Katastrophe ist perfekt. Peter musste überraschend zum Geschäftstermin nach Köln fliegen. Keine Aussprache. Nichts. Ich war noch nie so unglücklich.«

13:24 Uhr
Sanny an Katie
»Mit der neuen dummen Pute von Assistenz? Wann kommt er wieder?«

13:25 Uhr
Katie an Sanny
»Ohne! Die sitzt im Büro und macht auf Unschuldslamm. Er kommt erst morgen. Ich rufe ihn später an. Ich halte das nicht aus!«

13:29 Uhr
Sanny an Katie
»Kopf hoch. Das sind alles nur Missverständnisse – bestimmt!«

19:20 Uhr
Katie an Sanny
»Sein Handy ist aus!«

19:21 Uhr
Sanny an Katie
»WAS????? Warum macht er das? Bin jetzt auch echt wütend. Komische Zufälle!«

19:23 Uhr
Katie an Sanny
»Habe Bauchschmerzen. Mist. Mich nimmt das alles so mit. Markus kommt jetzt und ich darf mir nichts anmerken lassen.«

19:26 Uhr
Sanny an Katie
»Du machst das schon! Gehe mit Mika jetzt zum Konzert von der Abba Revival Band. Er ist so ein Schatz. Bitte sei stark. Alles wird gut.«

Datum: 15.07.

11:47 Uhr
Katie an Sanny
»Ich habe es nicht mehr ausgehalten! Du wirst mich wahrscheinlich für komplett bescheuert erklären, aber meine Neugierde hat mal wieder gesiegt … Eigentlich wollte ich ja nur wissen, ob er mich betrügt … Kurzum: ich gestehe. Ich war da!«

11:51 Uhr
Sanny an Katie
»Da Du ja nicht so dumm bist und zu einer Kartenlegerin gehen würdest, muss ich mal ganz banal fragen: Wo warst Du?«

11:53 Uhr
Katie an Sanny
»Nun schrei mich doch nicht gleich so böse an … Ja, ich war tatsächlich bei der Dame mit Zukunftsblick. Und es war einfach echt spannend …«

11:54 Uhr
Sanny an Katie
»Unglaublich. Du weißt, ich belächle das, aber trotzdem: was hat sie denn so gesagt? Hat sie mich gesehen? Wird mich Bernhard auch endlich mal heiraten? Erzähl …!!!««

11:56 Uhr
Katie an Sanny
»Sorry, da musst Du schon selber hingehen. Du warst nur eine kleine Randfigur. Ich muss gleich dazu sagen, dass diese besagte Frau Sybilla zwar einen recht kompetenten Eindruck macht und ihre Einrichtung das verspricht, was man sich von so einem kleinen Hexenhäuschen vorstellt. Katze, Räucherstäbchen, Kerzenlicht, Pendel und alte, abgegriffene Karten – alles da! Unheimlich spannend – im wahrsten Sinne des Wortes!«

12:01 Uhr
Sanny an Katie
»IIIHHH — hatte die auch eine Warze auf der spitzen, langen Nase? So mit borstigen Haaren drauf? Zum Schütteln. Was hat sie denn gesagt und wieso bin ich eine Randfigur? Ich zeige der mal, wer hier am Rand steht.«

12:03 Uhr
Katie an Sanny
»Nicht ganz so wild, aber sie hatte lange karottenrote Haare. Eher orange. Sah aus wie Hexe Schrumpeldei. Das, was sie mir über

meine Vergangenheit gesagt hat, passte alles eins zu eins. Unglaublich. Habe Gänsehaut bekommen. Woher wusste die bitte zum Beispiel, dass ich zwei jüngere Brüder habe?«

12:05 UHR
Sanny an Katie
»Na ja, welch hohe Kunst. Stand schließlich in jeder Zeitung. Habe gewusst, dass die nichts kann, wer mich als Randfigur in Deinem Leben sieht, sieht nischt!!!! Vielleicht hat sie ja auch Deinen Cousin gesehen und sich spontan verliebt. Warzeli zu Pickeldu. Ich lach mich weg!«

12:08 UHR
Katie an Sanny
»Maus, die war unheimlich, soviel wusste sie. Dass ich mir als Kind beim Turnen den rechten Arm gebrochen habe, sämtliche Exfreunde hat sie beschrieben und den Trennungsgrund, und dass meine Oma im Ausland lebt. Fragen?«

12:12 UHR
Sanny an Katie
»Ja, aber das wissen wir ja schon alles seit knappen 25 Jahren … rück' raus mit den Details …«

12:13 UHR
Katie an Sanny
»Moment! Ich war ja noch nicht fertig. Sie hat stark angefangen, leider auch ganz stark nachgelassen, und das genau in der Zukunft. Ich meine, die will mir erzählen, dass meine Hochzeit mit Markus platzt, meine Affäre mit Peter sinnlos ist, weil er mich nicht lieben würde und ich wäre nur eine von vielen. VON VIELEN! Abgesehen davon würde er seine Frau und Kinder niemals verlassen. Ich verliere angeblich innerhalb des nächsten halben Jahres mei-

nen Job, sprich meine Hauptrolle hier bei Lovely Train. Und ich werde in den nächsten Monaten schwanger!«

12:16 Uhr
Sanny an Katie
»Weißt Du was? Die hat doch zuviel an ihren Räucherstäbchen geschnuppert. Ich habe Dir gleich gesagt, dass das alles Humbug ist. Hast Du dafür etwa auch noch gezahlt?«

12:18 Uhr
Katie an Sanny
»Ja, leider. Einen glatten Hunderter. Wieso liegt die denn nur bei Franzi immer richtig? Habe wirklich alte Notizen gelesen, und Franzi hat nichts dazu geschummelt. Aber lustig war es trotzdem und jede Frau sollte in ihrem Leben mal bei einer Wahrsagerin gewesen sein. Ich bin Trendsetter!!!!«

12:25 Uhr
Sanny an Katie
»... aber Schatz, Du wirst doch jetzt nicht noch extremer an Peter zweifeln, weil diese alte Pissnelke meinte, in den Karten gesehen zu haben, dass Du eine von vielen bist, oder?«

12:26 Uhr
Katie an Sanny
»... ach, ich weiß jetzt eigentlich gar nichts mehr. Vielleicht bin ich ja wirklich eine von vielen. Und seinen gammeligen Pilz hat er sich schön bei dieser Plantschkuh von Assistentin geholt. Nicht umsonst erzählt man sich hinter vorgehaltener Hand, dass er in der Firma vögelt. Ganz ehrlich, Sanny, wenn das stimmen sollte, dann ist seine Schwanzkrankheit echt sein kleinstes Problem! Den mach' ich fertig.«

12:30 Uhr
Sanny an Katie
»Ich liebe Deine ausgeglichene und relaxte Art. Jetzt mach Dich doch endlich mal locker – DU bist seine Affäre und das war's. Tutto bene e basta. Aber im Falle eines unwahrscheinlichen Falles klärt Sanny einfach alles. Von mir bekommst Du natürlich Rückenstärkung. Wann redet ihr denn nun?«

12:55 Uhr
Katie an Sanny
»Habe eben mit Peter telefoniert. Er hat extra den Flug umgebucht und kommt heute Abend doch schon zurück. Er will es besprechen. Zu Recht. Ich bin ihm sehr wichtig, wie Du siehst!!!«

13:00 Uhr
Sanny an Katie
»Wenn Du denkst, es geht nicht mehr, kommt von irgendwo ein Lichtlein her.«

13:01 Uhr
Katie an Sanny
»Weißt Du was? Du gehst auch besser mal zum Arzt. Ist ja nicht auszuhalten mit Dir und Deinen Poesiealbum-Sprüchen!«

13:02 Uhr
Sanny an Katie
»Wann soll ich zum Arzt? Habe doch wieder mal keine Zeit – gehe zum Shoppen mit Mika. Der trägt so olle und ausgeleierte Unterbuchsen Marke Restpostenmarkt von vor zehn Jahren, dass man sich schämen muss. Will seinen knackigen Hintern mal in ein wenig Luxus stecken …«

15:15 Uhr
Sanny an Katie
»Alter, hat der mich eben verwaffelt … in der Umkleidekabine. Immerhin war die gut ausgeleuchtet und nicht so eine, die Cellulite macht bis zur Brust. Ganz ehrlich: neulich stand ich in einer Kabine, die so furchtbares Licht gemacht hat, dass ich Cellulite im Gesicht hatte!!!! IM GESICHT!!! Ich sehe ja richtig sexy aus, wenn mich ein so schöner Mann wie Mika von hinten nimmt. Du musst auch unbedingt mit Peter oder Markus shoppen! Der Kick ist, dass man ständig der Gefahr ausgesetzt ist, dass man erwischt wird. Hölle, das ist Wahnsinn! Und er hat ein extrem betörendes Gesicht, wenn er zum Orgasmus kommt. Wow. Die Unterhosen sind gekauft und ich sehe sie als gute Investition in die Zukunft!«

15:17 Uhr
Katie an Sanny
»Mit so nichtigen Dingen wie shoppen kann ich mich momentan leider nicht befassen. Ab heute heiße ich für Dich nur noch: 007!!! Geheimagentin Katie deckt auf. Ich bin so verdammt pfiffig …!!!«

15:20 Uhr
Sanny an Katie
»Soll ich wie immer dreimal raten oder möchtest Du es direkt erzählen?«

15:23 Uhr
Katie an Sanny
»Keine Zeit für Spielchen, muss ermitteln. Also rate nur zweimal …«

15:25 Uhr
Sanny an Katie
»Okay, entweder stöberst Du gerade in Markus' Unterlagen und willst wissen, was er Dir zur Hochzeit schenkt oder Du stehst schon ewig vor dem Spiegel und bist teilhysterisch, weil Du wieder nicht weißt, was Du heute anziehen sollst, wenn Du Peter siehst.«

15:26 Uhr
Katie an Sanny
»Theoretisch BEIDES möglich, aber praktisch fahre ich gerade mit meinem Cabriolet in Grünwald rum. Und weißt Du auch warum? Ich bin der neuen Assistentin, übrigens, ihren Namen habe ich auch schon recherchiert: sie heißt Birgit (!), dicht auf den Fersen. Es kann ja nicht schaden, wenn man weiß, wo sie wohnt. Nur so. Könnte ja mal Peters Auto vor ihrer Tür stehen …«

15:30 Uhr
Sanny an Katie
»Sensationell! Gut, dass ich eine solch kluge Freundin habe! Bitte bring Dich nicht in Gefahr. Zur Not kann ich Dir als verdeckte Ermittlerin gerne helfen.«

15:34 Uhr
Katie an Sanny
»Keine Sorge, ich verplemper jetzt eh keine Zeit mehr, denn schließlich ist Mister Pünktlich schon auf dem Weg nach München. Oh Gott, was zieh ich denn eigentlich an?«

15:36 Uhr
Sanny an Katie
»Ich liebe das Leben! Ich habe so eine wunderschöne Handtasche gesehen. Habe gehofft, dass Mika sie mir kauft. Komischerweise

hat er sein Portemonnaie zu Hause vergessen … Blödmann. Nein, er ist natürlich trotzdem der Hit.«

15:38 Uhr
Katie an Sanny
»Danke für Dein offenes Ohr …!!!!! Na ja, selbst wenn ich in Lumpen vor ihm stehe, würde er mich geil finden. Hauptsache, er sieht Möpse … Melde mich voraussichtlich später!«

15:40 Uhr
Sanny an Katie
»Dieser Tittenfetischist … Eine schöne Handvoll 75 B ist doch absolut ausreichend. ☺«

22:30 Uhr
Katie an Sanny
»Bin so durch. War wirklich anstrengend. Ein sehr emotionaler, aber schöner Abend. Nur soviel: wir sind wieder ein Herz und eine Seele. Ich glaub ihm jetzt einfach mal. Hab' ihn auf Birgit angesprochen – er hat mich nur ausgelacht … Und das kam so überzeugend, so gut kann er nicht geschauspielert haben, außerdem ist das ja auch mein Job … Kuss!«

Datum: 16.07.

10:00 Uhr
Katie an Sanny
»Bin schon wieder ganz fleißig. Habe heute insgesamt acht Szenen, aber die Texte leider nicht wirklich hundertprozentig drauf – wann sollte ich die auch lernen???? Habe heute Nacht

schlecht geschlafen. Ich bin echt froh, dass das mit Peter geklärt ist und Markus von meinen Gefühlsausbrüchen nichts mitbekommen hat. Trotzdem bleibt irgendwie so ein schaler Nachgeschmack … So, muss in die Maske … Hab' einen schönen Tag, meine Süße!!!!«

15:09 Uhr
Sanny an Katie
»Herrje, bitte weise mich in die Betty Ford Klinik ein. Das ist der einzige Platz, der mich noch retten kann … KOPFSCHMERZEN! Ohne Witz: ich bin suchtgefährdet und Spontanalkoholiker. Was war nur wieder los? Ach ja: Mika wollte gestern Abend noch kurz auf einen Drink in seine Lieblingsbar. Und typisch Sanny wurde natürlich aus dem einen Wodka Red Bull wie durch Zauberhand ein zweiter, dritter … ja, und dann habe ich aufgehört zu zählen. Wir waren dann noch in so einer Schwulendisko und anschließend im after hour-Club. Weißt Du eigentlich, was das ist? Da feiern lauter Durchgeknallte bis mittags und länger. Abgefahren. Ich war wohl die Älteste da und trotzdem wie immer die Schönste. Um acht war ich zu Hause! Um acht! Gott, ich bin nicht nur Spontanalki, sondern auch noch asozial. Nein – ich bin einfach nur jung geblieben. Rette mich!!!!«

19:59 Uhr
Katie an Sanny
»Das hab' ich definitiv nicht gebucht – wollte eigentlich ein lotteriges, gemütliches Schauspielleben führen, so wie die in Amerika eben. Roter Teppich, Kameras hier und da und ein passendes Lächeln, jede Menge Sponsoren und Millionen auf dem Konto. Wo sind eigentlich meine Werbeverträge? Verstehe nicht, warum ich so ackern muss. Aber dafür war Peter heute den ganzen Tag ganz liebevoll. Er war mit am Set, um die Meute zu motivieren, und überall, wo es nur ging, haben wir uns leidenschaftlich

geküsst. Keine Angst: wir waren vorsichtig und es hat keiner gesehen! Sind ja schließlich geübt in solchen Dingen …!!! Meld mich später noch mal. Es fehlen noch immer zwei Szenen.«

21:29 Uhr
Sanny an Katie
»Du Arme. Mir geht es auch nicht besser. Habe meine Sendung mehr schlecht als recht abgedreht, mich komplett aus dem redaktionellen Teil für heute zurückgezogen und habe noch immer so einen miesen Brummschädel. Ich sage Dir – auch wenn es weh tut –: wir werden älter. Man steckt solche Feiereien nicht mehr so einfach weg. Früher, als Studentin, habe ich drei Tage in Folge gefeiert und alles war gut, und heute? Lisette hat mich damals aus meiner Stammkneipe auf der Reeperbahn geschultert rausgetragen und am nächsten Tag war ich wieder da. Und nun? Ich leide … aber nicht allein.«

21:32 Uhr
Katie an Sanny
»Ach was – geht es Deinem momentanen Lieblingszeitvertreib Mika auch so schlecht? Na, dann hat der Gute aber keine Kondition, und das schon in seinem Alter. Wo soll das hinführen? Schieß ihn lieber ab …!«

21:34 Uhr
Sanny an Katie
»Falsch gewickelt, meine Liebe! Er leidet nicht, schließlich ist er bei mir. Jammernde Männer kann ich eh nicht ausstehen. Wir haben uns eine Pizza bestellt und lassen es uns den Umständen entsprechend gut gehen. Unglaublich, dass der Sex immer noch besser wird. Obwohl – gibt es eine Steigerung von gigantisch?«

21:35 Uhr
Katie an Sanny
»Ja! Du wirst es zwar nicht hören und wahrhaben wollen, aber es gibt tatsächlich das absolute Maximum, nämlich gigantischen Sex mit unbeschreiblicher, tiefer, nie enden wollender Liebe!! Aber das wirst Du ja mit Mika sicher nie erleben, denn Ihr liebt ja nicht, Ihr vögelt nur. Tut mir sooo schrecklich leid für Dich …«

21:40 Uhr
Sanny an Katie
»Wie recht Du hast, mein Schatz … ganz im Ernst, wie sollte das bitte auch funktionieren? Du weißt, ich will zwar heut noch nicht direkt Mutter werden, aber so traurig es auch ist, die biologische Uhr tickt und ich könnte ihm das niemals antun, mit knapp 26 Vater zu werden. Ich würde ihm ja die ganze Zukunft verbauen. Und mal abgesehen von diesem ganzen moralischem Mist … ich bin einfach nicht verliebt und er eben auch nicht! Aber Du solltest ihn mal sehen, wie er hier unter der schneeweißen Hotelbettwäsche liegt und mich mit seinen großen braunen Augen ansieht … muss Schluss machen, ich glaub, da geht gleich wieder was ☺«

21:53 Uhr
Katie an Sanny
»Deswegen glotzt der Dich auch an, wie ein Reh beim Kacken … der liegt doch längst mit einem bis zum Anschlag vollgepumpten Rohr neben Dir. Ich gönn es Dir … sind jetzt auch gleich noch kurz bei Peter im Hotel und dann muss ich heim, denn später müssen Markus und ich noch einmal über die Einladungen für die Hochzeit schauen, die sollen nämlich Ende der Woche gedruckt und adressiert in der Post landen. So langsam hab ich echt Muffen und werde nervös, ob das alles so richtig ist … aber ich hab ja noch Zeit … sind ja noch zwei Monate … bis morgen, Süße …«

Datum: 17.07.

12:37 Uhr

Sanny an Katie

»Halt Dich fest … es ist der absolute Wahnsinn! Ein Traum geht in Erfüllung!!! Und jetzt darfst Du mal raten …«

12:40 Uhr

Katie an Sanny

»Du weißt doch ganz genau, dass ich auf solche Ratespiele nicht stehe.«

12:41 Uhr

Sanny an Katie

»Mann, hast Du einen Vogel!!!!!! Und weißt Du, warum Du nicht raten willst, sondern immer raten lässt? Weil Du unkreativ bist! Aber mach Dir keine Sorgen, Baby, ich sprudel vor Ideenreichtum und decke damit den Bedarf von uns beiden ab. Du wärst eh nie drauf gekommen, was passiert ist.«

12:43 Uhr

Katie an Sanny

»Na, was denn jetzt?! Hast Du endlich Deinen langersehnten Heiratsantrag von Bernhard bekommen? Können wir ja 'ne Doppelhochzeit feiern … schön alles in einem Abwasch …«

12:44 Uhr

Sanny an Katie

»Ja glaubst Du, ich will Dir die Show stehlen? ☺ Kalt kalt kalt!!! Du platzt doch schon wieder vor Neugierde, ach nein, ich vergaß, ist ja bei Dir bloß das reine Interesse an den Dingen, die Deine Mitmenschen so bewegen und erleben. Pass auf, Du wirst vor Neid erblassen … Sanny on Tour hat die Marktumfrage bestanden und wird nun on air gehen. Wir produzieren somit die Promi-Tonne knackige 14 Tage – halt Dich fest – auf der Sonneninsel Malle!!!«

12:45 Uhr
Katie an Sanny
»Glückwunsch! Aber war ja eh klar … trotzdem: wieso wirst Du eigentlich so vom Erfolg erschlagen? Und wenn Du schon so leuchtest, kommt doch sicher Dein Mika mit … oder? Wann geht's los?«

12:50 Uhr
Sanny an Katie
»In einer Woche! Fliege erstmal in drei Tagen zurück nach Hamburg, genieße zwei Tage mit Bernhard, habe einen Tag Vorbereitung und sitze dann gutgelaunt mit einem Schampus im Flieger!«

12:52 Uhr
Katie an Sanny
»Als würdest Du gutgelaunt im Flugzeug sitzen … weißt Du was, Maus? Man soll die Gelegenheit ja beim Schopfe packen, und das mach ich auch: ich komm einfach für drei Tage dazu, denn wir wollten ja sowieso nach Mallorca, ist dann zwar nicht ganz unser Junggesellinnenabschiedsabend, aber dann lern ich wenigstens mal Deinen verwegenen Lover besser kennen.«

12:55 Uhr
Sanny an Katie
»Du bist doch kreativ … ich nehme alles zurück und behaupte das Gegenteil … ich freu mich jetzt schon drauf. Wir sind im Puro-Hotel in Palma und ich lade Dich als prominenten Talkgast ein, zahlt dann schön die Firma, und das, was Du gespart hast, das

blasen wir dann abends durch die Milz, denn wir müssen unsere Leber ja für weitere Happenings schonen!«

12:59 Uhr
Katie an Sanny
»Boah!!! Das Puro-Hotel?!! Na, Ihr müsst ja Einschaltquoten haben. Und ich bin Deine beste Freundin!! Termin ist schon direkt gebucht … juchu! Über was wollen wir denn talken? Soviel Neues gibt es doch gar nicht bei mir … mein Leben ist doch im Moment eher nur semi-spannend.«

13:30 Uhr
Sanny an Katie
»Erfolgreiche Jungschauspielerin angelt sich reichen Schweizer Käse und bumst parallel ihren verheirateten Chef. Das reicht mir als Schlagzeile, und am nächsten Tag berichten wir live mit der Promi-Tonne, ob es zur Hochzeit kommt, aber wahrscheinlich berichten wir eher vom Abtransport Deiner Überreste. Oder ist das zu hart für den Zuschauer? Aber vielleicht verprügelt Dich Markus ja wenigstens, denn so 'ne schöne Keilerei lockt doch jeden Zuschauer vor den Fernseher und dann haben alle Mitleid mit Dir und Du bist am Ende fein raus und Dein Beliebtheitsgrad steigt enorm.«

13:33 Uhr
Katie an Sanny
»Haha … sehr witzig.«

13:35 Uhr
Sanny an Katie
»Katie … Du weißt, ich kenn mich in unserem Business aus, denn nicht umsonst bin ich die erfolgreichste Moderatorin auf Erden, wir denken uns einfach eine packende Story aus, denn das macht

ja nun wirklich jeder, der mal wieder ein bisschen Publicity braucht. Gott, was für 'ne verlogene Branche. Wie gefällt Dir das: Du hast auf einer Demo für den Tierschutz Farbbeutel auf wehrlose Opfer geschleudert und wurdest erwischt … perfekt!«

13:40 Uhr
Katie an Sanny
»Genial! So war's! Jetzt bin ich auch Tierschützerin! Ich hab wirklich ein großes Herz … man muss mich einfach lieben. Mach mal einen Vorschlag, welches Haustier ich mir für die Geschichte zulegen soll.«

13:49 Uhr
Sanny an Katie
»Wir sollten den Bogen vielleicht nicht überspannen … komm' einfach alleine …! Ich freue mich so. Aber den Junggesellinnenabschiedsabend machen wir in guter alter Tradition mit allen Mädels im September. Glaube ja nicht, dass Du mir da entkommst. Was wird das für ein Sommer! Nach Malle fliege ich ja dann mit Bernhard schon nach Hawaii. Es kann nicht schöner werden!«

13:51 Uhr
Katie an Sanny
»Ach ja, das steht ja auch noch an. Hoffentlich habt Ihr dann Sonnenschein. Die letzten Jahre hattet Ihr ja ständig Regen im Urlaub. Und hoffentlich wird es warm auf Malle, auch wenn Regengöttin Sanny vor Ort ist. Was habe ich gelacht, als Du in Ägypten warst und selbst da dann ein Wölkchen aufzog …!«

13:54 Uhr
Sanny an Katie
»Du, damit könnte ich viel Geld machen. Ich reise in die trockenen Länder, und rumms, regnet es … Bernhard ist ja auch ganz

verzweifelt. Er als Surfer will ja immer nur Wind, und was kommt, wenn ich dabei bin? Regen. Egal, dieses Jahr muss es einfach trocken bleiben. Und mein sonniges Gemüt gleicht ja alles wieder aus! Kuss!«

14:05 UHR
Katie an Sanny
»Sag' mal: hast Du nicht Lust, heute Abend mit Markus und mir essen zu gehen? Finde allmählich, dass Mika Dich lange genug hatte …«

14:07 UHR
Sanny an Katie
»Wo wollen wir hin? Bin dabei! Hätte ja tierisch Bock auf Griechisch. Schön lecker Tzaziki und Gyros mit Pommes!«

14:08 UHR
Katie an Sanny
»Nee, da stehe ich doch gar nicht drauf. Was hältst Du vom Vorspeisenteller bei unserem gemütlichen Lieblingsitaliener?«

14:09 UHR
Sanny an Katie
»Anna e acore?«

14:10 UHR
Katie an Sanny
»Si!«

14:11 UHR
Sanny an Katie
»Da bin ich dabei … dat is pri-i-ma!!!! Den könnte ich jeden Tag essen. Wann denn?«

14:13 Uhr
Katie an Sanny
»So gegen 19 Uhr. Und komm nicht auf die Idee, Mika mitzubringen … ☺«

14:14 Uhr
Sanny an Katie
»Du bist alles – nur nicht oberflächlich – das liebe ich an Dir! Du Knallgurke: wie jeden Tag muss ich bis halb acht in der Redaktion die Sendung ansehen und dann kurze Nachbesprechung. Also, 20 Uhr bekomme ich hin. Und natürlich bringe ich Mika nicht mit – obwohl er ein wahres Schmuckstück am Tisch wäre … Aber er gehört ja schließlich nicht an den Tisch, sondern ins Bett ☺ … Bringe Peter mit … habe ihn schon lange nicht mehr gesehen!«

14:24 Uhr
Katie an Sanny
»Untersteh' Dich, Du verrücktes Frauenzimmer! Freue mich auf heute Abend. Dann kannst Du eventuell noch ein wenig über unsere Hochzeitsvorbereitungen schauen. Nimmt ja mittlerweile Gestalt an, und ich bin der perfekte Weddingplanner. Auch die Tischordnung steht! Also, hoffe auf Dein Abnicken. Und keine Angst: mein Cousin sitzt – zu Deiner Beruhigung – ganz weit weg! Knuuutsch!!!«

Datum: 18.07.

10:30 Uhr
Katie an Sanny
»Na Spatz – schon aufgestanden?«

10:32 Uhr
Sanny an Katie
»Alles super! Ich mutiere zur Frühaufsteherin. Wahrscheinlich senile Bettflucht. Mika hat schon Brötchen gekauft!«

10:33 Uhr
Katie an Sanny
»???????«

10:34 Uhr
Sanny an Katie
»Na ja, nachdem wir uns gestern Abend verabschiedet haben, fuhr mein Auto wie von allein zur WG. Wir haben noch einen wunderbaren Film gesehen mit Brad Pitt »Rendezvous mit Joe Black«. Zum Weinen schön, aber auch echt traurig.«

10:37 Uhr
Katie an Sanny
»Dann hast Du bestimmt wieder an Deinen Dad gedacht, oder?«

10:38 Uhr
Sanny an Katie
»Hmmmm …«

10:39 Uhr
Katie an Sanny
»Der lenkt Dein Leben jetzt von oben und ich bin mir ganz sicher: er schaut auch ganz oft weg … ☺. Du hast mir doch gestern erzählt, dass Du vor der Arbeit, heute Nachmittag, noch zur Kosmetikerin gehst!? Ich würde gerne mit … Habe heute nur eine Szene und mein Schauspielpartner ist krank – schon wieder mal …!!! Habe somit frei und Zeit für die schönen Dinge des Lebens.«

10:41 Uhr
Sanny an Katie
»Oh ja … gerne! Lass uns um 14 Uhr treffen! Das heißt, Du holst mich ab und los geht die wilde Fahrt! Freu mich!«

10:43 Uhr
Katie an Sanny
»Gut, so machen wir es! Und dann soll uns die mit ihren heilenden Händen gefälligst zehn Jahre jünger machen. Jungbrunnen: wir kommen!«

13:55 Uhr
Katie an Sanny
»Sorry, Maus, komme 15 Minuten später! Warte bitte unbedingt auf mich! Wurde von dem dusseligen Postheini aufgehalten. Stell Dir vor, ich habe ein Paket bekommen von meinen Schwiegereltern. Ich bringe es mit und wir öffnen es zusammen. Bin gespannt …«

13:58 Uhr
Sanny an Katie
»Ich möchte einmal erleben, dass Du pünktlich kommst. Aber Du hast Glück – das zählt noch zur akademischen Viertelstunde und ist damit akzeptiert. Also stress Dich nicht – aber beeile Dich.«

21:15 Uhr
Katie an Sanny
»Ich bin grade so müde. Kann es sein, dass die alte Pickel-Jägerin was in ihre Cremchens gemischt hat, was mich träge macht und mich im Gesicht aussehen lässt wie einen geplatzten Igel???? Ich habe voll Ausschlag!!!! AUSSCHLAG! Gehe jetzt pennen. Bis morgen. Ach, warte kurz: wo bleibt eigentlich Markus? Der kann doch nicht ewig so lang arbeiten. Wenn das in der Ehe auch so wird, dann nehme ich mir jemand anderen. Aber so, wie ich in Moment aussehe, habe ich es bestimmt nicht ganz so leicht. Egal, erstmal unter die Haube kommen und dann weitersehen. Schlaf schön!«

21:20 Uhr
Sanny an Katie
»Du übertreibst doch sicher wieder! Und wenn Du Dich wirklich im Spiegel nicht mehr ertragen kannst, dann schmier' Dir doch einfach Make-up drüber!«

21:22 Uhr
Katie an Sanny
»Ist richtig! Zum Schlafen, oder was?«

21:23 Uhr
Sanny an Katie
»Hast Du denn nie den Denver Clan gesehen? Die Alexis und auch Krystle sahen morgens doch auch schon aus wie aus dem Ei gepellt! Demnach sind die auch geschminkt ins Bett gegangen! Und in Deiner Soap läuft es doch auch nicht anders!!!«

21:25 Uhr
Katie an Sanny
»Na, vielen Dank auch! Hast Du Linda Evans nicht gerade neulich auf der Lambertz-Party gesehen? Und DAS willst Du für mich und mein Leben? Danke, danke!«

21:30 Uhr
Sanny an Katie
»Sei nicht so stolz wie die Rose, die immer bewundert will sein – sei wie das Veilchen im Moose: sittsam, bescheiden und rein!«

21:34 Uhr
Katie an Sanny
»Also wirklich … an Dir ist eine Dichterin verloren gegangen … aber eine ganz schlechte! Und außerdem gefallen mir Rosen eh viel besser! So, jetzt aber: Fensterläden runter!«

Datum: 19.07.

09:27 Uhr
Katie an Sanny
»Ich werde verrückt! Weißt Du bitte, wie ich aussehe???? Ich bin entstellt, erledigt – mein Gesicht ruiniert! Die zeige ich an, das blöde Mistvieh!«

12:24 Uhr
Sanny an Katie
»Morgen auch! Redest Du von der Kosmetikerin? Wie cool! Du wirst reich! Wie hoch man wohl die Schadensersatzforderungen ansetzen kann? Ich frage gleich mal Manuel – nicht umsonst hat

man TOP-Anwälte im engsten Freundeskreis. Schick mir sofort ein Bild von dem Drama per MMS, ich leite das Bild gleich an den Fachmann weiter.«

12:25 Uhr
Katie an Sanny

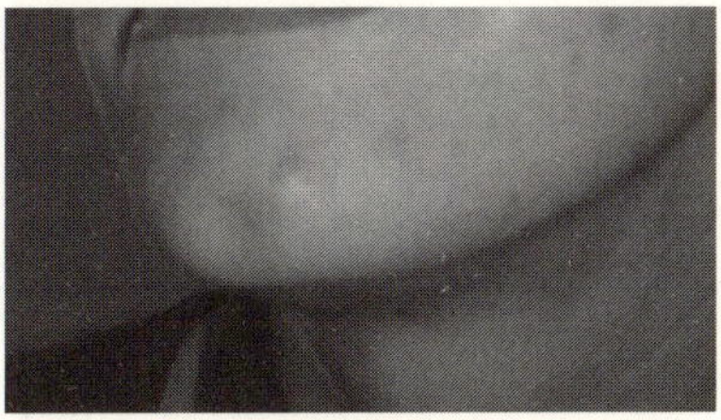

12:28 Uhr
Sanny an Katie
»Ach Du Schreck. Das ist ja das Schlimmste, was ich je gesehen habe.«

12:29 Uhr
Katie an Sanny
»Oder? Die Alte muss nicht nur zahlen, die gehört hinter Gitter!«

12:34 Uhr
Sanny an Katie
»Spinnst Du????? Wollte Dich nur ein wenig verkohlen!!! Du siehst aus wie immer. Habe mir extra eine Lupe geholt – NICHTS!«

12:35 Uhr
Katie an Sanny
»Bist Du blind oder was? Ich schicke es Dir noch mal. Das werden sicher zehntausend Euro.«

12:37 Uhr
Katie an Sanny

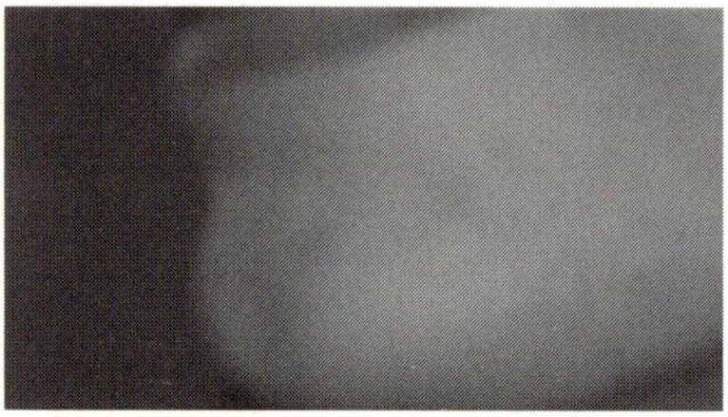

12:43 Uhr
Sanny an Katie
»Du bist so lustig. Ich sagte doch: NICHTS. Du bist wunderhübsch, also höre auf zu hypochondrisieren. Zeig' Du lieber Deine Schwiegermutter an. Das ist jawohl eine Frechheit. Dachte, die kommt aus der Schweiz und nicht aus Schottland???!!! Wieso um alles in der Welt schickt die Dir ihr blaues, altes und vor allem poröses Loch-an-Loch-und-hält-doch-Gummi-Strumpfband? Das Familiensilber wäre doch eher angebracht gewesen!«

12:52 Uhr
Katie an Sanny
»Das wäre mir auch lieber gewesen! Aber der Wille und Gedanke zählt und in der niedlichen Karte mit dem kleinen Krönchen drauf hat sie doch auch den Grund erklärt: das ist halt eine alte Familientradition bei denen und irgendwie doch ganz drollig. Wie alt das wohl sein mag?«

12:57 Uhr
Sanny an Katie
»Das willst Du gar nicht wissen … Wer das schon alles getragen hat?! Iiihhhh … da schüttelt's mich!«

13:01 Uhr
Katie an Sanny
»Jetzt hör' schon auf! Das wird doch VOR der Hochzeitsnacht beim Tanzen abgezogen, oder? Außerdem ist das super, denn man braucht ja was Altes, was Neues, was Gebrauchtes, was Blaues und noch so'n Schwachsinn.«

13:04 Uhr
Sanny an Katie
»Ja: was Geliehenes! Und das bekommst Du von mir: ich leihe Dir mein Ohr an diesem Tag, wenn Du unter Zeugen beim Ja-Wort – … besser ich spreche es nicht aus! Das mit den fünf Dingen zur Hochzeit hast Du schon richtig erkannt, aber alt und blau – das sollen zwei Teile sein und nicht eins, mein Fräulein!«

13:06 Uhr
Katie an Sanny
»Bist ja bloß neidisch! Ich breche dann mit der Tradition und schenke es Dir zu Deiner Hochzeit mit Mika! Wann fliegst Du eigentlich zurück nach Hamburg?«

13:20 Uhr
Sanny an Katie
»Ich fliege morgen früh. Genieße jetzt noch die restlichen Stunden mit Mika. Und komisch: der nervt mich gar nicht wie all die anderen Spaggen immer … Aber ich freue mich trotzdem auf Bernhard!«

13:25 Uhr
Katie an Sanny
»Wenn Du da überhaupt ankommst. Denn scheinbar lassen sich die siamesischen Zwillinge Sanny und Mika jetzt schon sehr schwer trennen … Love is in the air … lalalalalalala …«

13:27 Uhr
Sanny an Katie
»Papperlapapp! Du sollst nicht immer so einen Müll daherschwafeln. Ich liebe Bernhard! Und … er gehört zu mir, wie mein Name an der Tür … lalalalalala … ☺«

18:59 Uhr
Katie an Sanny
»Wollte mich mal zwischendurch melden. War einkaufen, hab' mein Fahrrad zur Reparatur gebracht, die Sachen von der Reinigung geholt und bin rundum die perfekte Hausfrau. Uuuppss … die Tür geht. Ist doch erst sieben Uhr? Markus kommt gerade. Hat sich wohl extra heute, weil ich gestern gemeckert habe, den halben Tag frei genommen … Lach …«

19:05 Uhr
Sanny an Katie
»Oh, na dann. Denk dran: Licht aus wegen Deiner ekelhaften vorpubertären Akne. Viel Spaß! Ich habe ihn schon – Mika küsst mir bereits den Nacken …!!!«

19:05 Uhr
Katie an Sanny
»Schnurr …«

19:06 Uhr
Sanny an Katie
»Ja! Ja! Jaaaaaaa …«

Datum: 20.07.

12:05 Uhr
Sanny an Katie
»Was für ein Abschlag! Wie sagte mein Golflehrer schon so treffend: I created a monster! Ich hätte Golfprofi werden sollen.«

12:09 Uhr
Katie an Sanny
»Ach! Lungerst Du wieder mit Bernhard auf dem Golfplatz rum, während ich schufte?! Wie ist denn inzwischen Dein Handicap?«

12:35 Uhr
Sanny an Katie
»Du und Deine dummen Fragen. Ich dachte, Du bist meine Freundin. Handicap brauche ich nicht – habe schließlich die Platzreife mit Eins bestanden! Ich bin wie immer in allem die Beste und unglaublich sportlich!«

12:37 Uhr
Katie an Sanny
»Die Platzreife also mit Eins???!!! Die besteht man oder nicht! Du Golfpro!«

12:45 Uhr
Sanny an Katie
»Mensch, Du könntest mich ruhig beglückwünschen, als mir mit Deinem Realismus den Tag zu versauen. Du würdest doch mit dem Eisen 7 abschlagen! Aber Schwamm drüber! Wenn wir hier fertig sind und ich mit meinen Traumleistungen geglänzt habe, düsen wir auf einen Absacker in unseren Beachclub und anschließend sind wir zu einer Restauranteröffnung an der Elbchaussee

eingeladen. Das nenne ich Freizeitstress. Bernhard ist schon eine ganz andere Nummer als Mika. Da fahre ich Porsche und nicht mit ’nem roten Blechkübel. Und was treibst Du so den lieben langen Tag?«

13:05 Uhr
Katie an Sanny
»Bin auch gleich fertig. Der Stinker, mein Partner Thomas bei der Soap, ist immer noch krank. Wenn der mich ansteckt, dann ist was los. Apropos: fahre gleich mit Peter zum Arzt. Der will noch mal einen letzten Check machen, wegen der Infektion am … Du weißt schon … und dann … endlich … ach: ich freu mich so … lassen wir die Puppen wieder tanzen und es wird gevögelt, bis die Schwarte kracht …!!! Juhu!«

17:35 Uhr
Sanny an Katie
»Sommer, Sonne, Palmen und ein Bier – ja, das gönn’ ich mir! Ich genieße jede Sekunde mit meinem Mann. Bernhard ist einfach der Größte! Andere Typen hätten sich aufgeregt, dass ich 14 Tage nach Malle fliege und er freut sich für mich, dass es im Job so steil voran geht. Wo bitte gibt es denn noch solche Supermänner? Gut, dass er mir gehört!«

18:14 Uhr
Sanny an Katie
»Na, da von Dir momentan keine REAKTION kommt, bist Du wahrscheinlich in AKTION! Ein Hoch auf die Urologen dieser Erde! Du wirst es nicht fassen: hier sind drei so olle Schrullen, die Bernhard anhimmeln, dass einem übel wird. Da bin ich schön mal dazwischen und habe diesen Pippimädchen gezeigt, was für eine unerreichte Traumfrau zu diesem Prachtexemplar von Mann gehört!«

18:32 Uhr
Katie an Sanny
»Was bilden die sich denn eigentlich ein? Weißt Du, dass das scheinbar zum neuen Volkssport geworden ist? Die sind alle vermessen und leiden an Selbstüberschätzung. Denen fehlt schlichtweg die Bodenhaftung! Peter und ich starten gleich Runde Nummer zwei, wenn Du verstehst, was ich meine … Höre schon die Engel singen!«

19:55 Uhr
Sanny an Katie
»Ich liebe die göttliche Dekadenz! Das Restaurant ist einsame Spitze und Luxus pur! Die Kellner sind so vornehm – die geben sich gegenseitig Trinkgeld!«

20:03 Uhr
Katie an Sanny
»Und das Wesentliche?«

20:04 Uhr
Sanny an Katie
»?«

20:04 Uhr
Katie an Sanny
»Die Speisen?«

20:05 Uhr
Sanny an Katie
»Ach so! Ein wenig zuviel Geschäumtes und Geeistes. Du weißt ja, ich stehe nicht so sehr auf übertriebenes Schickimicki beim Essen – aber trotzdem ist das hier ein kulinarisches Erlebnis! Ich möchte sagen: eine Reise der Sinne und der Geschmacksknospen!«

20:19 Uhr
Katie an Sanny
»Nun komm' mal wieder runter, Mama Mirakuli!«

20:21 Uhr
Sanny an Katie
»Bist ja nur knurrig, weil Du für Peter bisher nur ein paar Frikadunsen hinbekommen hast!«

20:22 Uhr
Katie an Sanny
»Entschuldige mal! Das heißt Fleischpflanzerl!«

20:23 Uhr
Sanny an Katie
»Igitt, was für ein abturnendes Wort. Lass uns auf Bulette einigen. Eine ehrliche Bulette! Prost!«

Datum: 21.07.

01:30 Uhr
Sanny an Katie
»So, sind wieder zu Hause. War ein schöner Abend. Nun werde ich mich in sexy Strapse schmeißen und versuchen, meinen Macker zu verführen.«

08:15 Uhr

Katie an Sanny

»Na? Projekt kläglich gescheitert? Meine Mom ist heute gekommen und wir gehen gleich mal Brautkleid shoppen ... Sie hat da wohl ein ganz tolles gesehen.«

08:17 Uhr

Sanny an Katie

»Am Projekt des gestrigen Abends werde ich weiter arbeiten müssen ... kuscheln reicht ja auch manchmal und ich liebe sogar sein Schnarchen. Sag einmal, Du gehst jetzt in die Stadt wegen des Kleides? Dachte, das wollten wir zusammen machen?!!«

08:18 Uhr

Katie an Sanny

»Wieso bist Du eigentlich schon wach? Nimmst Du was ... ist doch gar nicht Deine Uhrzeit ... klar machen wir das zusammen, aber Du weißt doch, wie Muttis sind, denen kann man doch keinen Wunsch abschlagen. Wir schauen ja auch erstmal nur.«

08:20 Uhr

Sanny an Katie

»Ach so! Okay ... nein, bin so früh wach, weil ich mich jetzt mit meinem Steuerberater treffe und dann muss ich noch die Sachen für Malle packen. Hab richtig viel zu tun heute. Bernhard hat mir gestern von einem neuen, ziemlich genialen Buch erzählt. Vielleicht hast Du auch schon davon gehört und könntest es mir aus der Stadt mitbringen. Super, danke! Dann hab ich auch gleich eine schöne Lektüre für die Abende auf Malle.«

08:25 UHR
Katie an Sanny
»Haha … als würdest Du zur Leseratte mutieren. Mika ist doch dabei. Wie heißt denn der Schinken?«

08:27 UHR
Sanny an Katie
»Kennst Du sicherlich … wurde ständig in der Presse erwähnt. Das Sekret!«

08:31 UHR
Katie an Sanny
»Du doofe Pute … ich glaub's ja nicht … das Buch heißt Sakrileg!!!!

08:33 UHR
Sanny an Katie
»Das hab ich doch auch geschrieben … nur mein Handy spinnt manchmal … das T9 Rechtschreibprogramm ist noch nicht ganz so ausgereift. Du weißt doch, wie gebildet ich bin.«

08:34 UHR
Katie an Sanny
»☺«

14:09 UHR
Katie an Sanny
»Nun gut, das Kleid war nicht ganz so der Hit und völlig überteuert. Dein Buch hab ich bekommen und Mom ist dann weiter zum Friseur. Aber ich hab was Geiles in der Buchhandlung erlebt … ich hab Tina da getroffen … okay, noch nicht ganz so spannend, aber was die mir erzählt hat, das ist so utopisch, dass ich immer noch staune, wie so was geht.«

14:12 Uhr
Sanny an Katie
»Ja, was was was??? … und ich rate auch nicht.«

14:14 Uhr
Katie an Sanny
»Sie hat mir erzählt, was Birgit – Du weißt schon: die blinde Eule von Assistentin in Peters Vorzimmer – passiert ist. Du schreist Dich weg. Die hat tatsächlich einen Freund seit zehn Monaten … hab ich gar nicht mitbekommen … und bei dem war sie zu Besuch und hat da ein Kondom unter dem Bett gefunden, was nicht den beiden gehörte, aber auch nicht mehr in der Verpackung war … um Dir den Ekel zu ersparen, beschreib ich's mal so …«

14:16 Uhr
Sanny an Katie
»Ja, und dann? Dann hatte sich die Beziehung wohl auch recht spontan erledigt? Und jetzt will sie Peter, oder was?«

14:17 Uhr
Katie an Sanny
»Nein, jetzt geht es erst richtig los! Birgit hat natürlich ihren Freund SOFORT auf das maddelige Gummi unter dem Bett angesprochen. Und weißt Du, was er als Erklärung parat hatte? Das ausgelutschte Ding muss wohl von seiner Putzfrau kommen. Nein – nicht, wie Du jetzt denkst, es wird noch abenteuerlicher! Die Dame macht auch bei seinen Nachbarn sauber und hat da gestaubsaugt. Anschließend hat die dann seine Wohnung durchgesaugt und so muss das benutzte Kondom aus dem Sauger gefallen sein! Ist das bitte eine irre Story?«

14:21 Uhr
Sanny an Katie
»Wahnsinn. Absoluter Wahnsinn! Für wie dumm hält der Typ denn eigentlich die Frauen? So eine bekloppte und idiotische Story habe ich ja noch nie gehört! Die ist so dämlich, dass sie schon fast wieder gut ist. Was hat die Birgit dann gemacht? Wahrscheinlich das einzig Vernünftige: den Spinner schallend ausgelacht, Sachen gepackt und auf ein Nimmer-Wiedersehen!!!! Kein Grund, sich jetzt als Single an Deinem Peter zu vergreifen, oder?«

14:30 Uhr
Katie an Sanny
»Sie hat doch nichts mit Peter! Mal davon abgesehen, dass mein Schatz es mir schon tausendmal geschworen hat, dass er mir und seiner dummen Ehefrau treu ist, geht diese Geschichte noch weiter! Birgit hat ihm – halt Dich bitte fest – geglaubt! Weil ja auch jeden Tag irgendwo auf der Welt Reinigungskräften Kondome aus dem Staubsaugerbeutel fallen … sie tut mir fast schon leid. Was für ein Schwein und was für eine kranke Beziehung das sein muss. Der Typ bescheißt sie nach Strich und Faden und wenn es brenzlig wird, dann tischt er ihr so einen Müll auf – und sie schluckt es!«

14:35 Uhr
Sanny an Katie
»Aber ganz ehrlich, Katie, dann will die doch auch belogen werden. So naiv und weltfremd ist doch kein Mensch! Sie ist also immer noch mit dem Affen zusammen? Ich fasse es einfach nicht!«

14:36 Uhr
Katie an Sanny
»Ja! Und sie scheint glücklich! Stell Dir das nur vor. Diese Geschichte müssten wir mal in unsere Soap einbauen – die würden nur mit den Köpfen schütteln und wir würden massenhaft Post bekommen mit Beschwerden, dass unsere Storyliner jetzt völlig verwirrt und durchgeknallt sind.«

14:42 Uhr
Sanny an Katie
»Vielleicht hat er Kohle und sie will deswegen an dieser Beziehung festhalten? Hast doch gesagt, dass sie im vornehmen Grünwald lebt. Da ist ja schon eher der Geldadel seßhaft – wäre also der richtige Platz für mich …!«

14:45 Uhr
Katie an Sanny
»Mein erster Gedanke! Aber sie hat das Geld! Hat schwer geerbt! Der Daddy hatte eine eigene Versicherungsgesellschaft und die hat sie nach seinem Tod versilbert. Die gute Birgit braucht in ihrem ganzen Leben nie wieder auch nur einen Finger krumm zu machen! Bei uns arbeitet sie nur, weil sie sich zu Hause langweilt!«

14:51 Uhr
Sanny an Katie
»Jetzt wird die mir aber langsam unheimlich! Ganz rund läuft die ja nicht. Mensch, statt sich das mit all dem schönen Geld so richtig gut gehen zu lassen und den Hobbies zu frönen, sitzt die Tag für Tag in einem stinkigen Büro und plagt sich mit Euch exzentrischen Schauspielern ab. Kann ich null nachvollziehen. Egal – muss los: Bernhard hat heute Nachmittag die Presse geladen und stellt seine neuesten Werke vor. Es wird sensationell!«

14:56 Uhr
Katie an Sanny
»Viel Spaß, und ach ja: wann landest Du denn morgen? Soll ich Dich vom Flughafen abholen?«

14:59 Uhr
Sanny an Katie
»Das wäre toll, aber zufällig ist Mika um die Uhrzeit in der Nähe und nimmt mich dann mit in die Stadt!«

15:01 Uhr
Katie an Sanny
»Klaro! Zufällig in der Nähe? In der Nähe vom Flughafen München, der auf dem Land liegt? Was macht er denn da so ganz zufällig? Den Bauern bei der Ernte helfen? Na ja, habe schon verstanden. Dann sehen wir uns spätestens auf Malle!«

19:05 Uhr
Sanny an Katie
»Ich bin überfordert!«

19:07 Uhr
Katie an Sanny
»Wieso? Wieder Ärger mit dem Personal von Bernhard?«

19:10 Uhr
Sanny an Katie
»Nee, mein Engel hat das Team ja komplett ausgetauscht und die Neuen haben das alles fest im Griff – es geschehen noch Zeichen des Wunders! Nein, nein, … da ist alles gut, aber ich habe das klassische Packproblem. Laufen drei Koffer schon unter Übergepäck?«

19:12 Uhr
Katie an Sanny
»Du hast Nerven! Bei 25 kg ist Schluss!«

19:13 Uhr
Sanny an Katie
»Du machst Scherze?«

19:14 Uhr
Katie an Sanny
»Nein, aber was hast Du denn auch alles mitgenommen? Deine Stylistin bringt doch sicher auch noch einiges mit?!«

19:15 Uhr
Sanny an Katie
»Maus – es sind vierzehn Tage! Weißt doch, was Frau von Welt so braucht. Habe echt nur das Nötigste mitgenommen. Ein Koffer ist rein Kosmetik, das darf man ja nun auch alles nicht mehr ins Handgepäck stecken. Was Mika wohl einpackt? Der hat ja soviel Schrott im Schrank. Gehe morgen noch mal mit ihm bummeln …!«

19:17 Uhr
Katie an Sanny
»Du bist nicht die Sozialstation! Der soll sich selbst seine Sachen kaufen. Sei froh, dass Bernhard sein Studium nach so langer Zeit beendet hat und endlich Kohle verdient. Hast da ja auch lange genug Unsummen reingepowert!«

19:19 Uhr
Sanny an Katie
»Mit Recht! Wenn der eine in der Beziehung mehr verdient, dann ist es doch logisch, dass derjenige seinen Partner unterstützt. Und zu Mika: er ist so bescheiden! Der will ja auch nichts von mir

gekauft bekommen. Aber es macht mir Spaß und er freut sich immer so! So bin ich nun mal.«

19:23 Uhr
Katie an Sanny
»Bei Dir ist auch Hopfen und Malz verloren. Dann stell Dich doch einfach ans offene Fenster und klopp Dein sauer verdientes Geld raus. Glaube mir, wie vielen Menschen Du dann damit eine Freude machen wirst …! Spare mal ein wenig, Du weißt doch gar nicht, wie lange Du Deinen Job hast. Morgen kommt eine andere, die macht das für weniger Geld und hat auch gute Quoten und schwupp, bist Du weg …«

19:25 Uhr
Sanny an Katie
»Du sollst nicht immer so zynisch sein. Wer nichts gibt, kann auch nicht damit rechnen, etwas zu bekommen!«

19:26 Uhr
Katie an Sanny
»Na, das passt ja auch auf sämtliche Lebenslagen bei Dir!«

19:30 Uhr
Sanny an Katie
»Halt doch einfach den Schnabel …!!!!«

19:34 Uhr
Katie an Sanny
»Meine ja nur … wenn meine Meinung mal wieder gefragt sein sollte: ICH BIN DA!«

19:35 Uhr
Sanny an Katie
»Ende!«

Datum: 22.07.

09:40 Uhr
Sanny an Katie
»Guten Morgen, Sonnenschein! Bin wieder im Lande. Kannst Dich also melden!«

09:43 Uhr
Katie an Sanny
»Oh, die Herrlichkeit ist wieder zurück in München?!«

09:45 Uhr
Sanny an Katie
»Die Königin, bitte! Ja – düse jetzt mit Mika in die Redaktion, die letzten Sendepläne durchgehen, finale Abnahmebesprechung und dann ab in die City!«

09:52 Uhr
Katie an Sanny
»Weißt Du was? Der Mika geht mir so langsam auf den Geist. Nie hast Du Zeit für mich … Du liebst mich nicht mehr … ☹«

09:53 Uhr
Sanny an Katie
»Schnuckelchen: Du bist doch meine Nummer eins!«

09:55 Uhr

Katie an Sanny

»Deine Mails werden ja auch immer kürzer … Und was ist mit meiner Hochzeit? Der Countdown läuft und ich brauche Dich an meiner Seite!«

09:57 Uhr

Sanny an Katie

»Wieso? Ich hatte doch schon die Idee für Euer geniales Buffet ☺! Nein, jetzt mal ernsthaft: wie kann ich denn auf die Schnelle helfen?«

10:02 Uhr

Katie an Sanny

»Na ja, im Moment nicht so richtig. Läuft ja alles. Der Tanzkurs ist für die ersten beiden Septemberwochenenden geplant und gebucht. Block Dir das bitte. Hast Du den Luftballonfritzen erreicht? Du weißt: 500 champagnerfarbene Luftballons wünsche ich mir für meinen Tag!«

10:05 Uhr

Sanny an Katie

»Klar! Der liefert am Tag der Hochzeit, um 14 Uhr nach der Kirche! Wenn Du magst, würde der sich auch um die Blumen kümmern. Der ist so ein Allrounder und hat viele gute Kontakte und macht einfach den besten Preis!«

10:07 Uhr

Katie an Sanny

»Genial! Nur nicht soviel Kitsch! Alles weiße Lilien! Nichts Buntes, bitte! Bin ja nicht bei Pucci auf der Hochzeit. Der soll mir mal ein Angebot zum FREUNDSCHAFTSPREIS machen und faxen!«

10:10 Uhr
Sanny an Katie
»Fast erledigt! Manchmal kann ich meine aufopferungsvolle Art selbst nicht ertragen. Und das alles zwischen Stress und Stress. Ich bin genial. Siehst Du: und wer ist nun die liebste Freundin der ganzen Welt?«

10:12 Uhr
Katie an Sanny
»Entschuldige. Bin eben nur ein wenig eifersüchtig auf Deinen Lover …«

16:14 Uhr
Sanny an Katie
»Stress …!!!!«

16:17 Uhr
Katie an Sanny
»Stress? Wieso Stress? Seit wann ist denn shoppen Stress??????«

16:54 Uhr
Sanny an Katie
»Sorry, kam nicht früher zum Antworten … seit heute! Mika braucht ja alles neu! Der ist original in den 80-ern hängen geblieben! Macht bei ihm aber gar nichts …«

16:55 Uhr
Katie an Sanny
»Du machst mich krank …«

17:38 Uhr
Katie an Sanny
»Meinst Du, ich könnte heute Nacht bei Dir schlafen?«

17:41 Uhr
Sanny an Katie
»Oh ja – Mika hat heute abends eh keine Zeit! Wäscht seine neuen Errungenschaften durch – er ist so ein sauberer und ordentlicher Mann, also eine echte Seltenheit! Und er ist jetzt original der schönste Münchener! Wann kommst Du denn? Soll ich Tomatensalat machen?«

17:43 Uhr
Katie an Sanny
»Brauchst heute nicht kochen! Mann, stehst Du wieder auf Deiner ganz langen Leitung? Ich will doch bei Peter schlafen und nutze Dich – ausnahmsweise mal – als Alibi … Markus ist da und ich habe gesagt, dass wir heute Mallorca durchsprechen müssen. Ich freue mich so sehr auf meinen Peter! Habe ihn viel viel zu selten. Und wenn ich erst einmal verheiratet bin, dann hat das ja eh ein Ende … ☹«

17:53 Uhr
Sanny an Katie
»HA HA HA – dass ich nicht lache! Als ob das je vorbei ist! Lüge Dir bloß nicht in die eigene Tasche. Der Versuch, monogam zu leben, scheiterte ja schon einmal mehr als kläglich!«

17:56 Uhr
Katie an Sanny
»Nein, wirklich! Ich weiß noch nicht wie, aber es muss beendet werden. Umso mehr genieße ich jetzt die letzten Male mit Peter! Und dann streiche ich ihn für immer aus meinem Leben! Es wird ganz furchtbar!«

18:01 Uhr
Sanny an Katie
»Warten wir mal ab – habe schließlich schon Pferde vor der Apotheke kotzen sehen!«

18:03 Uhr
Katie an Sanny
»Du bist ja nicht ganz normal ☺!!!! Nun noch mal zum Mitschreiben: Du gehst heute nicht aus dem Hotel, lässt garantiert niemanden rein und stellst am besten Dein Handy ab. Du bist ab 20 Uhr mein Alibi, und das bis morgen früh um 10 Uhr! Hast Du das verstanden, Muckelchen?«

18:05 Uhr
Sanny an Katie
»Hallo???? Habe doch keine Backpflaumen im Kopf! Und was ist, wenn es in meinem Hotel brennt? Darf ich mich dann in Sicherheit bringen oder bin ich hier eingeschlossen, damit Dein Markus mich ja nicht OHNE Dich entdecken könnte?«

18:10 Uhr
Katie an Sanny
»Du bleibst im Zimmer! Egal, was kommt …«

18:11 Uhr
Sanny an Katie
»VERSTANDEN!«

21:15 Uhr
Sanny an Katie
»Hunger!!!!! Darf ich den Zimmerservice bestellen? Bestelle dann auch extra mehr, damit es nicht auffällt, dass ich mutterseelenalleine bin …«

21:45 Uhr
Sanny an Katie
»Meine Zigaretten sind nun auch aus. Was nun?????«

22:10 Uhr
Sanny an Katie
»Mir ist schlecht! Ich brauche Luft und muss raus aus diesem Hotelzimmer. Ich habe – ohne Witz – schon ganz geschwollene Elefantenbeine, die dringend vertreten werden müssen …!«

22:39 Uhr
Sanny an Katie
»Das Fernsehprogramm kotzt mich an! Ich will eine DVD mit einem guten und schmalzigen Film …«

22:58 Uhr
Sanny an Katie
»Mir ist so langweilig!!!!!«

23:13 Uhr
Sanny an Katie
»Wahnsinn! Mein tristes Leben hat ein Ende! Es klopft an der Zimmertür! Ich mach' mal auf …!«

23:15 Uhr
Sanny an Katie
»Ist Markus!«

23:15 Uhr
Katie an Sanny
»Fuck, Mist, Shit!!!! Du solltest doch keinen Menschen ins Zimmer lassen … Hast Du gesagt, dass ich kurz mit dem Hund spazieren gehe????«

23:16 Uhr
Sanny an Katie
»Markus glaubt sicher alles, aber: wir haben keinen Hund!«

23:16 Uhr
Katie an Sanny
»Ich komme! Ich springe ins Auto und bin in acht Minuten da, wenn ich Vollgas gebe. Sage ihm, dass ich an der Tanke Zigaretten hole!«

23:17 Uhr
Sanny an Katie
»Ach! Jetzt bekomme ich endlich was zu qualmen! ☺«

23:17 Uhr
Katie an Sanny
»Halt ihn hin!«

23:18 Uhr
Sanny an Katie
»War doch nur ein Scherz! HI HI – APRIL-APRIL!«

23:19 Uhr
Katie an Sanny
»Wie, was denn jetzt? Ist Markus doch nicht da?«

23:19 Uhr
Sanny an Katie
»Sage doch, dass es ein Witz war. Lach mich tot!«

23:20 Uhr
Katie an Sanny
»Alte Mistkrähe! An Deiner Stelle würde ich versuchen, mich selbst zu erwürgen. Du schaffst das. Ansonsten tue ich das nämlich! Du kannst mich mal!«

23:21 Uhr
Sanny an Katie
»Meine Güte. Früher hast Du aber auch mal mehr geschmunzelt … Seit Du Peter hast, bist Du so extrem verbissen …«

23:23 Uhr
Katie an Sanny
»Mögest Du Dich bitte NIE wieder langweilen in Deinem Leben! Gott schenke Dir Kraft!«

23:24 Uhr
Sanny an Katie
»Jetzt weiß ich auch wieder, warum ich Dich als beste Freundin habe!«

23:24 Uhr
Katie an Sanny
»Schalte mein Handy jetzt aus, damit ich den Rest der Nacht genießen kann. Zwischenfälle bitte direkt ignorieren! Süße Träume!«

Datum: 23.07.

10:01 Uhr
Katie an Sanny
»Guten Morgen! Na, doch noch allein in den Schlaf gefunden? Ich hatte es einfach wundervoll! Ich sehe aus wie ein frisch geficktes Eichhörnchen und bin voller Tatendrang! Bist Du schon unterwegs?«

10:12 Uhr
Sanny an Katie
»Halt mich bitte nicht auf, bin echt schon spät dran! Mika wartet ungeduldig und habe viel zu lang mit Bernhard telefoniert. Muss jetzt direkt los, melde mich von der Insel!«

10:14 Uhr
Katie an Sanny
»Aber ich habe doch sooo viel zu berichten … Peter hat es schon wieder gesagt! Ja, er liebt mich, und das tut er aus tiefstem Herzen! Der ist doch nur wegen der Kinder mit seinem Stück Weib zusammen. Ist ja auch ganz ehrbar, aber die hatte ihn jetzt wirklich lang genug! Nun bin ich dran, und zwar für immer!«

10:15 Uhr
Sanny an Katie
»REMINDER: Du heiratest in knapp neun Wochen – einen ANDEREN!«

10:16 Uhr
Katie an Sanny
»Stimmt. Da muss ich wohl einen kurzen Moment alles außer Peter verdrängt haben. Oder dank letzter Nacht ist mir ein Stück

Hirn abhanden gekommen … Sterben beim Sex eigentlich Gehirnzellen ab, ähnlich wie im Suff? Ich bin mir sicher!«

10:17 Uhr
Sanny an Katie
»Demnach hattest Du aber schon sehr viel Sex in Deinem Leben ☺ Bei Dir sind doch schon sämtliche Synapsen durchgeknallt.«

10:18 Uhr
Katie an Sanny
»Ist doch gar nicht wahr. Weißt Du, Maus … Ich habe einen kleinen Blues heute. Peter hätte ich auch geheiratet, wenn er sich damals für mich entschieden hätte. Aber dann kam Markus, und mit dem sollte alles anders werden. Ich hatte mir das so gewünscht. Das heißt, für Peter ist kein Platz mehr in meinem Leben, dabei hat er doch den größten in meinem Herzen eingenommen …! Das ist nicht gut. Der arme Markus ☹ Aber nun werde ich ja sehr bald seine Ehefrau, und ich habe es auch wirklich verdient, glücklich zu werden. Peter hatte lange, lange Zeit seine Chance – warum komme ich nur nicht so richtig von ihm los? Und jetzt, wo der Hochzeitstermin näher rückt, wird er richtig anhänglich und schüttet mich – entgegen seiner Macho-Tour – mit Komplimenten und Liebesbekundungen nur so zu! Ich bin total verwirrt!«

15:35 Uhr
Katie an Sanny
»Bist Du noch immer nicht angekommen oder dreht Ihr eine Extrarunde? Bin gerade auf dem Standesamt gewesen, und der Termin am 29.09. steht um 11:00 Uhr morgens! Jetzt gibt es kein Zurück mehr ☺. Markus freut sich so und seine Familie ist total aus dem Häuschen, die wollen mir momentan alles aus der Hand nehmen. Aber das fehlte noch! Trotzdem bin ich natürlich über jede Hilfe erleichtert. Und nun schreib' endlich! Wie ist das

Wetter? Ziehen schon die ersten Wölkchen auf – jetzt, wo Du gelandet sein musst????«

16:05 Uhr
Sanny an Katie
»Juhu – alle Koffer sind angekommen! Für mich ist diese Logistik der Airlines eines der acht Weltwunder, neben Fax und Handy. Sind auch schon draußen und die ersten Sonnenstrahlen lachen uns entgegen. Ist ja schon immer ein weiter Gang hier im Flughafengebäude. Aber auch wie nach Hause kommen. Mann, was haben wir hier schon alles erlebt. Und ich bin neuerdings Filmstar!!!! Auf meinem Handy steht es klar und deutlich: moviestar! Es läuft!«

16:16 Uhr
Katie an Sanny
»Na, so ein netter Name einer spanischen Telefongesellschaft kann das eigene Ego doch ungemein aufmotzen! Neid ... ich zähle jeden Tag! Noch genau zehn Tage und dann komme ich! Heute ist wieder Nachtdreh und es regnet in Strömen. Halleluja!«

19:13 Uhr
Sanny an Katie
»Freue mich so auf Dich! Wir haben eben auch so gelacht! Ist Dir eigentlich schon mal aufgefallen, wie viele Leute direkt nach dem Start und auch wieder zur Landung am Klo anstehen? Warum machen die das? Können die das nicht besser timen? Das ist wirklich ein Phänomen! Verstehe ich nicht – ist mir unbegreiflich, aber es ist wirklich auf jedem Flug das Gleiche! Na ja, jetzt sind wir angekommen: das Hotel ist der Hit! Einsame Spitze. Wunderschönes Design, tolles Personal und richtig bequeme Betten! Who's who trifft man hier! TEXTZEILEN FEHLEN ...«

19:15 Uhr
Sanny an Katie
»… Mein Team wohnt nur zum Teil hier, sprich: Mika als leitender Redakteur, Maskenbildnerin Andrea und Petra, meine Lieblingsstylistin. Die Kameramänner und das technische Team mussten leider in ein kleineres Hotel hier in Palma, sind aber wohl damit ganz glücklich. Und ich auch – weniger Augen, die Mika und mich morgens aus einem Zimmer kommen sehen könnten … geht es Dir seelisch wieder ein wenig besser? Ich würde Dir so gerne helfen, aber was soll ich tun? Ich mag Markus und glaube, dass er wirklich der Richtige für Dich ist. Aber ich spüre, dass es bei Dir und Peter irgendwie doch nie endet … Arme Maus. Wie gut haben es doch die Solofrauen …!«

20:15 Uhr
Katie an Sanny
»Du sagst es! Die brauchen nicht zu leiden, weil die gar keinen Mann haben. Kein Mann – keine Entscheidung – alles gut! Schon gegessen? Unser Catering ist heute eine Frechheit! Durchgekochte Nudeln und dazu ein salziges Pesto. Pfui …«

22:23 Uhr
Sanny an Katie
»Soll ich Dir ein paar Tapas nach München senden? Die sind so gigantisch lecker. Du weißt ja: unsere kleine Tapasbar in der Altstadt … da sind wir grade, haben an die zwanzig kleine Schüsselchen vor uns und schlagen uns den Bauch voll. Das ist Leben! Hier sind bestimmt jetzt noch um die 25 Grad und ich komme mir vor wie im Urlaub! Morgen machen wir den Location-Check für die ersten Drehtage. Wird wohl Porto Petro im Süden der Insel. Superniedlicher kleiner Hafen. Freue mich schon auf die Nacht …«

22:27 Uhr
Katie an Sanny
»Ich bin froh, wenn die Nacht vorbei ist …!!!!«

22:40 Uhr
Sanny an Katie
»Kuss!«

Datum: 24.07.

10:01 Uhr
Sanny an Katie
»Bitte nicht … es ist furchtbar!!!!!!«

10:36 Uhr
Katie an Sanny
»Gott – Sanny, was ist passiert? Eine Riesen-Kakerlake im sonnigen Süden?«

10:38 Uhr
Sanny an Katie
»Ich habe nur ein kleines Problem … meine Tage!!!! NEEEEEIIIIEEENNNNN!!!!!!

10:40 Uhr
Katie an Sanny
»Geht ja gar nicht! Kannst Du sie nicht verschieben?«

10:47 Uhr
Sanny an Katie
»Ich habe doch diese Hormonspirale und da habe ich die Regel ja nur noch selten. Und ausgerechnet jetzt ist sie da! Scheiße, Scheiße, Scheiße! Was mache ich nur? Aber: ich habe sie ja nur ganz leicht. Hoffe, sie sind heute Abend wieder weg … sonst tue ich einfach so, als würde ich das nicht merken! Jawohl, so mache ich das!«

10:56 Uhr
Katie an Sanny
»… und wie heißt es so schön? Ein Pirat sticht auch ins rote Meer …!!!«

11:00 Uhr
Sanny an Katie
»RICHTIG! Aber der Typ heißt Seemann!«

17:54 Uhr
Katie an Sanny
»Peter will mich schon wieder sehen! Aber jetzt, wo Du auf Malle bist, ist es mit den Ausreden vor Markus schon schwieriger …! Außerdem hat Markus eine kleine Überraschung für mich, hat er eben am Telefon gesagt. Was das wohl ist? Weißt Du, dass das mir Angst macht! Ich hätte Peter so gerne getroffen. Es ist wirklich verzwickt und verzwackt …«

18:36 Uhr
Sanny an Katie
»Ach, nun genieße den Abend mit Markus. Peter muss warten. Und: willst was gelten – mach' Dich selten!«

19:15 Uhr
Katie an Sanny
»Wie ist es denn bei Euch? Habt Ihr einen schönen Drehort gefunden?«

19:23 Uhr
Sanny an Katie
»Aber hallo! Morgen senden wir die erste Promi-Tonne direkt von hier! Tolle Gäste hat Mika an Land gezogen, hier leben ja auch viele Promis und die meisten freuen sich über PR. Mir fällt es total schwer, vor den anderen mit Mika ein rein berufliches Verhältnis zu mimen. Du könntest mir da ein wenig von Deiner Schauspielkunst abtreten …«

22:14 Uhr
Sanny an Katie
»Sag' mal, Süße … und die Überraschung von Markus war nun, dass Ihr mal eben spontan ohne Handys ausgewandert seid, oder was? Wie sollte man sonst erklären, warum Du auf tote Frau machst … Hallo????«

23:56 Uhr
Sanny an Katie
»… hoffentlich ist es nicht gleich Australien … Bringst Du mir ein kleines Känguru-Baby mit, wenn Ihr mal wieder Deutschland besucht???«

Datum: 25.07.

02:15 Uhr
Katie an Sanny
»Dass Du auch immer gleich so durchdrehen musst, wenn ich mich fünf Minuten mal nicht melde … Du Gestörte ☺ … Ja, was soll ich sagen, wo fange ich an? Wir sind nicht ausgewandert, aber Markus hat mir die Überraschung des Lebens bereitet. Gott, das ist echt mein Mann! Du weißt ja, wie ich auf Schlösser, Burgen und Königshäuser abfahre und wie sehr mich die geschichtlichen Ereignisse am Hofe interessieren. Und da hat mich mein Liebling geschnappt und ist mit mir nach Füssen in das wundervolle König Ludwig-Musical gefahren. Mit Champagner im Auto und Kaviar vom Feinsten!«

09:30 Uhr
Sanny an Katie
»Was für eine niedliche Idee. Und Du durftest in seinem Auto essen? Bei dem Spießer? Der hat doch immer so Angst, dass da mal ein kleiner Fleck auf den Ledersitzen landet. Wow, wenn er Dir das erlaubt hat, dann schwebt der momentan wirklich auf Wolke sieben! Maus, … heute Nacht war alles anders!«

13:30 Uhr
Katie an Sanny
»Puh, viel zu lange geschlafen … komme mir vor wie zu Teenager-Zeiten, da hat man ja immer samstags und sonntags bis zum Nachmittag gepennt … Und wenn man aufgewacht ist, dann roch es im Haus bei Mama und Papa schon nach Sonntagsbraten … Hatten noch wilden Sex. Ja, Du hast Dich nicht verlesen und ich habe mich auch nicht verschrieben: Markus und ich hatten WILDEN Sex! Und bei Dir? Klingt nicht gut … Hast Du Dich mit

Mika gestritten und er hat in seinem Zimmer geschlafen, oder was war so anders?«

14:15 Uhr
Sanny an Katie
»Nein, nein, nein. Wir haben gevögelt – sensationell gut wie immer – und da schaut er mir mittendrin ganz tief in die Augen und sagt zu mir, dass wir miteinander schlafen …«

14:23 Uhr
Katie an Sanny
»Na, da hast Du Dir ja eine Blitzbirne geangelt, wenn er das dann auch mal bemerkt … Häh?«

14:30 Uhr
Sanny an Katie
»Ähnlich irritiert habe ich auch geschaut. Ich war oben und dachte, er hat sich versprochen … Frei nach dem Motto: Sanny, Du schläfst mit mir. Aber er hat es noch einmal wiederholt und meinte, dass wir nicht ficken, sondern zusammen schlafen. Herrje, er hat Recht. Da sind Gefühle mit im Spiel! Auf beiden Seiten. Wir hatten uns so fest vorgenommen, dass das nicht passieren darf, und nun ist es doch geschehen – um uns beide ist es geschehen!«

14:42 Uhr
Katie an Sanny
»Ihr seid beides Schnell-Merker … das war mir schon vor Wochen klar. Ihr genießt jede freie Sekunde miteinander, könnt nicht genug bekommen und lebt zusammen wie ein altes Ehepaar. Und – wer hat es von Anfang an gewusst? ICH! Nehme demnächst Geld für meine Voraussagungen … Ja, Süße, was nun?«

14:56 Uhr
Sanny an Katie
»Ganz einfach: ich bin verliebt! Und es ist so wundervoll!«

15:03 Uhr
Katie an Sanny
»Im Gegensatz zu Euch kapiere ich schnell … Ich fragte: was nun? Stichwort Bernhard!«

15:10 Uhr
Sanny an Katie
»Ja, so ein bisschen Verliebtheit … das verschwindet doch auch wieder, oder? Die Schmetterlinge im Bauch, die ich gerade habe und so deutlich spüre, müssen doch zurück in den Kokon … irgendwann …!«

15:13 Uhr
Katie an Sanny
»Klar! Lüg' Dir mal weiter schön in die eigene Tasche. Ich glaub es ja nicht, aber ich wusste es.«

15:30 Uhr
Sanny an Katie
»Denkst Du, dass ein Herz für zwei Männer schlagen kann? Ich liebe Bernhard und bin so was von verliebt in Mika …!«

15:35 Uhr
Katie an Sanny
»Eine kluge Freundin von mir sagte – vor gar nicht allzu langer Zeit –, dass sie zwar davon hörte, es ihr aber NIE passieren würde …! Kommt Dir das bekannt vor?«

15:40 Uhr
Sanny an Katie
»Gott, das war ich! Ich alter Klug-Kacker! Mensch, ich hätte alles drauf verwettet, dass mir das nie passiert, bei meiner unendlichen Liebe zu Bernhard. Ich werde ihn nie verlassen und muss sehen, wie es weiter geht. Aber ich genieße auch und ich bin jung und habe einfach das Recht auf eine Affäre … und überhaupt. Ach …!«

16:00 Uhr
Katie an Sanny
»Jetzt hör' auf, mir ständig nachzueifern … ☺ Entliebe Dich! SOFORT! Siehst doch, was für Kummer man mit zwei Typen hat. Zwei ist eben einer zuviel. Punkt. Wenn Du schon nicht aus Deinen eigenen Fehlern lernst, lerne doch wenigstens aus meinen! Aber Hand auf's Herz: ich kann das so nachvollziehen! Mika ist einfach ein Traummann und holt Dir momentan die Sterne vom Himmel. Und Bernhard ist eben Bernhard und gehört zu Dir wie das A zum Alphabet!«

16:13 Uhr
Sanny an Katie
»Was hast Du denn geraucht? Was schwafelst Du denn heute bitte? Ich mache mir einfach gar keine Gedanken mehr – es kommt, wie es kommt!«

16:17 Uhr
Katie an Sanny
»Du und Deine Vogel Strauß-Theorie machen mir schlichtweg einfach nur Angst …!«

20:15 Uhr

Sanny an Katie

»Bin immer noch verliebt. Er sieht immer besser aus. Mein Mika. Habe eben mit Bernhard telefoniert – ist schon komisch, wenn ich mit meinem Mann auf dem Gang telefonieren muss, damit es Mika nicht so weh tut. Schließlich ist er total fixiert auf mich und sagt mir ständig, wie sehr er mich liebt. Süß … Was machst Du eigentlich heute Abend?«

20:30 Uhr

Katie an Sanny

»Ich mache heute gar nichts weiter. Schau noch einmal über meine Texte, denn übermorgen findet bei uns ein Casting statt. Thomas soll ausgetauscht werden. Du weißt schon – der, der immer krank war und ist. Ich sage Dir, der hat was mit dem Magen. So, wie der immer aus dem Maul stinkt – wie 'ne Kuh aus dem Arsch. Habe dem mal japanisches Heilpflanzenöl vor einer Kuss-Szene angedreht – Effekt gleich null. Nun soll ein Neuer kommen und ich muss mit den Schauspielern, die für die Rolle vorsprechen, spielen. Kannst Dir vielleicht vorstellen, wie sehr sich mein Redakteur Daniel auf das Casting freut … Der sehnt sich nach – O-Ton – Frischfleisch!«

20:35 Uhr

Sanny an Katie

»???? Wie, und Du wirst jetzt in Deiner Rolle als Katja lesbisch, oder was? Schließlich ist Daniel ja nicht schwul …! Kann ja nicht nur schwule Redakteure geben … wie mein Dennis …«

20:36 Uhr

Katie an Sanny

»Das denkst Du, das dachte ich und das dachte er ebenfalls! Doch er erzählte mir neulich, dass er selbst ganz geschockt war, als er feststellte, dass er unrasierte Männerbeine auf einmal sexy findet!«

20:45 Uhr
Sanny an Katie
»Das glaube ich nicht. Der und Homo! Der hat doch nichts ausgelassen und alles gevögelt, was nicht bei drei auf den Bäumen war. Meinst Du nicht, der ist eher bi? Und nicht mal das, glaube ich. Vielleicht findet er es ja schick, auf einmal schwul zu sein. Warum denken eigentlich immer und grundsätzlich die schönen Männer, dass sie zum anderen Ufer neigen? Hauptsache, mein Bernhard und mein Mika bleiben den Frauen treu – nein, falsch: mir treu! Der einzig wahren Frau!«

20:57 Uhr
Katie an Sanny
»Wahrscheinlich weiß Daniel es selber noch nicht genau, zu welcher Gesinnung er denn nun gehört … Vielleicht musste er einfach erst einmal mit soooo vielen Frauen schlafen, um festzustellen, dass es wahre Liebe nur unter Männern gibt … Obwohl: das ist ja lächerlich! Wahre Liebe gibt es meines Erachtens nur unter Frauen – und wer weiß? Vielleicht verlieben wir uns ja auch eines Tages … ☺«

21:24 Uhr
Sanny an Katie
»Jetzt drehst Du durch. Pfui, nee – das könnte ich nie. Niemals. Ich akzeptiere das ja gerne alles, aber praktiziere es nicht … Das wäre ja noch das I-Tüpfelchen auf allem … als hätten wir beiden nicht schon mehr als genug Probleme …«

21:35 Uhr
Katie an Sanny
»Das Schöne ist ja, dass Dein NIE so sicher ist wie die Ankunft der Titanic in New York … Ich werde mich NIE in Mika verlieben … ja, ja …!!!«

21:57 Uhr
Sanny an Katie
»Der holt grade eine Pizza vom kleinen Lokal um die Ecke und dann ab in die Heia … acht Tage noch, dann kannst Du auch etwas von dem süßen Inselleben kosten …«

22:05 Uhr
Katie an Sanny
»Wird auch Zeit – endlich ein wenig Sonne auf der Haut. Hier ist der Sommer ja mal wieder ins Wasser gefallen. Habe mir schon überlegt, dass man ein Sonnenstudio betreiben sollte – die müssen sich ja dumm und dämlich verdienen!«

Datum: 26.07.

10:35 Uhr
Katie an Sanny
»Ich hoffe, als gute Freundin, wenigstens Dir geht es sehr gut …!!!«

10:57 Uhr
Sanny an Katie
»Hervorragend! Ach, mein Leben ist ein Traum. Heute liebe ich mein Leben wirklich. Wenn nur nicht das ständige schlechte

Gewissen wäre ... Was ist los, mein Schatz, klingst nicht so super ...!«

11:05 Uhr
Katie an Sanny
»Nicht so super? Ich bin sterbenskrank!«

11:06 Uhr
Sanny an Katie
»Damit spaßt man nicht. Das habe ich Dir echt schon hundertmal gesagt! Wo drückt der Schuh denn heute?«

11:10 Uhr
Katie an Sanny
»Habe die ganze Nacht kein Auge zugetan und über der Toilettenschüssel gehangen! Krämpfe – so schlimm – schlimmer können keine Wehen sein. Ich war permanent der Ohnmacht nahe und sehr, sehr geschwächt. Markus fährt mich gleich zum Arzt. Ich spüre: es läuft auf eine Magen- und Darmspiegelung hinaus! Grauenhaft. Ich kann nichts bei mir behalten und merke richtig, wie ich dehydriere!«

11:15 Uhr
Sanny an Katie
»Gott, das klingt echt fies. Nicht, dass Malle ausfällt für Dich? Hast Du so schlimme Schmerzen?«

11:20 Uhr
Katie an Sanny
»Ich bin fast zu schwach, um Dir zu mailen. Nur kurz: ich habe mein Testament geschrieben. Auch Du wirst bedacht!«

11:24 Uhr
Sanny an Katie
»Schon wieder ein Testament? Wie viele hattest Du noch gleich in den letzten zwei Jahren verfasst? Ist es denn auch wieder schön dramatisch?«

11:35 Uhr
Katie an Sanny
»Unterbrich mich nicht … Noch bist Du ironisch, aber wenn Du und all meine Freunde am Grab vor meinem weißen Sarg mit weißen Lilien steht und dazu Udo Jürgens hört … wenn das Schicksal Dir etwas nimmt … und immer wieder geht die Sonne auf … – dann wirst Du schluchzend zusammenbrechen. Ihr sollt es dennoch als schönen Tag in Erinnerung behalten … Der Einzige, der nicht kommen darf, ist Thomas. Von dem habe ich den ganzen Mist. Das Produktionsbüro hat mich heute früh angerufen, dass der Dreh mal wieder verschoben wird, weil Thomas erneut krank ist, und nun hat man festgestellt, dass er ein Magengeschwür hat. Er hat mich bestimmt angesteckt. Gallensteine hat er auch. Der Arme, der wird bestimmt komplett ausgetauscht.«

11:46 Uhr
Sanny an Katie
»Mal davon abgesehen, dass man sich weder am Magengeschwür noch an Gallensteinen anstecken kann – ich drück Dir die Daumen! Hast garantiert was Falsches gegessen. Sei stark und halt mich auf dem Laufenden!«

16:03 Uhr
Sanny an Katie
»Und????«

16:04 Uhr

Katie an Sanny

»Alles gut – mehr oder weniger! Es ist tatsächlich nur eine leichte Magenverstimmung. Trotzdem habe ich Schmerzmittel und was Entkrampfendes bekommen und hole den Schlaf der letzten Nacht nach. Morgen muss ich wieder fit sein – das große Casting steht ja an. Sollen ganz coole Typen dabei sein! Gehe wieder ins Bett und knabbere an meinen Salzstangen. Eine tolle Diät! Wollte ja eh zur Hochzeit abnehmen! Und Markus hat sich vorgenommen, heute früh Feierabend zu machen. Peter ist ein Schatz und hat mich auch voller Sorge schon angerufen!«

16:15 Uhr

Sanny an Katie

»Na, dann ist ja alles wieder gut! Sag' einmal: hat bei Dir eigentlich schon einmal ein Mann den Wunsch geäußert, anal zu vögeln?«

16:20 Uhr

Katie an Sanny

»Wie kommst Du denn jetzt darauf? Wegen meiner Scheißerei, oder was? Igitt! Manchmal bist Du ja auch echt ekelhaft … Ich mag' das wirklich überhaupt nicht!«

16:24 Uhr

Sanny an Katie

»Naja, ich eigentlich auch nicht. Aber gestern haben Mika und ich einen Kleinen zuviel getrunken, und dann ist es passiert …! War porno!«

16:26 Uhr

Katie an Sanny

»Nein! Und? Alles noch heil?«

16:30 Uhr
Sanny an Katie
»Himmel – ja! War ganz entspannt, weil ich das gar nicht mehr so gepeilt habe … wenn Du weißt, was ich meine! Bleibt aber doch eine Ausnahme … Obwohl … Gute Besserung, meine Maus!«

16:35 Uhr
Katie an Sanny
»Gute Besserung wünsche ich wohl eher Dir und Deinem perversen Hirn … und Hinterteil! ☺«

21:09 Uhr
Sanny an Katie
»Du wirst mich jetzt für noch verrückter halten, aber wir fahren jetzt zum Ballermann. Das habe ich noch nie gesehen und will mir mal vor Ort ein Bild machen. Soll ja ordentlich abgehen da … und sie spielen Schlager! Geil!«

Datum: 27.07.

10:00 Uhr
Katie an Sanny
»Danke der Nachfrage … mir geht's wieder etwas besser. Sitze schon seit einer Stunde mit Peter beim Casting für meinen neuen Serienpartner. Kann aber leider nicht mitspielen, da ich noch zu angeschlagen bin. Sind ein paar ganz heiße Typen dabei, aber Peter hat den Großteil davon gleich abgelehnt … warum wohl? ☺ Dafür springt Daniel hier rum wie ein Flummi und verspricht allen, die für ihn in Frage kommen, sich persönlich zu melden, ob es was wird oder nicht. Die kleine Drecksau nutzt schön die spon-

tan erworbene Macht. Peter ist Zucker und rührend um mich und meine Gesundheit besorgt. Wenn der mir mal einen der sexy Typen gönnen würde, wäre ich sicher schon gesund. Wie war es denn bei Dir?«

10:13 Uhr
Sanny an Katie
»Komm zurück ins Hotel gerade … bin schwer bsoffn, aber lustig … ja, das wars. Kann alle Hits mehr als nur singen. Hab Kopfkirmes … Mika auch. Ich trink wirklich nich mehr. Hab auch Zungenlähmung … nur fürs Schlabbern mit Mika reichts ☺ wie spät is denn?«

10:15 Uhr
Katie an Sanny
»Oh oh … da geht ja gar nix mehr bei Dir. Kauf Dir mal ein paar Adjektive und Verben und bilde einen Satz! Besser wir mailen später weiter. Schlaf erstmal Deinen Sangria-Rausch aus und meld Dich, wenn Du wieder meine Sanny bist. Aber schön, dass ich nicht dem Blackout zum Opfer gefallen bin. Bis dann, meine Süße …«

10:16 Uhr
Sanny an Katie
»Yepp …«

16:17 Uhr
Sanny an Katie
»Ich trinke nie wieder in meinem ganzen Leben auch nur einen winzigen Schluck Alkohol!!! Uns geht es schlecht und ich muss immer noch nach Schnaps stinken. Ekelhaft! Mika hat noch gekotzt und schläft jetzt den Schlaf der Gerechten … Casting vorbei? Wie war es denn und für wen habt ihr Euch entschieden? Kennt man den Schauspieler?«

17:20 Uhr
Katie an Sanny
»So, jetzt haben alle vorgesprochen. Wir haben uns für einen echten Schnuckel entschieden. Dunkelblonde Haare und strahlend blaue, faszinierende Augen wie Ralf Bauer. Groß, gut gebaut und sehr charmant. Ich hatte so das Gefühl, dass Peter lieber einen nicht ganz so schönen, jungen Gott neben mir gesehen hätte, aber der Oliver war fachlich einfach der Beste. Mensch, mein Chef wird doch nicht eifersüchtig auf seine alten Tage? Nach dem ganzen Tag Zwieback und Salzstangen brauche ich jetzt was Ordentliches und Markus hat wohl gekocht. Hoffentlich hält mein Magen das aus, fahre jetzt nach Hause. Und Du? Musst Du denn gar nicht arbeiten? Herrje, erzähl mal von den Idioten am Ballermann!«

17:35 Uhr
Sanny an Katie
»Doch – bin schon am Set und meine Maske Andrea hat alle Hände voll zu tun, mir ein brauchbares und sendbares Gesicht zu malen. Mika hat sich für heute spontan frei genommen. Wie heißt es noch so schön? Wer feiert, kann auch arbeiten … die jungen Leute von heute sind eben nicht so belastbar. Er sah aber mehr grün als braun aus und Hauptsache, er ist später wieder fit! Ballermann? Hammer! Eine andere Welt. Du musst das sehen, das kann man nicht beschreiben!«

18:00 Uhr
Katie an Sanny
»So – zuhause! Wieso sehen? Ist es wie Karneval in Rio?«

18:05 Uhr
Sanny an Katie
»Da war ich leider noch nicht, aber ich denke mir ganz anders. Alle sind betrunken, außer Rand und Band und dauergeil. Jeder hofft auf den großen Schuss am Abend und Klamotten haben die an! Ungeahnt. Wie Dieter Bohlen vor zehn Jahren. Mit Jogginghosen unterster Kajüte. Prada, Dolce und Armani kennen die nicht. Aber faire Preise. Bier für zwei Euro. Und die saufen – Grenzen gibt es nicht. Dann treten hier Schlagerstars auf. Wir waren im Obernbayern und der Big Brother Jürgen war da. Die Fans sind total ausgerastet. Der macht das aber auch echt gut. Eine Power, und das Publikum hat er angetrieben. Die kannten jeden Text und haben mitgesungen. Mika und ich haben so gelacht und gefeiert und uns einfach nur diese Menschen angesehen. Viele Kegelclubs. Die lassen schön ihre Frauen zu Hause und dann geht es ab. Wenn Du kommst, dann gehen wir auch zum Ballermann, Maus. So, Sendung fängt gleich an, wir produzieren ja live! Kuss!«

18:10 Uhr
Katie an Sanny
»Und? Wurdest Du erkannt?«

18:15 Uhr
Sanny an Katie
»Erkannt? Ausgerastet sind die. Das ist so eine Gruppen-Dynamik! Einer sieht mich, schreit aufgeregt und dann kommen sie alle angedibbert. Ich habe wunde Hände vom Autogramm schreiben. Und neuster Trend: die wollen alle Fotos mit der Handy-Kamera machen. Das Schlimme daran: der Körperkontakt. Die kuscheln sich fürs Foto ja ganz nah ran und Du ahnst gar nicht, wie manche stinken. Nach stechendem Zwiebel-Schweiß. Und nach Füßen. Widerlich! Also: bring ordentlich Autogrammkarten und Riechsalz mit, hier residiert Deine Zielgruppe!«

20:05 Uhr
Sanny an Katie
»Weißt Du was, Maus: ich überlege, mir hier eine kleine Wohnung zu kaufen. Erst einmal hat man immer ein Domizil, wenn man nach Malle kommt und außerdem steigen hier die Immobilienpreise pervers nach oben. Wir sind eben in Andratx vorbei, und da habe ich mich in ein Penthaus verliebt. Direkt am Hang, neben dem Yacht-Hafen. Ich sage Dir: first Lage!«

20:07 Uhr
Katie an Sanny
»First Lage? Kenne nur Fürst Pückler …! Ernsthaft. Hast Du die Wohnung von außen gesehen oder habt Ihr sie gleich besichtigt? Hast Du denn überhaupt soviel Geld? Nicht schlecht, dann werden wir wohl künftig des Öfteren Urlaub auf der Insel machen! Aber wenn Du vom Partyleben so begeistert bist – warum Andratx und nicht Schinkenstraße?«

20:10 Uhr
Sanny an Katie
»Das hält man doch nicht aus, und wir gehören zur High Society – schon vergessen? Was machst Du heute Abend denn noch Schönes?«

20:12 Uhr
Katie an Sanny
»Ach, eigentlich wollte ich es mir mit meinem geliebten Verlobten so richtig nett und gemütlich machen. Aber wir haben uns ein wenig gestritten! Jetzt kann er mich mal!«

20:15 Uhr
Sanny an Katie
»Wieso das denn? Wolltest Du Sex?«

20:20 Uhr
Katie an Sanny
»Nein, noch nicht mal das. Wir waren kurz einkaufen und da habe ich auf die Straße gespuckt. Er findet das einfach nur ätzend und schämt sich. Aber manchmal habe ich einfach Bock, auf die Straße zu spucken.«

20:24 Uhr
Sanny an Katie
»Du kannst machen, was Du willst – Du bist erwachsen! Und das Schönste am Erwachsensein ist: man kann machen, was man will – denn schließlich ist man ja erwachsen! Und meine Liebe: der soll mal froh sein, dass Du gespuckt hast und nicht barbarisch gefurzt …«

Datum: 28.07.

10:25 Uhr
Katie an Sanny
»Ich bringe sie um!«

10:26 Uhr
Sanny an Katie
»Sonnenschein – da hat ja jemand wieder richtig gute Laune, und das schon am frühen Morgen! Denkst Dir wohl: auch der frühe Vogel fängt den dicksten Wurm … Wer muss sein Leben lassen? Etwa Deine künftige Schwiegermama? Hat sie Dir wieder neckische Sachen aus dem Familienbesitz geschickt?«

10:30 Uhr
Katie an Sanny
»Birgit! Ich rede von Birgit, der schrulligen Assistentin von Peter. Die hat es doch tatsächlich gewagt, mich um sechs Uhr heute Morgen, ich betone: SECHS Uhr morgens, anzurufen. Wo ich denn stecke, der Dreh würde in einer halben Stunde beginnen. Auf meiner Dispo steht elf Uhr Drehanfang! Da hat sie doch einfach mal vergessen, die überarbeiteten Dispositionen in die Fächer der betroffenen Schauspieler zu legen. Ganz zu schweigen von einem kurzen Info-Telefonat. Mit ihrer Dummheit fickt sie meine Nerven! Mit ihrer Dusseligkeit quält die das gesamte Team. Die hat ja noch nicht einmal eine gewisse Bauernschläue – die ist einfach nur grottenblöde!«

10:35 Uhr
Sanny an Katie
»Na, Dich möchte ich auch nicht zur Feindin haben … wie gut, dass Du meine mich liebende Freundin bist! Und habt Ihr denn jetzt erst angefangen?«

10:37 Uhr
Katie an Sanny
»Natürlich nicht. Bin im Turbo-Tempo und mit kleinster Katzenwäsche aus dem Haus zum Studio geflogen. Schön noch in der Zone 30 mit 60 geblitzt. Könnte kotzen. Wenn ich den Lappen verliere, muss die Schrulle von Birgit meinen Chauffeur spielen. Habe ich ihr schon angekündigt. Klein mit Hut war sie. Aber es kommt noch viel dicker: ich hatte stolze fünfzehn Minuten Maskenzeit! Statt eine volle Stunde. Weißt Du, wie ich aussehe? Ich habe einen Ruf zu verlieren, und heute ist doch der erste Tag mit dem neuen Ralf Bauer-Verschnitt. Oliver denkt jetzt, ich bin hässlich …!«

10:58 Uhr
Sanny an Katie
»Schatz, der sieht Deine wahre Schönheit – die kommt bekanntlich von innen …«

11:02 Uhr
Katie an Sanny
»Du kriegst gleich Dresche … Du weißt, wie wichtig mir mein Aussehen ist. Stecke ja nicht umsonst soviel Geld in die Pflege.«

11:10 Uhr
Sanny an Katie
»Hast ja selber Schuld – stecke es lieber in Designer-Klamotten statt in die Kosmetikbranche. Schau Dir meine tolle, glatte, jugendliche Haut an! Und wieso habe ich ein so traumhaftes Gesicht, um das mich alle Frauen beneiden? Dank der Spanier und den günstigen, aber sensationell guten Vitaminampullen hier! Die nehme ich nur! Vitamin C ist einfach eine Wunderwaffe, und hier stimmt ausnahmsweise mal das Preis-Leistungs-Verhältnis. Du legst Dir Fischeier auf die Haut! Igitt!«

11:14 Uhr
Katie an Sanny
»Ist richtig, Mrs. Botox … Und apropos Designer-Klamotten! Die bekomme ich ja fast geschenkt dank meiner besten Freundin Sanny! Die ich sehr, sehr liebe. Will damit sagen: hast Du Ei an die Kleidung von Bernhards neuer Kollektion gedacht?«

11:16 UHR
Sanny an Katie
»Hallo? Ist mein Kopf ein Sieb? Nein – ich bin das größte Organisationstalent der Erde! Und ich bin so verliebt. Mika ist wirklich ein Traum. Wir haben so viel gemeinsam und es ist

wahnsinnig intensiv. Ich habe das Gefühl, ihn schon immer zu kennen!«

11:17 Uhr
Katie an Sanny
»Und Bernhard?«

11:20 Uhr
Sanny an Katie
»Unverändert – den vermisse ich so. Er hatte gestern, als wir telefoniert haben, die Idee, auch spontan für zwei Tage nach Mallorca zu kommen und mich und mein Top-Magazin ein wenig zu unterstützen. Aber der kann nicht kommen, weil das geht gar nicht.«

11:21 Uhr
Katie an Sanny
»Präzise Aussage – und was soll das nun heißen?«

11:23 Uhr
Sanny an Katie
»Ganz einfach: er kann nicht kommen. Zuviel mit dem Magazin um dic Ohrcn, ich könnte mich ja auch nicht so um ihn kümmern und ich brauche meine Kraft für meinen Job. Schließlich bin ich aus beruflichen Gründen hier! Und ich bin ja bald mit ihm auf Hawaii. Das hat er dann auch gleich eingesehen. Oh, oh, oh – ich werde den Urlaub mit ihm schon sehr genießen, aber Mika auch echt vermissen. Ich bin krank. Und sehr beliebt! Wie läuft es denn nun beim Drehen bei Dir und wie macht sich der neue Schöne trotz Deiner Verspätung?«

11:57 Uhr
Katie an Sanny
»Der ist echt niedlich, ein wenig schüchtern. Und ich habe den Jackpot geknackt: gleich heute Nachmittag kommt die innige Liebesszene zwischen uns! Ich könnte Scheiße schreien vor Freude! Tina ist gleich beleidigt zu Peter gewackelt und hat sich beschwert, warum ihr Filmpartner so alt und fett ist. Die hat ja ihr eigenes Rollenprofil nicht verstanden. Deswegen komme auch ich weiter – die Klügere und Schlauere gewinnt!«

12:06 Uhr
Sanny an Katie
»Klingt spannend! Wir fahren jetzt in die Altstadt! Schließlich bin ich kulturell sehr interessiert ... mal sehen, ob es da kleine, schlüpfrige Gassen gibt ... für Mika und mich ... ☺«

15:04 Uhr
Katie an Sanny
»Ich träume! Oliver kam eben nach der Mittagspause zu mir und fragte – ganz niedlich – wie ich mir unsere Kuss-Szene vorstelle! Zuerst habe ich das nicht so richtig verstanden. Aber dann wurde mir klar: er wollte wissen, welche Kuss-Technik wir anwenden werden. Ich habe ihm dann erklärt, dass ich grundsätzlich ALLES gebe für jede Szene – nicht umsonst hätte ich den Soap-Oscar verdient. Und nun haben wir uns geeinigt, dass wir uns echt küssen! Heaven!!!!!«

15:05 Uhr
Sanny an Katie
»Gut, dann ist Oliver morgen ja auch wieder weg!«

15:06 Uhr
Katie an Sanny
»????«

15:07 Uhr
Sanny an Katie
»… naja … Peter ist immer noch Dein Chef und nimmt jede Szene ab. Wenn der sein Weib mit einem Schönling sieht und Ihr Euch knutscht wie Romeo und Julia – dann wird er natürlich Konsequenzen ziehen und Oliver auf der Stelle feuern …«

15:09 Uhr
Katie an Sanny
»Quatsch doch keine Opern. Peter ist sehr professionell und leider auch so gar nicht eifersüchtig. Und schon mal überhaupt nicht auf kleine Soap-Darsteller …! Dafür ist der Macho viel zu sehr MANN!«

17:45 Uhr
Katie an Sanny
»Du hast einen siebten Sinn – das wussten wir ja schon immer. Es ist tatsächlich so, wie Du es hast kommen sehen: Peter dreht durch! Vor Eifersucht! Ich habe ihm angeblich die Kuss-Szene zu echt gespielt! Dabei hat er doch den Typen für mich gecastet und die Szene vorher abgenickt. Sieht er denn nicht, dass ich einfach nur eine geniale Schauspielerin bin? Er sollte stolz auf mich sein, statt sich so kindisch zu benehmen!!!!«

17:52 Uhr
Sanny an Katie
»Freu Dich doch. Wie es geschieht, es ist Dir nicht recht. Erst willst Du, dass er vor Eifersucht glüht, brennt er dann endlich, ist es auch nicht richtig … Und was heißt geniale Schauspielerin?

Das bist Du – keine Frage, aber Du hast doch den Kuss so richtig genossen, oder? Wie war es denn?«

17:56 Uhr
Katie an Sanny
»Der Oliver knutscht Dich schwindelig. So super! Und endlich Filmküsse ohne diesen ekelhaften Mundgeruch wie bei Thomas immer. Nur gut, dass das Geschichte ist. Ich muss ins Büro und Peter beruhigen. Werde also ein wenig Klöten kraulen gehen … ☺ Viel Spaß bei Deiner Sendung! Hast ja wirklich irre Quoten – habe ich bei Quotenmeter nachgelesen. Ich gratuliere!«

20:05 Uhr
Sanny an Katie
»Alles beruhigt?!«

23:06 Uhr
Katie an Sanny
»Bin auf dem Weg nach Hause. War ganz schön harte Arbeit diesmal – weißt Du, was ich glaube? Der hat Angst – nackte Angst, mich ganz zu verlieren. Jetzt, wo meine Hochzeit immer näher rückt, wird ihm klar, auf was er dann verzichten muss. Aber das ist das Leben, und schließlich hat er mir mehr als einmal gesagt, wie wichtig ihm seine Familie ist. Aber unser Abend war super schön und echt romantisch. Mit Kerzenschein und Vollprogramm. Tut ihm mal ganz gut, so eine Eifersuchts-Attacke! Für Markus waren wir mit dem Team noch essen. Hätte gern bei Peter im Hotel geschlafen. Du als mein Alibi fehlst …«

Datum: 29.07.

11:03 Uhr
Sanny an Katie
»Schreck – habe einen Sonnenbrand. Mir tut alles weh. Am Ausschnitt. Das Furchtbare am Sonnenbrand ist ja nicht nur, dass es unmöglich aussieht, sondern sich hinterher die Haut pellt. Wie so eine Schlange, die sich häutet. Hast Du ein wirksames Heilmittel?«

11:04 Uhr
Katie an Sanny
»In der Tat! Besser aufpassen!«

11:05 Uhr
Sanny an Katie
»Danke, Maus. Ohne Deine Tipps wäre ich verloren!«

11:06 Uhr
Katie an Sanny
»Nicht dafür! Drei Tage noch – dann passt Mama Katie auf Dich auf! Und Du hast doch diese Vitamin-Ampullen, die angeblich Wunder bewirken …«

11:13 Uhr
Sanny an Katie
»Richtig! Schmier ich mir gleich mal auf die Brust … Habe heute Nacht ganz schlecht geträumt. Bernhard hat mich betrogen, mit einer Dunkelhaarigen! Es war furchtbar. Sag mal, das hat doch wohl nichts zu bedeuten? Meinst Du, er betrügt mich? Ich meine, ich bin ja fast nie zuhause, immer unterwegs und Bernhard ist einfach so ein wahnsinnig geiler Mann. Ständig umschwärmt,

warum sollte er da nicht ab und zu mal die Gelegenheit nutzen und zugreifen? Ich bin ganz traurig. Wenn der mich jemals betrügen würde, dann könnte ich ihm das nie verzeihen. Das würde mir mein Herz brechen.«

11:15 Uhr
Katie an Sanny
»Nein, so ein Schwein ist er nicht. Er ist ein anständiger Kerl! Und er liebt Dich aus vollem Herzen. Aber Maus, Du bist im Moment ja auch nicht ganz so treu …!«

11:20 Uhr
Sanny an Katie
»Das ist doch was ganz anderes!«

11:21 Uhr
Katie an Sanny
»Stimmt. Das kann auch keiner verstehen, aber es ist bei mir ja auch so, und es ist wirklich etwas anderes! Hab Dich lieb!«

15:04 Uhr
Sanny an Katie
»Ich bin ganz mitgenommen und traurig! Mika und ich hatten eben ein langes, sehr intensives Gespräch und er hat mir erzählt, was er will!«

15:05 Uhr
Katie an Sanny
»Ist ja wie beim Fischer und seiner Frau … Was will er denn jetzt?«

15:10 Uhr
Sanny an Katie
»MICH! GANZ! Er ist so wahnsinnig verliebt in mich und möchte mich am liebsten gestern geheiratet haben und eine Familie gründen. In seinem Alter! Das geht doch nicht. Nicht nur, dass ich mir ein Leben ohne Bernhard niemals vorstellen könnte, ich könnte doch mit Mika nicht diesen Schritt gehen. Er ist zehn Jahre jünger und ich würde ihm doch seine Zukunft zerschießen!«

15:11 Uhr
Katie an Sanny
»Wie hast Du reagiert?«

15:14 Uhr
Sanny an Katie
»Ich war ehrlich – wie immer! Ich habe ihm gesagt, dass Bernhard immer an erster Stelle stehen wird! Dass ich ihn – egal, was kommt – nie nie nie im ganzen Leben verlassen werde. Es tut mir auch leid, wenn Mika dann mit Tränen in seinen wunderschönen Augen vor mir sitzt. Zitternd vor Kummer. Aber was soll ich tun? Es gibt nun einmal Bernhard in meiner Welt, und das schon sieben Jahre. Ich wollte mich nicht in Mika verlieben – es ist einfach passiert. Ich weiß nicht, was geschehen wird.«

16:01 Uhr
Katie an Sanny
»Das Leben ist nicht immer ein Zuckerschlecken … Ich muss auch ehrlich sagen, dass Mika und Du ein echt traumhaftes Paar abgebt. Ich mag Deinen Bernhard – das weißt Du! Aber er ist so auf sich bezogen und ich hatte ja immer schon ein wenig das Gefühl, dass Du in der Beziehung zu kurz kommst. Mika schätze ich da anders ein. Lass es auf Dich zukommen. Du wirst schon den richtigen Weg gehen. Und mal ganz kurz zum Alter: Lilo

Pulver hat auch einen erheblich jüngeren Mann. Hält doch jung! Und Demi Moore! Schau sie Dir an – die machen das doch alle richtig!«

16:03 Uhr
Sanny an Katie
»Das stimmt zwar – aber trotzdem. Nein, nein und nochmals nein. Nur das Furchtbare ist: ich wäre echt traurig, wenn es Mika nicht mehr in meinem Leben gäbe, er würde eine große Lücke hinterlassen. Gott sei Dank kommst Du bald! Habe eben mit meiner Mami telefoniert. Sie ist schon wieder auf Reisen. Mit dem Bus und ihrer Senioren-Clique im Spreewald. Schade, dass Papi das alles nicht mehr erleben kann. Kuss«

16:05 Uhr
Katie an Sanny
»Du weißt, er ist immer bei Euch. Was für eine tiefe Liebe das ist. 47 Jahre glücklich verheiratet und die letzten Worte an Deine Mum waren ICH LIEBE DICH. Da kommen einem wirklich vor Rührung die Tränen. So etwas gibt es heute irgendwie nicht mehr. Klar, die Zeiten haben sich geändert, aber diese ewige, lebenslange Liebe war doch etwas Schönes der guten alten Zeit … Grüß sie mal, wenn Du wieder mit ihr schnackst. Wir müssen sie auch unbedingt wieder besuchen. Kommt sie eigentlich zu meiner Hochzeit?«

16:07 Uhr
Sanny an Katie
»Bestimmt, Du musst nur endlich die Einladungen bald mal rausschicken. Weißt doch, dass Rentner nie Zeit haben … Was treibst Du heute noch?«

16:24 Uhr
Katie an Sanny
»Bin heute Abend auf der Feier von Tina eingeladen. Weißt schon: die Kollegin, die Du so UNENDLICH schön findest ... Na ja, über Geschmack lässt sich ja bekanntlich streiten ... Auf alle Fälle hat die Geburtstag und feiert ein wenig. Hoffentlich kommt Markus nicht auf die spontane, dumme Idee, mit zum Geburtstag zu wollen – Peter ist auch da und ich bin beim letzten Zusammentreffen der beiden schon tausend Tode gestorben ... Gehe schnell noch in die City und besorge ein passendes Geschenk. Was nur? Ich hasse Geschenke, die man kaufen muss, weil man sie zu einem bestimmten Termin braucht. Egal – düse nachher noch mal los und lasse mich durch die Schaufenster inspirieren!«

16:26 Uhr
Sanny an Katie
»Die ist doch seit Ewigkeiten solo?!?! Kauf der doch was Nützliches, was für den Spaß und was gegen die Einsamkeit: einen Dildo!«

16:35 Uhr
Katie an Sanny
»Bist Du durch Deine aufgewühlten Hormone total übergeschnappt? Das ist eine Kollegin, und das gesamte Hauptcast wird sich heute Abend da vergnügen und ich schenke ihr als sexgeile Alte einen Dildo? Ist richtig! Obwohl: Kennst Du eigentlich Jimmy Jane?«

16:36 Uhr
Sanny an Katie
»Was für eine Krankheit? Wer soll das sein? Hört sich an wie ein Travestie-Künstler!«

16:37 Uhr
Katie an Sanny
»Ganz falsch! Jimmy Jane macht Luxusdildos! Mit Diamanten und ähnlichen Glitzersteinchen! Franzi hat es mir erzählt. Sie hat sich gestern einen gekauft! Für sage und schreibe 450 Euro!«

16:38 Uhr
Sanny an Katie
»Was??? Ja, aber so einen kaufst Du bitte nicht für Tina. Für ihre kleine Drecksvotze? Das sind ja Perlen vor die Säue! Und wie reinigt man hinterher die Diamanten? Jimmy Jane – ich kenn' nur Chankie Chang – diesen Hollywood-Karate-Typen.«

16:39 Uhr
Katie an Sanny
»... und da glänzt sie wieder mit ihrem halbseitigen Fachwissen ... der Star heißt Jackie Chan!«

16:39 Uhr
Sanny an Katie
»Danke an die Cefredakteurin der Gala ... es ist doch immer wieder fantastisch, eine Hollywood-Korrespondentin an der Seite zu haben. Ich glaube, Du solltest ihr einfach nur 'ne Kerze kaufen ..., dann geht der vielleicht endlich mal ein Licht auf, wie bekloppt die eigentlich ist.«

16:41 Uhr
Katie an Sanny
»Du und Deine platten Sprüche jedes Mal ...«

16:42 Uhr
Sanny an Katie
»Lieber einen platten Spruch, als 'nen platten Reifen ...«

16:43 Uhr
Katie an Sanny
»Du fickst meine Nerven! ☺ Und dafür hab ich jetzt echt keine Zeit … muss Koffer packen und Du weißt, dass es sich dabei um eine sehr anstrengende und wohlüberlegte Tagesaufgabe handelt.«

16:45 Uhr
Sanny an Katie
»Na, wenn Du weiter nix zu tun hast … das kann doch nur max. 5 min dauern, denn ich hab doch genug Fummel für Dich von Bernhard mitgebracht … im Prinzip kannst Du mit einem leeren Koffer anreisen. Ich dagegen muss mich mit wirklich weltbewegenden und hochtrabenden Themen beschäftigen … lese gerade die Vita von Jürgen Drews.«

16:50 Uhr
Katie an Sanny
»Der ist doch nicht etwa heute Dein »Stargast«? Dann frag ihn auch bitte gleich mal, ob er sich tatsächlich seinen Arsch liften lassen hat … das glaub ich bis heute nicht.«

16:52 Uhr
Sanny an Katie
»Das mach ich … treibt die Einschaltquoten wieder schön in die Höhe. Liegen bereits jetzt schon im Schnitt 5 Prozent über'm erwarteten Marktanteil. Sanny on Tour ist bereits heute schon eine Legende in der Fernsehgeschichte! Heute Abend füll ich meinen Chef ab und werde mehr Gage verlangen … denn wer Ferrari fahren will, muss auch einen Ferrari bezahlen!«

16:55 Uhr
Katie an Sanny
»Wer will denn schon Ferrari fahren?! Ein uraltes klappriges rotes Auto tut es doch auch … solltest DU doch wissen ☺«

16:56 Uhr
Sanny an Katie
»Sei leise … und pack Deine Koffer.«

19:30 Uhr
Katie an Sanny
»Sanny … da müssen wir unbedingt zusammen mal hin … war tatsächlich in einem Sexshop … ALLEIN. Wollte Tina dort was Neckisches kaufen, denn Deine Idee fand ich schon witzig. Und ich hab auch was gefunden.«

19:33 Uhr
Sanny an Katie
»Na, das wundert mich nicht … ☺ hast Du ihr eine Faust gekauft? Meinst Du, die steht auf so perverse Spielchen? Na ja, für schmerzbefreit hielt ich sie bekanntlich ja schon immer!«

19:35 Uhr
Katie an Sanny
»Die hatten so was echt im Angebot … ganze Arme und in allen Farben! Dachte, das wäre zum Schmuck drauf ablegen …«

19:40 Uhr
Sanny an Katie
»Was, echt? Und hatten die auch diese Kegel?«

19:43 Uhr
Katie an Sanny
»Wat denn für Kegel??? Ich war im Pornoladen.«

19:45 Uhr
Sanny an Katie
»Eben drum ... ich meine die Kegel, auf die sich die Schwulen setzen, um ihre Ärsche zu weiten ... das hat mir mein Maskenbildner erzählt – das machen die wirklich!«

19:50 Uhr
Katie an Sanny
»Um Himmels willen, ich möchte das alles gar nicht hören und wissen ... jetzt erzähle mir nicht, dass es stimmt, dass schwule Kerle beim Blasen den Schwanz ihres Partners in die Speiseröhre schieben und das dann das ultimative Blasen ist???? Hab ich auch mal so gehört ...!«

19:51 Uhr
Sanny an Katie
»Und was bitte, wenn man einen Typen mit einem kleinen Dicken abbekommt?«

19:52 Uhr
Katie an Sanny
»Dann saugst Du den einfach mit aller Kraft lang – bis er reinpasst ...!«

19:53 Uhr
Sanny an Katie
»Viel Spaß ...!«

19:53 Uhr
Katie an Sanny
»Ich hab mich für Tina für einen Türstopper in Form eines wohlgeformten Penisses entschieden … süß, nicht?«

19:54 Uhr
Sanny an Katie
»Kannst ruhig Schwanz schreiben … gab es die Türstopper auch in Muschiversion? Lach …«

19:56 Uhr
Katie an Sanny
»Ich bitte Dich! Schluss jetzt! Ich fahr los … die Party ist ja auch schon seit 19.00 Uhr im Gange und ich finde, die haben lange genug auf den Star des Abends gewartet. Bis dann!«

19:59 Uhr
Sanny an Katie
»Trink nicht soviel … nicht dass Du morgen Deinen Flieger verpasst.«

20:03 Uhr
Katie an Sanny
»Der geht um zwei Uhr nachmittags!«

20:04 Uhr
Sanny an Katie
»Ja, genau, ich weiß … nicht dass Du verschläfst und der Mallorca-Bomber ohne Dich abdüst und Du das Klatschen bei der Landung verpasst.«

20:05 Uhr
Katie an Sanny
»Lass mich jetzt in Ruhe … Du machst mich ganz verrückt! Wird schon alles gut gehen! Freu mich auf Dich/Euch … tschöööööö. Peter hat auch schon zwei Mal geklingelt … und Du kennst ihn, der fährt sonst ohne mich!«

23:05 Uhr
Sanny an Katie
»So, Du alte Pichelerna … stell Deinen Vodka-Cola zur Seite und ab in die Heia … will Dich in Deiner morgendlichen Schönheit und Frische in die Arme schließen. Mika und ich holen Dich um 16:30 vom Flughafen ab. Hoffentlich dauert das nicht so lange mit dem Gepäck, denn ich muss pünktlich zur Live-Sendung am Start sein. Du bist zwar morgen noch nicht mein Gast, aber da kannst Du Dir schon mal das Interview mit Spengemann ansehen.«

23:37 Uhr
Sanny an Katie
»Probierst Du gerade mit Peter den Türstopper aus????«

Datum: 30.07.

01:05 Uhr
Katie an Sanny
»Bin schon auf dem Weg nach Hause. Peter und ich haben die Party bereits kurz nach 22 Uhr verlassen … es war wie zu erwarten gähnend langweilig, aber dafür hat er mich quer durchs Hotelzimmer gejagt und mir das mal so richtig gegeben. Ich

werde also sehr entspannt anreisen! Spengemann? Dachte, Vögel sind auf der Insel nicht erlaubt? Na, dann wird's auch mal Zeit, dass sich ein A-Promi wie ich in Deiner Sendung sehen lässt. Bis gleich.«

13:25 Uhr
Sanny an Katie
»Hallo und guten Morgen, Maus! Schönstes Wetter hier und wir erwarten Dich voller Freude. Jetzt mischen wir die Insel mal so richtig auf! Bitte denk dran: Mika und ich sind hier natürlich NUR KOLLEGEN!«

13:26 Uhr
Katie an Sanny
»Bin ja nicht mit dem Klammersack gepudert! Natürlich seid Ihr kein Paar – für wie dämlich hältst Du mich eigentlich? Hauptsache, Ihr seid nicht so schön auffällig unauffällig …! Markus war ganz süß heute Morgen und hat mich sogar zum Flughafen gebracht! Mein Workaholic nimmt sich tatsächlich Zeit für die Liebe seines Lebens! So, Boarding beginnt. Gott, hier stehen schon die ersten Kegelclubs – die sollen mir nicht auf die Nerven gehen. Bis gleich! Freue mich!!!«

13:27 Uhr
Sanny an Katie
»Die ersten Gerüchte über uns verbreiten sich tatsächlich wie ein Lauffeuer – zuviel abstreiten darf man ja auch nicht, dann fällt das auch wieder auf! Jetzt habe ich einfach mal behauptet, unser Tonassistent hätte was mit der Cateringdame und schwupps sind die alle abgelenkt. Ich bin so verdammt schlau – wie ein Fuchs – nur der buschige Schwanz fehlt …! Du siehst: ich bin heute wieder mehr als lustig und unterhaltsam! Freu Dich auf mich! Flieg vorsichtig!«

16:31 Uhr
Sanny an Katie
»Dein Handy ist ja noch aus – landet Ihr etwa nicht pünktlich? Wo bist DU?????«

16:34 Uhr
Sanny an Katie
»Immer noch aus … Hallo?????«

16:36 Uhr
Katie an Sanny
»Bin doch grade erst gelandet!!!! Jetzt auf dem Weg zum Gepäckband – mein Gott, das ist ja eine Weltreise, bis man da ankommt! Beeile mich!«

16:48 Uhr
Sanny an Katie
»Na, Du machst es ja spannend! Willst wohl den ganz großen Auftritt haben … wo bleibst Du denn?«

16:49 Uhr
Katie an Sanny
»Ich sagte doch: ich stehe am Gepäckband und hier bewegt sich nichts. Nothing. Null null Schneider!«

16:50 Uhr
Sanny an Katie
»Stehst Du auch am richtigen Band? Du kommst aus München!«

16:51 Uhr
Katie an Sanny
»Wenn man mit Dir befreundet ist, kann man sein Leben ja auch direkt an der Garderobe abgeben … Ich bin doch nicht mehr zwölf

und stell Dir vor: ich bin in meinem Leben auch schon mal geflogen!!! Natürlich stehe ich hier am richtigen Band, und wenn sich nicht in den nächsten Minuten irgendwas bewegt, dann lade ich den Flieger eigenhändig aus!«

17:01 Uhr
Sanny an Katie
»Fuck – Maus – ich muss zu den Proben. Was machen wir nur? Mika ist auch schon total nervös – Du weißt, Schauspieler und Moderatoren kommen nie zu spät … Wäre es schlimm, wenn Du Dir ein Taxi nimmst und nachkommst?«

17:02 Uhr
Katie an Sanny
»Kein Problem! Ich komme so schnell wie möglich! Das ist sogar ganz ideal, weil ich dann erst einmal schnell ins Hotel fahre.«

17:04 Uhr
Sanny an Katie
»Perfekt. Mein Praktikant wartet dann im Hotel und fährt Dich zum Set. Frederick heißt er. Er wird Dich erkennen …«

17:05 Uhr
Katie an Sanny
»Hast Du ihm ein Bild von mir gezeigt?«

17:06 Uhr
Sanny an Katie
»Du bist im Fernsehen – schon vergessen???«

17:07 Uhr
Katie an Sanny
»Ich werde tütelig! Hilfe! Also bis gleich!«

18:20 Uhr
Katie an Sanny
»Angekommen! Das Hotel ist ja wirklich der absolute Knaller. Hast ja mal nicht übertrieben! Wow.«

18:21 Uhr
Sanny an Katie
»Habe ich in meinem Leben schon jemals übertrieben? Liegt gar nicht in meinem Naturell! Du musst auch nicht zur Sendung kommen, wenn Du lieber die letzten Sonnenstrahlen genießen möchtest, kann ich das auch verstehen.«

18:56 Uhr
Katie an Sanny
»Unterwegs!«

Datum: 04.08.

14:30 Uhr
Katie an Sanny
»So, Baby: endlich wieder festen Boden unter den Füßen – obwohl ich genau den auf der Insel nachts ja auch oft verloren habe … Mann, wir haben echt zuviel gesoffen … Egal, wir werden ja auch nicht jünger … So, sehe schon Markus von weitem! Bin ganz aufgeregt … wieso holt Peter mich eigentlich nicht ab?«

14:36 Uhr
Sanny an Katie
»Hatten den touch down auch schon vor einer halben Stunde. Liege bereits ganz happy in Bernhards Armen …«

14:37 Uhr
Katie an Sanny
»Na, Du kannst Dich ja auch nicht entscheiden. Sanny, da musst Du was tun. Auf Dauer kannst Du doch nicht beide Männer halten.«

15:00 Uhr
Sanny an Katie
»Ja, ja … wir zwei ein Holz …!!!!«

19:00 Uhr
Sanny an Katie
»Mein Engel (Bernhard ☺) ist ganz stolz auf meine gigantischen Quoten und das haben wir dann auch gleich ein wenig begossen – stilsicher natürlich – es gab Champagner. Ade, Ballermann – hello again, Dekadenz! Ich bin zurück! Nun bin ich herrlich beschwipst am Wäsche waschen, übermorgen geht es ja schon ab nach Hawaii. Irgendwie doch merkwürdig, nach zwei Wochen Intensivkur Mika, und jetzt sehe ich ihn die nächsten drei Wochen nicht mehr … Macht fast ein wenig Angst. Aber Bernhard ist auch so schnuckelig und liebevoll. Ich würde am liebsten beide mit ins Handgepäck nehmen …«

19:03 Uhr
Katie an Sanny
»Sei schön und konsumiere … habe ich einmal gehört … Ich weiß, Du tust das, aber irgendwann musst Du Dich einfach mal entscheiden … Maus, ich habe Dich und Mika auf Malle nun vier Tage genießen dürfen. Und wenn das, was zwischen Euch ist, nicht das wahre Glück ist, dann weiß ich auch nicht weiter. Diese tiefe, große Liebe und diese Wahnsinnsleidenschaft habe ich bei Dir und Bernhard so extrem noch nicht erlebt.«

19:06 Uhr
Sanny an Katie
»Wirklich nicht? Aber bei uns ist doch schon immer alles perfekt und toll. Trotzdem: die Tage auf Malle mit Mika waren wirklich gigantisch. Habe mich richtig in diesen Schuft verliebt. Natürlich geht das so nicht auf Dauer, aber was soll ich denn nur tun? Bernhard nach all den schönen Jahren verlassen? In eine WG mit Mika ziehen? Ihn als jungen Spunt zum Vater machen? Nein, nein, nein – das geht alles nicht. Und stell Dir vor, ich würde mich ernsthaft von Bernhard trennen – wo sollte ich wohnen? Etwa nach München ziehen? Niemals! Und unsere gemeinsamen Freunde, Erinnerungen – ich würde mein ganzes Leben komplett verändern – und ich finde es eigentlich super! Ich will mein altes Leben zurück – das, was ich vor Mika hatte … Scheiße …«

19:10 Uhr
Katie an Sanny
»Ich weiß ja nicht, ob nun grade ich die richtige Ansprechpartnerin bin – schließlich heirate ich sogar Markus, obwohl er nicht fickt, nicht leckt und auch sonst noch ein paar Macken hat, die mir nicht gefallen, aber willst Du das auch? Ja, dann bleibe bei ihm und verzichte auf das große Abenteuer und die Seelenverwandtschaft pur. Du hast Dein Puzzle-Teilchen gefunden und willst es nicht einsetzen … schade!«

19:14 Uhr
Sanny an Katie
»Und warum willst Du Markus eigentlich heiraten, wenn Du im tiefsten Inneren weißt, dass Dein Herz auch immer für Peter schlagen wird?«

19:16 UHR
Katie an Sanny
»Weil Markus mir gut tut! Und Peter sich NIE trennen wird. Und genau das ist der Unterschied: Dein Mika ist frei, ungebunden und würde mit Dir die Welt erobern! Ich finde, dafür lohnt es sich auch mal alles über Bord zu werfen und natürlich wird es hart. Es wird sogar ganz schlimm, aber ich sage Dir jetzt schon, dass Mika Dich irgendwann vor die Wahl stellen wird. Das hält der doch auf Dauer nicht aus – der liebt Dich so sehr und es tut ihm so weh, dass Du nicht nur für ihn da bist. Er hat es mir auf Malle erzählt. Aber Du machst es schon … mit wem Du in Zukunft auch Dein Leben teilen wirst – ich verstehe Dich, Baby!«

19:17 UHR
Sanny an Katie
»Ach Mann, ich weiß auch nicht weiter … Und bei Dir? Alles gut?«

19:20 UHR
Katie an Sanny
»Alles okay! Ich fahre grade mit Markus in meinem neuen Haute Couture-Fummel zum Essen. Hast Du Bernhard von mir noch mal gedankt? Er ist wirklich ein Meister seines Faches und macht mich zu einer sehr, sehr attraktiven Frau! Und das macht Deinen Bernhard echt sexy; er weiß, was Frauen lieben – wenn auch nicht im Bett, sondern nur am Schneidebrett …«

19:24 UHR
Sanny an Katie
»Und Peter?«

19:30 Uhr
Katie an Sanny
»Den sehe ich morgen. Kannst Du Dir vorstellen – er schrieb grade, dass es so furchtbar war, so lange ohne mich sein zu müssen! So lange??? Was ist denn mit dem los? Dicke Eier?«

19:35 Uhr
Sanny an Katie
»Da sind doch alle Männer wieder gleich – aber ich hörte, dass die auch echt Schmerzen bekommen, wenn die ihren Saft nicht ablassen können …«

19:37 Uhr
Katie an Sanny
»Also, entschuldige bitte mal: zwei gesunde Hände haben ihn ja sonst auch nicht davon abgehalten … Und außerdem: wie oft leide ich bitte, wenn er mit seiner happy family in den Urlaub fährt und wir uns dann dadurch manchmal länger als zwei Wochen nicht sehen? Soll er mal schön merken, wie sich so was anfühlt.«

19:39 Uhr
Sanny an Katie
»Na ja, eigentlich wollte er wahrscheinlich eh damit nur sagen, dass er sich auf Dich freut. Ob er Dich wirklich vermisst hat, steht ja noch auf einem anderen Blatt. Meinst Du, er hat deswegen gelitten? Wäre ja völlig neu und darf wohl zu Recht bezweifelt werden …«

19:43 Uhr
Katie an Sanny
»Hast auch wieder Recht. So, nettes Restaurant und Markus ein Traum. Besprechen die letzten Details, morgen sollen die Einladungen nun endlich raus. Haben eh schon viel zu lange getrödelt.

Und dank Dir, mein Schatz, weiß ja nun auch die ganze Nation, dass ich heiraten werde. Du Aas, wieso hast Du diese Fragen eigentlich vor dem Interview im Vorgespräch weggelassen?«

19:45 Uhr
Sanny an Katie
»Die Promi-Tonne ist ja nicht umsonst so bekannt für pikante Details aus erster Hand! Ich möchte ja nicht nur meine Zuschauer mit News rund um die wirklich wichtigen VIP's verwöhnen, sondern auch meine Gäste immer wieder überraschen. Mit einem ausgezeichneten, ich möchte sagen: investigativen Journalismus. Ich werde den Grimme-Preis bekommen …«

19:50 Uhr
Katie an Sanny
»Du bist echt eine wahre Freundin … machst Karriere auf meine Kosten!«

19:53 Uhr
Sanny an Katie
»Des einen Leid … des andren Freud … oder mit Roberto Blancos Worten: ein bisschen Spaß muss sein …«

20:02 Uhr
Katie an Sanny
»Reden ist Silber, SCHWEIGEN ist Gold …«

20:03 Uhr
Sanny an Katie
»Der dümmste Bauer erntet die dicksten Kartoffeln …«

20:05 Uhr
Katie an Sanny
»Ein blindes Huhn findet auch mal ein Korn …«

20:05 Uhr
Sanny an Katie
»Lieber Arm dran, als Arm ab …«

20:06 Uhr
Katie an Sanny
»Geh' mir nicht auf den Geist, sonst Kopf ab!«

20:07 Uhr
Sanny an Katie
»Klappe zu – Affe tot!«

20:07 Uhr
Katie an Sanny
»Fuck you!«

Datum: 05.08.

06:07 Uhr
Katie an Sanny
»Morgen, Mausi … sitz schon in der Maske und habe heute neun Szenen zu spielen. Zu allem Überfluss will Peter heute Abend noch mit mir reden. Er klang etwas bedrückt … aber der soll nicht reden, sondern mich vögeln. Der wird doch nicht noch auf seine alten Tage sentimental werden? Reden … tzzz!«

09:57 Uhr
Sanny an Katie
»Hast Du durchgemacht oder wie kann es sein, dass Du um diese unmenschliche Zeit Deinen Hintern schon aus den Federn bekommen hast? Ich habe schlecht geschlafen … von Mika geträumt und jetzt bin ich etwas nachdenklich. Aber ich muss mich eigentlich aufs Packen konzentrieren, denn morgen geht's mit Bernie nach Hawaii! Und das wird bestimmt grandios.«

10:42 Uhr
Katie an Sanny
»Bernie???? Seit wann nennst Du ihn so? Mach mir Sorgen! Ach, was ist bloß mit uns los? Gehören wir zu den Menschen, die sich gerne durch so ein Gefühlschaos quälen, obwohl wir es so einfach haben könnten?! Ich bin auch immer total hin und her gerissen, was richtig oder falsch ist. Wie war denn sonst die Nacht mit Bernie? Habt Ihr lieb gekuschelt? ☺«

10:44 Uhr
Sanny an Katie
»Frag gar nicht erst. Lieb gekuschelt ist unser Standardprogramm. Aber es ist ausgeartet … wir haben gefickt. Zumindest haben wir es versucht, denn jetzt kommt es: habe dabei leider meine Tage gekriegt und Bernhard hat tatsächlich gesagt, als er ihn rauszog und das blutige Theater sah, dass das das Widerlichste ist, was er je gesehen hat und hat sofort aufgehört, mich anzufassen! Ich bin echt gekränkt und nahezu geschockt … was bildet der sich ein? Stell Dir vor, ich würde dem einen nuckeln, er spritzt ab und ich würde direkt würgen. Nicht gerade stärkend fürs Selbstbewusstsein. Wenn Mika sich nicht so bei mir austoben würde, dann hätte ich direkt Komplexe und würde denken, dass ich im Schritt stinke.«

10:53 Uhr
Katie an Sanny
»Vielleicht ist Bernhard altersschwul? Ich meine, das kann ihn doch jetzt nicht wirklich so schocken, und Du bist seine Freundin. Du solltest ihn mal aufklären, dass die Periode einer Frau ganz natürlich und nicht ansteckend ist!«

10:58 Uhr
Sanny an Katie
»Weißt Du was, der kann mich langsam mal … echt … leck mich!«

11:05 Uhr
Katie an Sanny
»Hätte er das mal gemacht. Dann hättest Du den direkt einliefern können – der hätte sich nie mehr davon erholt …«

11:09 Uhr
Sanny an Katie
»Lieber hätte er sich die Zunge abgebissen, als mich auf die schönste Art und Weise zu beglücken. Vollidiot!«

11:10 Uhr
Katie an Sanny
»Cool! Das wäre doch mal was. Dann wärt Ihr Blutsbrüder geworden. Und Winnetou wäre aus den ewigen Jagdgründen zurückgekehrt und hätte das mit Old Shatterhand ganz anders angepackt! ☺«

11:13 Uhr
Sanny an Katie
»Ist Winnetou schon tot? Egal, muss das jetzt erstmal verdauen – aber ein Blick in meinen prall gefüllten und gut sortierten Schuhschrank lässt die Stimmung wieder etwas besser werden.«

11:15 Uhr
Katie an Sanny
»Na, dann bin ich ja beruhigt. So … weiter geht's. Meld mich heute Abend nach dem Gespräch mit Peter. Kuss«

11:16 Uhr
Sanny an Katie
»Okay – ich hab auch noch schrecklich viel zu tun. Und nicht vergessen, ich will natürlich, bevor ich morgen um halb fünf fliege, noch alle Details von Peters großer Rede hören! Also, die ganze Nacht darf das nicht dauern.«

11:18 Uhr
Katie an Sanny
»Ja ja ja ja. Und ansonsten erzähl ich Dir das morgen.«

11:20 Uhr
Sanny an Katie
»Nix morgen – Hawaii ist teuer. Soviel simsen können wir da nicht und außerdem flieg ich 24 h.«

16:23 Uhr
Sanny an Katie
»Katie, ich kann nicht fliegen! Mein Prada-Sonnenhut ist weg – verschwunden – nicht auffindbar. Ich bin die Verzweiflung in Person. Und hatte mich so auf Hawaii gefreut … Kann es sein, dass Du ihn auf Malle versehentlich mit eingesteckt hast? Bitte melde Dich – es ist wirklich ein Notfall. Und solltest Du den alten Deckel haben – kannst Du ihn per Overnight-Kurier nach Hamburg schicken? Rette meinen Traumurlaub! S.O.S.!!!!!«

16:54 Uhr
Sanny an Katie
»Danke für die prompte Antwort und dass Du meine Probleme des Alltags so schnell und zuverlässig lösen möchtest. Aber ich kann Entwarnung geben – mein Hut ist wieder da und damit alles im Lot! Hat sich in meinen Schwimmsachen neben meiner Gucci-Badekappe versteckt und keinen Ton gesagt … Bin fast fertig mit Packen – nur noch T-Shirts und Sommerkleider auswählen und ich werde die neue Mrs. Hawaii werden. Das Leben kann so schön sein – lass es uns weiter gemeinsam genießen und leben … Vermisse Dich und Deine Probleme jetzt schon. Die nächsten drei Wochen werden sicher hart für Dich ohne Deine heiß geliebte beste Freundin. Sei nicht sauer, Schatz – aber ich muss reisen, mich bräunen und erholen, um frisch und fröhlich zum Fest der Feste, sprich: Deiner Hochzeit nach Deutschland zurückzukehren. Und verzweifle nicht, wenn es an Deinem Tag eine Person gibt, die besser aussieht, als die Braut!«

18:32 Uhr
Katie an Sanny
»So – gleich geschafft. Die Spannung steigt – was der wohl gleich mit mir reden will??? Da Du Deine Freundin ja in- und auswendig kennst, kannst Du Dir natürlich denken, dass ich schon während der Drehpausen versucht habe, kurze, aber prägnante Informationen aus Peter rauszuquetschen … Es kam NICHTS! KEINE CHANCE! Weißt Du, was ich vermute? Und so wird es sicher auch sein: er wird das Ganze beenden. Er wird sich von mir lösen, um mir als zukünftiger Ehefrau eines anderen Mannes nicht mehr im Wege zu stehen. Ich habe Angst! Angst vor dem Kopfmenschen Peter!«

18:36 Uhr
Sanny an Katie
»Ist doch super! Dann wird Dir die Entscheidung endlich abgenommen. Obwohl, was heißt Entscheidung – aber das ganze Hin und Her hat sich endlich erledigt. Gott, hast Du es gut. Ich möchte, dass Mika auch mit mir redet …«

18:43 Uhr
Katie an Sanny
»Bist Du bekloppt? ICH möchte den Zeitpunkt auswählen, wann er keinen Platz mehr in meinem Leben hat! Lasse mir doch nicht die Zügel aus der Hand nehmen …!«

18:45 Uhr
Sanny an Katie
»Wann wäre denn Deiner Meinung nach dieser Zeitpunkt? Sprich: Wann hättest Du denn einen Schlussstrich ziehen wollen?«

18:46 Uhr
Katie an Sanny
»Das kann ich Dir jetzt so spontan und ad hoc auch nicht sagen. Ist doch auch egal – ich möchte einfach Bestimmer sein.«

18:48 Uhr
Sanny an Katie
»Peter ist doch wirklich ein kluger Mann! Oder meinst Du nicht auch, dass so kurz vor der Hochzeit der Zeitpunkt mehr als überreif ist? Und mal abgesehen davon, dass Frau überhaupt keinen Liebhaber haben sollte, ist das Thema ein no go vor einer Hochzeit! Verschließe doch bitte nicht immer die Augen vor der Realität!«

18:50 Uhr
Katie an Sanny
»Das sagt ja die Richtige! Aber ich weiß! Trotzdem bin ich betröppelt, und jetzt, wo ich damit konfrontiert werde, dass er in meinem Leben künftig nicht mehr vorkommen wird, wird mir zunehmend schlecht.«

18:52 Uhr
Sanny an Katie
»Nun dramatisiere das bitte nicht so – Peter wird in den nächsten Jahren immer in Deiner Nähe sein, schließlich bleibt er weiterhin Dein Big Boss. Oder hast Du etwa vor, Deinen Job an den Nagel zu hängen und Hausfrau ohne Pflichten zu werden?«

18:56 Uhr
Katie an Sanny
»Sag' mal: Deine Urlaubshormone drehen wohl wieder einmal komplett durch … Ich habe nackte Angst, ohne diesen Mann zu leben. Ihn nie wieder zärtlich berühren zu dürfen, zu spüren und in seinem Arm zu träumen. Du weißt, wie nahe wir uns waren. Aber vielleicht ist es dann auch Markus' große Chance, diesen Part in meinem Leben zu übernehmen. Ich kann gar nicht mehr klar denken. Warum musst Du jetzt eigentlich in den Urlaub? Immer lässt Du mich vor so wichtigen Momenten alleine. Von wegen beste Freundin …«

19:02 Uhr
Sanny an Katie
»Nun werde mal nicht ungerecht. Hawaii ist seit einem dreiviertel Jahr geplant und gebucht und damit hattest Du lange genug Zeit, Dein Gefühlschaos vorher zu beseitigen. Sei bitte tapfer und stark, trage Dein Schicksal mit Würde und auf in die Hölle des Löwen! Toi toi toi!«

19:03 Uhr
Katie an Sanny
»Höhle – nicht Hölle! Wobei: Zweiteres erlebe ich wohl grade mit Dir …!«

19:04 Uhr
Sanny an Katie
»I'm the devil in disguise.«

19:05 Uhr
Katie an Sanny
»… ist richtig … bis später, Du Hobbyteufel!«

19:06 Uhr
Sanny an Katie
»rrrrrr …«

23:03 Uhr
Sanny an Katie
»Ich höre … bin ganz Ohr … lausche Deinen Worten …«

23:30 Uhr
Sanny an Katie
»Also?????? Und?????«

23:35 Uhr
Sanny an Katie
»Sag' mal, Maus, wir müssen jetzt doch bitte nicht statt der Hochzeit Deine Beerdigung planen, oder? MELDE DICH!«

23:45 Uhr
Katie an Sanny
»Steige grade ins Auto ... Scheiße, schon so spät ... Markus bringt mich um. Rufe ihn kurz an und klingel dann bei Dir durch!«

Datum: 06.08.

01:03 Uhr
Sanny an Katie
»Komme gar nicht in den Schlaf – viel Zeit bleibt eh nicht mehr, in zwei Stunden klingelt der Wecker und Bernhard schnarcht und schnarcht und schnarcht. Ich werde verrückt. Da helfen auch die Ohropax nicht mehr. Ich kann es nicht fassen, dass Peter Dir das allen Ernstes ans Herz gelegt hat. Mit allem habe ich gerechnet, nur damit nicht.«

01:05 Uhr
Katie an Sanny
»Ich bin auch noch wie gelähmt. Was mache ich jetzt bloß?«

01:06 Uhr
Sanny an Katie
»Gar nix! Was bildet DER sich ein? Der kann doch nicht ernsthaft von Dir verlangen, dass Du Deine Hochzeit platzen lässt, während er weiterhin auf Familienmensch in Berlin macht. Katie, der gönnt Dir Dein Glück nicht. Verbrenn Dir nicht die Finger!«

01:07 Uhr

Katie an Sanny

»Was heißt denn hier verbrenn Dir nicht die Finger? Ich stehe komplett in Flammen! Mein Leben ist ein einziger Scheiterhaufen – und Peter will ja, dass ich glücklich bin – und zwar mit ihm!«

01:10 Uhr

Sanny an Katie

»Du bist vielleicht ein Scherzkeks. Glücklich? Ja – mit ihm, seiner Ehefrau, seinen beiden Kindern und seinem Hund. Wach mal auf, Katie: Du bist zu schade, um Dein Leben lang das fünfte Rad am Wagen zu sein. Das Ersatzrad! Ohne Luft und Profil. Immer im dunklen Kofferraum in der Notfallklappe wartend auf den richtigen Moment für eine kurze, überschaubare Zeit zum Einsatz zu kommen. Du weißt, ich liebe Dich und möchte das Beste für unser Leben. Mir ist klar, wie sehr Du in Peter vernarrt bist, aber ich ertrage es nicht, dass er nicht erkennen will, was für eine tolle Frau Du bist und wie Du es verdient hättest, eine Full-time-Begleitung zu sein. Andere Männer können ihre Familien auch verlassen, wenn wirklich die große Liebe um die Ecke kommt. Bei Euch ist es wie bei Romeo und Julia – nein, noch dramatischer, und dabei könnte das alles so einfach sein. Vergiss ihn, bitte!«

01:11 Uhr

Katie an Sanny

»Mich beruhigt nur, dass Julia länger überlebt hat …«

01:12 Uhr

Sanny an Katie

»Also: was machst Du jetzt???? Ich kann nicht 12.000 Flugmeilen weit entfernt sein und wissen, dass Du im vertrauten Deutschland nur Blödsinn machst und mit Deiner Zukunft spielst.«

01:13 Uhr

Katie an Sanny

»Es gibt nur einen Weg: ICH HEIRATE MARKUS!«

01:14 Uhr

Sanny an Katie

»So will ich Dich hören! Klasse, Problem gelöst. Bin sehr stolz auf Dich! Aloa Hawaii!«

01:15 Uhr

Katie an Sanny

»Das ist das Schlimmste: Du bist nicht bei mir. Vermisse Dich jetzt schon!«

01:16 Uhr

Sanny an Katie

»Ich Dich auch, kleine tapfere und kluge Maus. Aber Du wirst die nächsten drei Wochen so viel zu tun haben und wenn ich endlich wieder da bin, dann ist Dein großer Tag schon fast zum Greifen nah! Und bitte: Finger weg von Peter – der muss ab sofort Geschichte sein! Versprochen?«

01:17 Uhr

Katie an Sanny

»Ja, Sanny – aber einfacher gesagt, als getan. Es wäre zu schön, wenn es Löschpapier für Erinnerungen geben würde!«

01:18 Uhr

Sanny an Katie

»☹«

01:20 Uhr
Katie an Sanny
»☹ … guten Flug, meine Süße!«

04:15 Uhr
Sanny an Katie
»Hallo, mein Schatz … bester Laune und ausnahmsweise einmal pünktlich am Flughafen angekommen, steigen wir jetzt in den Flieger. Oh Gott, 24h ohne Handy, wie soll das denn gehen? Aber weißte, was schick ist? Das würdest Du gerne wissen, was schick ist … ne? Die First-Class-Tickets sind rot! Ich bin so wichtig und ich liebe das miles and more-Programm … gleich heißt es Schampus und Kaviar zum Frühstück. Mal sehen, welche A-Promis unbedingt in meiner Nähe sitzen wollen! ☺ Mika hat mir auch noch kurz gesimst und mir schweren Herzens einen tollen Urlaub gewünscht und betet, dass die Zeit schnell umgeht. Süß, oder? Aber vorerst muss ich ihn aus meinem Kopf streichen, damit ich auch einen unbeschwerten Urlaub haben kann. Meld' mich morgen, wenn ich im Paradies gelandet bin. Und sei stark, Du schaffst das. Bin in Gedanken bei Dir …«

11:00 Uhr
Katie an Sanny
»Ich weiß, dass Du noch im Flieger sitzt und Dich selbst abfeiern wirst … aber kannst Du nicht ganz schnell nach Hause kommen? Ich habe schlecht geschlafen und werde Peter heute noch mitteilen, dass ich natürlich aus voller Überzeugung und tiefster Liebe Markus heiraten werde. Dass unsere Beziehung ein Ende haben muss, egal wie schwer es uns fällt und dass er mich gehen lassen muss, wenn er mich auch nur im Ansatz liebt. Er muss mir den Weg frei machen, mein eigenes Leben glücklich zu leben. In diesem Sinne: lieb Dich!«

Datum: 07.08.

17:10 UHR
Sanny an Katie
»Guten Morgen, Honey – ich liebe das Leben. Sind nun in Waikiki Beach und es ist wie immer in meinen Urlauben: grau in grau und es pisst in Strömen. Ich fasse es nicht. Da fliegt man um den halben Erdball, nimmt alle Anstrengungen auf sich und dann das. Und ich dumme Nuss suche noch meinen Sonnenhut – hätte mal lieber meine Gummistiefel mitnehmen sollen. Bernhard ist trotzdem gut drauf und meint, dass es sich so früh am Morgen – wir haben grade mal sieben Uhr – abregnet und dann wird uns die Sonne schon auf den Pelz knallen. Na hoffentlich! In drei Tagen fliegen wir dann weiter nach Maui. Da soll es dann besser werden wettermäßig. Unser Hotel hier ist total wahnsinnig. Wir sind ja im traditionellen Pink Palace. Wer schon alles hier war: Grace Kelly, Richard Burton und wie sie alle heißen. Ich passe wunderbar hier hin. Selbst die Handtücher sind pink und ich komme mir ein wenig so vor, als wäre ich eine Pink Lady bei Grease. Und Bernhard ist somit ja ein T-Bird. ☺ Gehen jetzt erst einmal frühstücken. Da drehen die Amis ja immer komplett durch – nichts, was man nicht bekommt. Deine Entscheidung finde ich gut – lass Dich nicht wieder von Peter einlullen. Drück Dich, und das nächste Mal bist Du dabei!«

17:25 UHR
Katie an Sanny
»Ist ja wirklich erstaunlich – man kann nicht nur in der heutigen Zeit um den Globus fliegen, mit Flugkörpern, die tonnenschwer sind und jede Menge Menschen an Bord haben, sondern man kann eine SMS von der anderen Seite der Welt schicken, die wie durch Zauberhand genau auf dem Telefon ankommt, wo sie hin soll!

Für mich ist das auch ein Weltwunder! Eigentlich ist das das einzige … scheiß auf die hängenden Gärten! Wie das funktioniert, ist mir schleierhaft! Aber Hauptsache ist, dass ich die drei Wochen wenigstens dann und wann mal ein Lebenszeichen von Dir erhalten kann. Ist ja total kacke mit dem Wetter, aber hundertprozentig gut für den Teint. Was mich betrifft, war ich heute im Dauerstress, der sich gelohnt hat: Ich habe mir nun endlich mein Brautkleid gekauft! Ich werde aussehen wie eine römische Göttin. Sei bitte nicht traurig … wir wollten das ja eigentlich zusammen machen, aber nach Malle hat es ja nun – dank Dir und Deinen ausgiebigen Urlauben – nicht mehr geklappt. Und wenn Du zurückkommst, ist es einfach zeitlich zu knapp, es sind ja nur noch sechs Wochen bis zur Hochzeit! Peter hat sich heute ein paar Mal gemeldet – ich bin nicht ans Telefon gegangen … hab ihm 'ne SMS geschickt, dass wir morgen beim Frühstück, bevor wir zum Außendreh fahren, noch einmal in Ruhe reden. Habe das Gefühl, der denkt wirklich, dass ich die Hochzeit abblase. Wie kann ein Mensch nur so egozentrisch sein?«

19:05 Uhr
Sanny an Katie
»Lecker lecker lecker war es. Jetzt gehen wir noch ein wenig pennen … Jetlag und so und außerdem regnet es nach wie vor Blasen … und dann hoffe ich, dass die Sonne endlich scheint!«

19:06 Uhr
Katie an Sanny
»Dir scheint doch die Sonne immer aus dem Arsch, Baby ☺… was soll ich denn nur mit Peter machen? Du darfst jetzt nicht schlafen gehen!!! «

19:10 Uhr
Sanny an Katie
»Dass Du immer so vulgär sein musst. Du bleibst einfach tapfer und ziehst Dein Ding durch. Wie gesagt, Peter wird nie für Dich frei sein, das hat ER so entschieden und das musst Du ihm eben noch mal ganz klar auf den Kopf zusagen. Und wenn er das nicht kapieren will, dann muss er weg … sowieso … denn Du heiratest Deinen Markus und bist bald Frau Reinack! Meld mich die Tage wieder bei Dir! Kuss Kuss Kuss.«

19:12 Uhr
Katie an Sanny
»Ok ☹! Ich werde berichten … fehlst mir!!«

22:32 Uhr
Katie an Sanny
»Bin sooo allein … Du bist untergetaucht, Markus ist mit seinen Kumpels unterwegs – die planen bestimmt 'ne Überraschung für mich – Peter hat noch Abnahme für die kommenden zwei Tage Außendreh, meine anderen liebsten Freundinnen – Grüße von Franzi und Co. – hab ich schon abtelefoniert und noch nicht mal die doofe Tina hat Zeit für mich. Mmmhhh … setze mich jetzt vor die Staffelei und kleckse ein neues Afrikabild für Markus, denn das andere hast Du mir so madig gemacht, dass ich es selbst nicht mehr leiden mag. Und Du? Könntest Dich echt mal wieder melden … bin auf Entzug und merke, dass ich schlecht drauf komme.«

23:54 Uhr
Katie an Sanny
»Ich glaub, das funktioniert doch nicht so gut mit der Übertragung der SMS von und nach Hawaii, denn Du hast sicher schon geschrieben, aber die ist einfach nicht angekommen. So was … na

ja, ich hau mich jetzt hin … ist ja auch schon gleich wieder Mitternacht und wenn es bei Euch dunkel wird, dann geh ich klotzen … bin immer noch allein. Wenn Du Dich mal wieder an mich erinnerst – ich bin das Zauberwesen mit den leuchtend braunen Knopfaugen, dem blonden frechen Kurzhaarschnitt, der üppigen Oberweite und den endlos langen Beinen – dann merk Dir doch bitte gleich, dass ich gerne meinen Junggesellinnenabschied auf Sylt erleben möchte. Danke! Arrivederci, good-bye und ciao!«

Datum 08.08.

04:02 Uhr
Sanny an Katie
»Ich merke, Einsamkeit lässt Dich aufblühen! Schön, dass Du nicht an Selbstüberschätzung leidest, das finde ich nämlich so was von zum kotzen. Und Katie: Der Witz eines Junggesellinnenabschiedsabends ist, dass die Freundinnen eben diesen planen und nicht die Braut – also vergiss Sylt. Wahrscheinlich wird es eher die Lüneburger Heide zum Heidschnucken-Ragout. Ich war mit meinem Bernhard in der Shoppingmall und habe die Kreditkarte zum qualmen gebracht. Dafür hab ich viele bunte lustige Hemden bekommen, wo ich auch für Markus was Aufregendes zur Hochzeit gefunden habe. Was wünschst Du Dir eigentlich? Beim Anblick der ganzen Regenpfützen habe ich mir überlegt, ich werde auf Maui einen Tauchkurs machen. Kann ja nicht schaden. Mika hat sich auch gemeldet – er hält es kaum aus ohne mich und wenn ich wieder nach Hause komme, will er meinen Oberkörper auf den Tisch legen und mir ohne jedes Vorspiel seinen Schwanz reinrammen. Hat er versprochen. Wünsche Dir morgen beim Frühstück ein weich gekochtes Ei! Denk an Dich!«

08:07 Uhr
Katie an Sanny
»Morgen!!! Ein weich gekochtes Ei? Heidschnuckenragout und bunte Hemden? Wenn ich nicht wüsste, dass es bei Dir regnet, würde ich ganz klar annehmen, Du hast bereits 'ne weiche Birne dank der vielen Sonne bekommen. Und bitteschön, was ist bei Dir Ragout?«

08:08 Uhr
Sanny an Katie
»Was ist das denn für eine dämliche Frage? Weißt Du etwa nicht, was Ragout ist?«

08:10 Uhr
Katie an Sanny
»Natürlich weiß ich, was Ragout ist, aber ich möchte wissen, ob Du überhaupt weißt, was Ragout ist!«

08:12 Uhr
Sanny an Katie
»Sag mal, haben sie Dir ins Gehirn geschissen? Klar weiß ich, was Ragout ist. Du aber scheinbar nicht!«

08:13 Uhr
Katie an Sanny
»So, alte Pupsmuschi, dann sag mir doch mal: Was ist denn nun RAGOUT?«

08:15 Uhr
Sanny an Katie
»Siehst Du, ich wusste es von Anfang an, dass Du nicht weißt, was Ragout ist. Nun gut, ich kläre Dich auf: Ragout kommt aus dem Bereich Essen und ist falsches Gulasch. In Gulasch sind

Fleischstückchen und im Ragout ist Gehacktes und in unserem Fall Gehacktes von der Heidschnucke! So einfach ist das.«

08:20 Uhr
Katie an Sanny
»Das glaub ich ja wohl jetzt nicht! Sandra – Du hast doch echt keine Ahnung … im Ragout sind auch Fleischstückchen und kein Gehacktes oder hast Du noch nie Ragout Fin gegessen?!«

08:22 Uhr
Sanny an Katie
»Ist richtig … – Katharina Melzer!!!«

08:25 Uhr
Katie an Sanny
»Ist mir jetzt wirklich zu blöd … ich geh frühstücken mit Peter, wie Du weißt!«

08:26 Uhr
Sanny an Katie
»Denk dran: wegen Männern sollte man sich das Leben auf keinen Fall unnötig schwer machen … nicht, solange es Bacardi gibt!«

08:29 Uhr
Katie an Sanny
»Sandra, es reicht!!«

08:30 Uhr
Sanny an Katie
»Aber Schatz … Stillstand ist das Schlimmste, also Rock ’n’ Roll!!!«

10:27 Uhr
Sanny an Katie
»Hey, kleine Maus. Du wirst doch wohl jetzt nicht sauer sein, wegen so ein bisschen Ragout, Feng Schuh, Müllers Kuh. Du weißt, es gibt nix Schlimmeres, als ignoriert zu werden. Also sag jetzt mal, was ist denn mit Peter rausgekommen, hat er Deine Entscheidung nun endlich wie ein echter Mann akzeptiert?«

10:35 Uhr
Katie an Sanny
»Ich dachte, es wird zu teuer, ständig zu mailen? Nein, schon gut … bin noch etwas mürrisch und auch traurig. Ja, Peter … er hat gesagt, ich müsse wissen, was ich tue, aber wenn ich ihn so sehr lieben würde, könnte ich ja keinen anderen Mann heiraten. Bei ihm ist das natürlich was ganz anderes, da er ja zwei Kinder hat und das eben nicht so einfach ginge … klaro … und huch, zugleich hat er damit etwa eingeräumt, dass er sich doch eventuell, ausnahmsweise und entgegen aller Erwartung vorstellen könnte, seine heilige Familie zu verlassen, wenn ich nicht heirate? Denke, das ist sicher nur Masche, damit ich ihn nicht verlasse … kurzum: ich hab Schluss gemacht und habe ihm mitgeteilt, dass er mich ziehen lassen muss, wenn ich ihm soviel bedeute und gerade deswegen!«

10:40 Uhr
Sanny an Katie
»Ich bin stolz auf Dich! Sehr sogar, aber sei jetzt auch stark, und keine Turnübungen im Bett mehr. Ihr könnt ja gute Freunde bleiben, und auf Deinen Job wird das sicher keine Auswirkungen haben.«

10:42 Uhr
Katie an Sanny
»Das wäre ja wohl das Allerletzte. Und das wagt der nicht, schließlich habe ich genug Beweismaterial, um ihm das Leben auch schwer zu machen ☺ Schauen wir mal, wie es wird … im Moment bin ich ganz zufrieden mit meiner Entscheidung und auch wenn er jetzt gerade bei diesem schönen Wetter und unserem Außendreh am See ein wenig auf verletzte Eitelkeit macht, denke ich, wir kommen damit klar. Wahrscheinlich tickt er gleich aus, wenn ich in der nächsten Szene mit Oliver – meinem wirklich gut aussehenden Soap-Partner – ein romantisches Picknick auf der Kuscheldecke hier im Gras spiele ☺«

10:45 Uhr
Sanny an Katie
»Sehr gut! Wir werden jetzt noch ein wenig Waikiki bei Nacht erleben, es regnet auch nicht mehr. Juhu!!!!! Und mal sehen, was hier so abgeht. Bin ja selbst ganz erstaunt, dass sich Bernhard dazu herablässt, mit seiner Frau in spe mal eine Bar aufzusuchen. Du weißt ja um das Problem bei uns: wenn ich nicht da bin, feiert er bis zum Morgengrauen und mit mir heißt es immer schön früh ins Bett und bitte dann auch gleich SCHLAFEN!«

10:47 Uhr
Katie an Sanny
»☺ Viel Spaß, meine Süße … so, muss jetzt auch ran. Lieb' Dich!«

23:23 Uhr
Sanny an Katie
»… na, so lange ging es bei uns gestern dann doch nicht. Bernhard war sehr früh sehr müde … Luftveränderung! Ich lach mich tot!!!!!!! Stehe nun in der Smoking Section Hawaii International

Airport und hier bleibe ich auch. Man darf ja wirklich nirgends rauchen hier – grauenhaft!!!! Mein Schatz versucht mich mit Engelszungen zu überreden, doch in den Flieger zu steigen nach Maui. Na gut – dann bin ich mal nicht so. Du schläfst wahrscheinlich schon den Schlaf der Gerechten oder besser gesagt: den Schlaf der arbeitenden Bevölkerung. Ganz ehrlich: ich finde Urlaub so richtig geil und könnte gut auf's Arbeiten verzichten, wenn man trotzdem reich und berühmt wäre! Wir müssen da eine Lösung für die Zukunft finden.«

23:43 Uhr
Katie an Sanny
»Dann habe ich auf alle Fälle die perfekte Lösung für Dich: trenne Dich sofort von Mika. Der alte Pleitegeier wird Dir sicherlich in Zukunft nicht das Leben einer Königin bieten können … na ja, Dein großes Herz und dickes Bankkonto wird auch ihn durchfüttern. Markus hat mich eben heiß verführt und ist sofort nach dem Abrollen eingepennt. Ich vermisse Peter jetzt schon, gut, dass mich die Vorbereitungen für die Hochzeit so wunderbar ablenken, sonst könnte ich für NICHTS garantieren. Und der Sex mit Peter war einfach – wie soll ich es beschreiben? – es war ficken auf göttlicher Ebene. Das werde ich mit meinem Zukünftigen nie haben. Dafür habe ich ihn für mich alleine … ☹«

23:45 Uhr
Sanny an Katie
»Das hast Du so wunderbar gesagt … der Sex mit Mika ist auch einfach so gigantisch. Die Orgasmen noch viel intensiver. Ach ja: die Liebe ist ein seltsames Spiel … sie kommt und geht von einem zum anderen … und manchmal bleibt sie bei mehreren Personen … Schwamm drüber! Freue mich jetzt schon auf die Deppen im Flieger, die sofort aufspringen, sobald die Anschnallzeichen ausgehen und wie wild in ihrem gammeligen Handgepäck wühlen.

Ein Phänomen! Frage mich immer wieder: was suchen die da? Kuss und auf nach Maui!!!!«

Datum: 09.08.

17:04 Uhr
Katie an Sanny
»Ich weiß, ich soll nicht so viele SMS schicken, aber jetzt sind schon vier Tage vergangen und ich habe so gar nichts gehört … Seid Ihr denn überhaupt angekommen? Wetter besser? Stimmung gut? War gestern mit Franzi unterwegs und haben uns mit dem angesagtesten D.J. der Stadt getroffen. Er wird jetzt definitiv bei meiner Hochzeit auflegen. Hat eine bunte und breite Palette Musik im Repertoire und wird bestimmt auch was für die Omas und Opas dieser Welt auflegen können. Markus habe ich gar nicht erst mitgenommen – der hat ja eh so gar keine Ahnung von Musik, und fast hatte ich den Eindruck, er war darüber auch ganz froh. Wir haben dann die einmalige Gelegenheit beim Schopf gepackt und sind noch ein wenig um die Häuser gezogen. Und wie nicht anders erwartet, landeten wir zum Absacker in der 089 Bar! Und jetzt rate mal, wen wir da getroffen haben?«

21:07 Uhr
Sanny an Katie
»Guten Morgen, meine Kleine! Maui ist ein Traum, uns geht es einfach gut und wir lassen uns die Sonne auf den Bauch scheinen. Bernhard geht jeden Morgen schon um sechs aufs Wasser, um Wellen zu reiten – wenn er mal bei anderen Dingen so eifrig und enthusiastisch wäre … Ich killer mir also jeden Morgen einen oder missbrauche die Dusche, um dann halbwegs entspannt als

gute Freundin ein ordentlich deftiges Frühstück zu zaubern. Wir haben uns ein Strandhaus gegönnt, mit Bananen … TEXTZEILEN FEHLEN …

21:10 Uhr
Katie an Sanny
»Wo bleibt der Rest der Mail? Kam nur zerstückelt an … bin gespannt!«

21:14 Uhr
Sanny an Katie
»… Bananenbäumen im Garten. Fast wie bei Robinson Crusoe. Ich bin aber nicht der Freitag! Abends gibt es entspannt Barbecue und hin und wieder fahren wir in die City zu dress for less und kaufen billig Markenklamotten oder klauen Ideen für die nächsten Kollektionen von Bernhard. Ein Traum! Morgen geht unser Tauchkurs los! Fühle mich jetzt schon wie eine schöne Meerjungfrau! Ach ja – wen habt ihr denn Spannendes getroffen?«

21:30 Uhr
Katie an Sanny
»Du wirst es mir eh nicht glauben, aber der größte Schrecken der Menschheit ist wieder in der Stadt!«

21:34 Uhr
Sanny an Katie
»Ich sterbe. Leck mich am Arsch – Anneliesa!!!!!! Was macht DIE bitte wieder in München und warum tingelt die dumme Nuss auch noch in unsere Lieblingsbar???? Wenn ich das schon höre: ANNELIESA … was ist das bitte für ein Name? Anna – das klingt toll und königlich! Aber der alte Drecksname und dazu auch noch diese unmögliche Person … und ich war so froh, als das Stück Weib endlich in der Versenkung verschwunden war.«

21:45 Uhr
Katie an Sanny
»Die hatte ich auch gar nicht mehr auf dem Schirm. Fünf Jahre nichts mehr gehört und nichts mehr gesehen. Es war eine herrliche Zeit! Und wie die jetzt aussieht – ich hab' die Schlampe erst gar nicht erkannt. Die Titten wesentlich größer, dafür die Nase extremst kleiner und die Haare überlang mit zotteligen Extensions. Und die Lippen: Schlauchboot ist nichts dagegen und glaube mir, das liegt nicht an ihren blonden Strähnchen! Aber der beschissene Charakter strahlt trotzdem durch diese gemachte und lächerliche Fassade.«

21:59 Uhr
Sanny an Katie
»Na, wenn die so unmöglich aussieht, spannt die Dir sicher nicht noch mal den Freund aus. Oh, ich könnte der heute noch für diese miese Aktion auf die Fresse hauen … Furchtbar! Meine Nerven! Habt Ihr Euch etwa gegrüßt?«

22:08 Uhr
Katie an Sanny
»Schlimmer … viel, viel schlimmer! Den Teufel hätte ich getan, aber die schmerzbefreite Alte kam affektiert auf Franzi und mich zugestöckelt, fiel uns um den Hals und teilte uns auch gleich brühwarm mit, dass sie eine eigene Rubrik im Mittagsmagazin »Klatsch und Tratsch über Promis« bekommen hat … Wir waren vor Schock wie gelähmt und ich bin es immer noch!«

22:24 Uhr
Sanny an Katie
»Hör auf! Das kann nur eine Lüge sein … Die war doch auch damals beim Casting für die Promi-Tonne und mehr als grottuiet. Kein Wunder, dass ich sie locker um Längen geschlagen habe.

Und wen hat die dafür bitte gevögelt? Wahrscheinlich hat sich die bekloppte Kuh sogar die Schamlippen operieren lassen. Der traue ich alles zu. Und ich gönne der nichts. Ich bin kein neidischer Mensch, aber die hasse ich und ich will einfach nicht, dass die als Kollegin auch im Fernsehen stattfindet. Die gehört weggeschlossen.«

22:35 Uhr
Katie an Sanny
»Mir ist das Treffen auch so dermaßen auf den Magen geschlagen – mir ist den ganzen Tag schon megaübel. Viel Spaß beim Tauchen und grüß mir die Algen! Kuss, lege mich hin, ich bin furchtbar müde!«

Datum: 10.08.

12:04 Uhr
Katie an Sanny
»Bin schon wieder daheim. Mussten die letzte Szene abbrechen, Peter hat mich heimgeschickt. Er wollte mich zwar nach Hause bringen, aber ich konnte das nicht. Zu frisch die Wunden, zu groß der Schmerz.«

17:09 Uhr
Sanny an Katie
»Gott, Süße – leidest Du so sehr unter der Trennung, dass Du gegen Deine Gewohnheiten den Dreh abbrichst? Mache mir ernsthaft Sorgen! Geht es denn nun ein wenig besser? Kommen vom Tauchen, erzähle ich Dir später – jetzt ist erstmal Deine Gesundheit und psychische Verfassung wichtig!«

17:23 Uhr
Katie an Sanny
»Weiß auch nicht so recht, was es ist. Habe das Gefühl, ich bekomme meine Tage und dabei ist mir kontinuierlich speiübel und ich bin total schlapp.«

17:37 Uhr
Sanny an Katie
»Hört sich nach klassischem Burn-out-Syndrom an … hast ja auch echt viel geschuftet in letzter Zeit. Und es war einfach alles zuviel: Hochzeit, Trennung von Peter und dann auch noch Anneliesa. Würde mir auch schlecht werden. Du brauchst Urlaub! Komm her und genieße mit mir das süße Leben … und bringe Mika gleich mit … fange an, ihn zu vermissen. Haben eben kurz telefoniert, und seine Stimme verursacht mir positive Gänsehaut. Er leidet auch schrecklich und der Gedanke, dass ich mit einem anderen Mann diesen Traum hier erlebe, macht ihn verrückt. Nicht so schön – aber er wusste es ja …«

20:13 Uhr
Katie an Sanny
»Komisch, mir geht's immer noch nicht besser. Werde morgen echt mal zum Arzt gehen, diese Schwindelanfälle sind doch nicht normal. Puuh …«

20:16 Uhr
Sanny an Katie
»Ich bitte Dich drum … mach das wirklich! Gute Besserung!«

Datum: 11.08.

10:47 Uhr
Katie an Sanny
»Maus … ICH BIN SCHWANGER!!!!!«

11:12 Uhr
Katie an Sanny
»Wie gesagt … SCHWANGER!!!«

12:33 Uhr
Katie an Sanny
»Steh sofort auf, Patentante … ich dreh durch!!«

13:58 Uhr
Katie an Sanny
»Es wäre schön, wenn Du antwortest, bevor mein Kind aus dem Gröbsten raus ist.«

15:39 Uhr
Katie an Sanny
»Es bewegt sich … und wo bist Du? Beim Schnorcheln verloren gegangen oder was … sonst hörst Du Dein Handy doch auch, wenn Mika Dir nur schreibt, dass ihm ein Furz quer liegt.«

17:42 Uhr
Katie an Sanny
»Esse ein Marmeladenbrot mit Krautsalat …«

18:02 Uhr
Katie an Sanny
»Scheiß Zeitverschiebung … Wenn Du in den nächsten zwei Stunden nicht hier bist, bin ich vor Hilflosigkeit zusammengebrochen.«

18:23 Uhr
Katie an Sanny
»Oh Gott … wer kann mir bloß helfen … traue mich gar nicht, irgendjemanden anzurufen … was soll ich auch sagen, Mama, ich bin schwanger! Super, nicht, aber bevor Du Markus gratulierst, warte bitte, das Kind könnte auch von Peter sein? Hilfe, was mach ich bloß …?«

19:15 Uhr
Katie an Sanny
»Egal, was diese vielen SMS kosten … mein Ungeborenes wird nicht günstiger … meld Dich bitte bitte bitte … ich kollabier … bäääh, mir wird schlecht … die Marmelade …«

19:19 Uhr
Sanny an Katie
»Ach Du dickes Ei! Neeeiiinn …!!!!! Ich gehe mal davon aus, dass die von Dir schon angekündigten Tage dann schon etwas länger ausgeblieben sind. Na ja, klar, wenn da schon der Braten in der Röhre steckt!«

19:20 Uhr
Katie an Sanny
»Endlich!!!! Sehr witzig … nimm mich ernst … ich bin verzweifelt.«

19:21 Uhr
Sanny an Katie
»Schöner kann ein Morgen doch wirklich nicht beginnen ... meine beste Freundin wird Mutter ... wer hätte das gedacht. Ok.: das Wichtigste ist, dass wir wissen, es kommen nur zwei Männer als Vater in Frage. Was glaubst Du?«

19:22 Uhr
Katie an Sanny
»Nur zwei!!!??? Das ist der blanke Horror!!! Ich sterbe ... ich will heiraten, habe das mit Peter endlich geklärt und jetzt das ...! Kann nicht mehr klar denken!«

19:25 Uhr
Sanny an Katie
»Durchatmen ... ganz tief ... kannste eh schon mal üben ☺ sorry, ich kann mir vorstellen, wie Du Dich fühlst. Aber wir dürfen jetzt nicht überstürzt handeln. Am besten ist, Du meldest Dich erstmal krank. Ich überleg derweil!«

19:26 Uhr
Katie an Sanny
»Hab ich schon längst – für die komplette Woche, und jetzt überleg schneller ...«

19:31 Uhr
Katie an Sanny
»Dreck ... Markus kommt schon nach Hause ... muss mich konzentrieren, damit er nix merkt. Vielleicht später noch mal, ansonsten meld ich mich morgen. Hoffentlich fällt ihm mein Bauch nicht auf ... ahhhh ...«

19:35 Uhr

Sanny an Katie

»Noch ist es für gar nichts zu spät … ich bin in Gedanken bei Dir und ganz sicher fällt mir auch gleich unter Wasser im Pool eine passable Planung der weiteren Vorgehensweise ein. Tauchen entspannt echt und für Dich ist Abtauchen jetzt auch nicht so verkehrt. Sag ihm einfach, wie es Dir geht und schlaf erstmal … zuviel Aufregung tut dem Baby nämlich auch nicht gut! Love youuuuuu«

Datum: 12.08.

04:03 Uhr

Sanny an Katie

»Sicherlich ist die werdende Mami schon im Kinderparadies und träumt von vollgeschissenen Windeln, angekotzten Designerblusen und Augenringen bis zum Bauchnabel. Ich habe den absoluten Masterplan: wir müssen zuerst mal wissen, wer der Vater ist. Du musst rechnen, ich habe es schon getan mit einem nicht wirklich wasserdichten Ergebnis. Die einzige Chance, die Du hast, das Einzige, was Dich ernsthaft retten kann, ist, Du machst auf Jungfrau Maria oder das klassische Kuckuckskind wird geboren. Ist ja kein Einzelfall in Deutschland. Ob so oder so, wir machen Markus zum Vater. Ich bin wie immer genial … Gute Nacht!«

08:45 Uhr

Katie an Sanny

»Habe grauenvoll geschlafen … meine Hormonwallungen machen mich fertig. Ich erlebe gerade von himmelhoch jauchzend bis zu Tode betrübt alles. Habe Markus nichts erzählt … er war aber süß besorgt, weil es mir nicht gut geht. Wenn der wüsste … aber ich glaube, ich weiß, was es wird. Ein robuster Bub … denn er strampelt schon wild. Mach mir nun einen Wellnesstag mit Baden und so … wobei, ich kann das Kind nicht bekommen, das geht einfach nicht. Ich muss fliehen … – ins Frauenhaus!«

19:03 Uhr
Sanny an Katie
»Klar bekommst Du das Kind, ich habe schon eine Rassel und ein Babyphone gekauft. Mach bitte beim Baden gleich einmal Beckenboden-Übungen – hilft später für eine leichtere Geburt. Aber nicht zu doll – wir wollen es schließlich nicht verlieren! Und höre auf zu übertreiben: Unser Kind ist kleiner als ein Gummibärchen. Ein Punkt! Eine gallertartige Masse! Er kann noch nicht strampeln! Sag' mal: hast Du denn nicht verhütet??? Dachte, Du nimmst die Pille?«

19:34 Uhr
Katie an Sanny
»Die habe ich ja auch genommen – da siehst Du doch, wie zäh der Kleine schon ist – setzt sich gegen alles durch! Bin vollkommen überwältigt und verwirrt zugleich!«

19:37 Uhr
Sanny an Katie
»Eines musst Du mir aber bitte ganz fest versprechen. Wir bekommen das Kind – wie wundervoll, es entsteht neues Leben! Wir schaffen das gemeinsam. Wir gehen jetzt seit über 20 Jahren durch dick und dünn, haben so viel erlebt und den größten Scheiß hinbekommen, da ist das doch 'ne Kleinigkeit. Ich bin immer da für Dich und dann hat das Kind eben zwei Mütter ☺«

Datum: 13.08.

18:50 Uhr
Sanny an Katie
»Alles gut bei Euch beiden? Habe den einzig wahren Namen für Deinen Jungen gefunden. Ist mir im Traum erschienen, und das kann kein Zufall sein. Er wird schlicht und ergreifend Ludwig heißen. Passt doch auch zu Deinem Faible für Königshäuser und geschichtliche Ereignisse. Apropos Ereignisse … heute werden wir das erste Mal in freier Natur tauchen. Bislang war ja der Pool unser Tauchrevier und ich sage Dir, für mich war der schon wie der reißende Ozean. Bis man begreift, dass Mensch unter Wasser atmen kann, ist man nahezu am Durchdrehen. Bernhard hatte Schnappatmung und ich hab soviel Chlorwasser geschluckt, dass ich mir oft vorkam, wie 'ne bleierne Ente auf Grund. Hab echt Schiss, denn der Pool war ja wenigstens beleuchtet, aber das Meer ist einfach nur tief und schwarz.«

19:05 Uhr
Sanny an Katie
»Wo turnst DU denn mit meinem Patensohn rum? Hast Du es schon Markus gesagt? Ist wahrscheinlich schon verrückt vor Freude … ihr feiert wohl schon, aber bitte nur einen kleinen Schluck für Dich, denn das Kind ist zwar noch geschützt, aber Du musst auf Deine Gesundheit achten. Und komm bloß nicht auf die Idee, es Peter zu erzählen! Bis er das mitbekommt, bist Du eh verheiratet und es spielt keine Rolle mehr. Hast Du schon das erste Ultraschallbild? Wenn ja, schick es mir sofort per MMS! In freudiger Erwartung drückt Euch die beste Patentante der Welt!«

19:11 Uhr
Katie an Sanny
»So, endlich Zeit, Dir zu schreiben. War den ganzen Tag mit Markus unterwegs und wir haben uns noch mal die nette kleine Burg hier in Bayern angesehen, wo die Hochzeitsfeier stattfinden wird. Die letzten Details sind also besprochen. Bild kann ich Dir noch nicht schicken, dafür muss ich ja zum Arzt. Bin in Gedanken aber mittlerweile so aufgewühlt, dass ich mich jetzt dazu entschlossen habe, mir morgen als Allererstes einen Schwangerschaftstest zu holen. So kann es ja schlecht weitergehen.«

19:12 Uhr
Sanny an Katie
»SAG NICHT, DASS DU NOCH NICHT MAL EINEN SCHWANGERSCHAFTSTEST GEMACHT HAST, während ich schon für Ludwig ein Konto eingerichtet habe???????!!!!!!!!!«

19:13 Uhr
Katie an Sanny
»Schrei mich nicht an, als werdende Mutter ist man doppelt so sensibel. Ich spüre das. Ich bin schwanger! Und morgen ist dann einfach nur bestätigt, was ich eh schon weiß.«

19:15 Uhr
Sanny an Katie
»…!«

19:17 Uhr
Katie an Sanny
»Konnte in Deiner Mail nix lesen, schick sie bitte noch mal.«

19:20 Uhr
Sanny an Katie
»Das sollte genau so! OHNE WORTE!!«

19:21 Uhr
Katie an Sanny
»Morgen!«

Datum: 14.08.

09:03 Uhr
Katie an Sanny
»Ja, wie soll ich es Dir jetzt schonend beibringen? Auf unseren kleinen Ludwig werden wir wohl noch eine Weile warten müssen …! Leider keine neun Monate, sondern noch ein ganz klein wenig länger … und ich war so davon überzeugt! Na ja, irren ist eben doch nicht nur männlich! Test negativ! Komisch trotzdem. Ich hatte es fest gespürt, und die Frau Sybilla hatte mir doch auch vorausgesagt, dass ich schwanger werde …«

10:04 Uhr
Katie an Sanny
»Bin ein wenig traurig, dass der kleine Junge nun doch nur eine Schein-Schwangerschaft war! Hat doch alles so genau gepasst: die Tage lassen auf sich warten, Heißhunger auf ekelerregende Kombinationen, geschwollene Brüste und Übelkeit der Extraklasse. Wobei mir die großen Titten an meiner eingebildeten Schwangerschaft am besten gefielen … Und Du?«

21:05 Uhr
Sanny an Katie
»Du bist mir so eine Marke ... trage heute auch aus Solidarität meinen schwarzen Bikini. Eigentlich ist es aber doch ganz gut so. Kein Stress mit der Vater-Frage und das Hochzeitskleid passt auch, bis es soweit ist. Nur denk dran: so ein Test kann sich irren ... war es ein Früherkennungstest? Die kann man gleich nach Ausbleiben der Tage einsetzen.«

21:08 Uhr
Katie an Sanny
»Ich bin doch nicht total dumm: ich habe mir fünf (!) unterschiedliche Tests gekauft – von verschiedenen Herstellern! Ich habe auf jeden einzelnen Test voller Spannung, Angst und Nervosität raufgestrullert: alle mit einem Ergebnis! NICHTS!«

21:10 Uhr
Sanny an Katie
»Und wieder haben wir aus der krummen Nummer zwei Dinge gelernt! Einmal: auf Deine Gefühle ist einfach kein Verlass und zum anderen: Frau Sybilla ist eine verrückte Spinnerin, die Dir nur Schrott erzählt hat! Ich und Randfigur in Deinem Leben ... der Stachel sitzt noch immer tief ... egal! Bernhard ist wieder auf dem Wasser unterwegs, ich habe es kurz mit Boogie Boarden versucht, aber die Unterströmung hier ist mir zu heftig. Macht mir Angst. Sitze grade vorm Internet und suche für meinen mich vermissenden Mika eine kleine Wohnung in München. Die WG kann ja kein Dauerzustand sein. Und sein Mitbewohner ist ein potentieller Gefahrenherd ... Nicht, dass der sich mal verquatscht ... Außerdem kann ich das einfach nicht. Eine kleine Liebeshöhle ist doch auch was Feines ...! Bernhard und ich haben uns leider heute Morgen gestritten. Frag' mal, warum? Ich könnte es Dir nicht einmal mehr sagen. Fing bei dem zu laschen Speck zum Frühstück

an und endete im ich stelle mal wieder alles in Frage-Debakel. Man sollte sich mit seinem Herzenspartner eine ordentliche und respektvolle Streitkultur zulegen. Immer dieser Tanz um nichts.«

22:30 Uhr
Katie an Sanny
»Ich würde mich auch gern mal wieder so richtig zoffen – aber mit Markus kann man das einfach nicht. Gott – was haben Peter und ich uns gestritten. Herrlich – und die Versöhnungen danach – mehr geht nicht. Ist ja wohl ein Scherz, dass Du Mika jetzt aus Hawaii eine Wohnung in München suchst? Soll er doch selbst seinen kleinen Knackarsch in Bewegung setzen. Hauptsache, Du zahlst ihm das nicht alles wieder. Ich sage es noch einmal: Du bist nicht die Sozialstation, und sich einen Lover kaufen, kann ja auch nicht das Nonplusultra sein!«

22:35 Uhr
Sanny an Katie
»Jetzt wirst Du aber grenzüberschreitend – Du weißt genau, dass bei uns mittlerweile tiefe Gefühle im Spiel sind – wenn auch ungewollt. Und ich muss mir sicher keinen Mann kaufen. Es liegt in der Natur einer Waage-Geborenen, anderen eine Freude zu machen. Und natürlich zahlt er das alles selbst. Warum bist Du denn so schrecklich negativ heute? Entspann Dich mal wieder! Mika hat sehr viel zu tun und deswegen übernehme ich die Planung und Organisation. Habe schon zwei ansprechende Objekte gefunden und werde den Maklern gleich eine E-Mail senden – wenn die meinen Namen sehen, ist die Chance, die Wohnung zu bekommen, gleich hundert Prozent. Ansonsten ist die Wohnungssuche in München ja eine reine Katastrophe, und die Mietpreise finde ich einfach nur unverschämt.«

23:05 Uhr
Katie an Sanny
»Ich bin ganz relaxed – ich möchte nur nicht, dass Du Dein sauer Verdientes anderen als mir ☺ in den Rachen wirfst. Sehe Dich doch jetzt schon seine Wohnung einrichten – aber ich sage dazu nichts mehr … zehn Tage noch – dann bist Du endlich wieder in good old Germany!«

23:10 Uhr
Sanny an Katie
»Ich liebe Deutscheland … la la la la la la, …«

23:14 Uhr
Katie an Sanny
»Sag mal: haben sie Dich – oder kriegen sie Dich? Ich weiß schon gar nicht mehr, wie Du aussiehst … Bis später ohne Peter!!!!«

Datum: 18.08.

22:15 Uhr
Sanny an Katie
»Ja, ja: aus den Augen – aus dem Sinn!!!! So lange Urlaub habe ich ja auch noch nie gemacht. Kann bald keine Ananas und selbst gepflückten Bananen mehr sehen … aber es ist trotzdem einfach nur wunderschön. Gestern haben wir einen Hubschrauber-Rundflug über Maui gemacht. Man fühlt sich ja gleich megawichtig. Ganz nach meinem Geschmack. Wir haben Pearl Harbour gesehen und das Haus von Magnum. Eine riesige Hütte. Und noch was Wunderbares: Mika hat die Wohnung in Schwabing bekommen und genommen. Zum Ersten zieht er schon ein. Freu mich voll.

Das Einzige, was mich ein wenig betrübt, ist, dass Mika heute so komische Anmerkungen gemacht hat … er liebt mich so sehr, braucht mich ganz und vor allem ganz für sich allein. Quasselte etwas von der großen Liebe, die man nicht verpassen darf und dass er diesen Zustand auf Dauer nicht erträgt. Ich verstehe das ja alles – aber noch mal: was soll ich tun? Ich kann Bernhard einfach nicht verlassen. Der würde sterben. Ich hasse solche Situationen.«

22:45 Uhr
Katie an Sanny
»Mir geht's wieder gut und ich schwelge schon in Hochzeitsstimmung … das wird noch spannend, Junggesellinnenabschied, Polterabend, der große Tag und die Flitterwochen … wollen vielleicht nach Afrika – Markus will mich aber damit überraschen … ach, was kommt da für eine tolle Zeit auf mich zu! Peter leidet richtig – zumindest sagt er das. Schickt mir ständig SMS, dass er es kaum aushält und wenn er so was schreibt, dann werd ich auch immer ganz traurig. Er zieht jetzt alle Register und spricht sogar doch vom Ende der happy family, wenn ich noch wollte. Ja ja … er hatte seine Chance, und jetzt ist es zu spät! Deswegen, meine Maus, mach nicht denselben Fehler wie er und warte nicht mit der Entscheidung, bis sie Dir abgenommen wird und Du das dann womöglich bereust. Traue das nämlich Mika echt zu, dass er Dir damit schon sagen will, Du hast nicht mehr lang Zeit.«

22:49 Uhr
Sanny an Katie
»Nun wollen wir mal nicht gleich den Teufel an die Wand malen. Er hat gerade ein bisschen Sehnsucht nach mir – was ich durchaus verstehen kann – und da muss er ja nun nicht gleich nervös werden. Ich denk auch an ihn und das mit der Wohnung könnte ihn doch beruhigen, dass alles in Ordnung ist und ich mich um ihn

kümmer … aus Liebe! Und Peter, der hat es nicht anders verdient … werde bloß nicht schwach!«

22:53 Uhr
Katie an Sanny
»Nun gut, Du kennst Mika besser, aber Du solltest nicht außer Acht lassen, dass er auch nur ein Mann ist, und die sind ja bekanntlich nicht so sehr leidensfähig, deswegen überspann den Bogen nicht. Aber mit Bernie scheint ja wieder alles in Ordnung?! Wird echt Zeit, dass Du wiederkommst und mit mir die Hochzeitsvorfreude auskostest. Miss you!«

Datum: 19.08.

14:09 Uhr
Katie an Sanny
»Gott sei Dank bist Du bald wieder da. Mir fällt die Decke auf den Kopf. Markus arbeitet jetzt so viel, dass ich die nächsten Abende allein verbringen muss. Ist natürlich gut so, denn er soll ja bald für immer für mich sorgen! Mit der Hochzeit steht soweit alles … habe auch schon unsere Andrea als Maske engagiert und die hat mir einen Fotografen empfohlen, der mir ziemlich fit zu sein scheint. Das Einzige, was ich noch bräuchte, ist jemand, der das Hochzeitsvideo zu einem kleinen Film schneidet, denn wenn mein Dad draufhält, ist nicht sicher, ob und was da alles im Kasten ist, auch wenn er selbst denkt, an ihm sei ein zweiter Spielberg verloren gegangen. ☺ Deswegen gib mir doch mal bitte Mikas Telefonnummer, der kann sich da mal, unentgeltlich natürlich, als Liebesdienst für die beste Freundin seiner Traumfrau nützlich machen.«

22:05 Uhr
Sanny an Katie
»Ja, also, da haben wir ein winziges Problem: ich kann Dir selbstverständlich die Handynummer von meinem Mika geben, aber den wirst Du momentan nicht antreffen … er ist in Sardinien!«

22:15 Uhr
Katie an Sanny
»Was treibt der da denn???? Hast mir ja gar nicht gesagt, dass er auch im Urlaub ist? Hattest Du nicht vor ein paar Augenblicken noch erzählt, dass Du seine Wohnung suchst, weil er so viel um die Ohren hat? Verstehe ich jetzt nicht. Gut, dann mache ich das, wenn er wieder da ist. Wie lange bleibt er denn auf Sardinien?«

22:17 Uhr
Sanny an Katie
»Nur fünf Tage – er ist erst heute Morgen Eurer Zeit los! Der war so überarbeitet, dass es einfach sinnvoll und mehr als wichtig war, dass er auch einmal ausspannt. Wenn die nächste Staffel Promi-Tonne nach der Sommerpause losgeht, dann muss ich erholte Redakteure haben – schließlich möchte ich an meine letzten Erfolge anknüpfen. Unser Sender hat den erwarteten Marktanteil nochmals angehoben. Typisch: statt sich über Erfolge zu freuen, wollen sie immer mehr und mehr … Immer höher – immer schneller … – aber wir schaffen das schon!«

22:18 Uhr
Katie an Sanny
»Wie Du das so schreibst, hast Du den Urlaub für Mika eingetütet … aber doch nicht etwa noch bezahlt??????«

22:23 Uhr
Sanny an Katie
»Stell mir doch bitte nicht immer so anstrengende Fragen … ja: ich gestehe! Habe ich auch über's Internet gebucht. Menno – er verdient nicht so viel als Redakteur und hatte keine müde Mark mehr auf der Naht. Er geht doch so gerne feiern und Du weißt doch selbst, was das Nachtleben so an Geld verschlingt … Und ich hatte auch irgendwie ein schlechtes Gewissen – ich mache hier auf dicke Hose auf Hawaii und der Arme muss sich mit den Bayern die Zeit vertreiben. Ist schon alles okay, wie es ist. Die Reise war auch nicht so teuer, und außerdem: ich habe doch den Bonus für Sanny on Tour bekommen. Wie sagt mein väterlicher Freund Didi immer so schön: wer oben nicht reinschmeißt, bekommt unten auch nichts raus. Du würdest doch das Gleiche machen, wenn Markus mal ein wenig klamm wäre …«

22:45 Uhr
Katie an Sanny
»Dir kann man einfach nicht helfen – aber ich kann es natürlich schon verstehen. Hauptsache, er lacht sich nicht eine süße Italienerin an, mit der er dann nach Schwabing zieht … kleiner Scherz! Ich glaube, für genau solche Aktionen und für Deine Art liebe ich Dich auch so!!!! Ich würde ja so gerne einmal nach Mauritius und kann es mir momentan nicht leisten, war zuviel shoppen – kannst Du mir da nicht auch mal helfen???? ☺«

23:00 Uhr
Sanny an Katie
»Haha …!?? Na ja, jetzt, wo es bald soweit ist und ich Dich komplett in die Verantwortung von Markus entlasse, werde ich doch tatsächlich zunehmend sentimental … warum bekommt Bernhard es eigentlich nicht auf die Reihe, mich endlich mal zu fragen, ob ich seine Frau werden will? Nach sieben Jahren … eigentlich ist

der Zug eh abgefahren. Ich als spontaner Mensch finde es nahezu lächerlich, wenn man länger als ein, zwei Jahre zusammen ist und dann noch immer nicht diesen Schritt gewagt hat. Verstehe Menschen nicht, die zehn Jahre oder länger in wilder Ehe leben und dann auf einmal auf den Trichter kommen, sich vor dem Gesetz das Ja-Wort zu geben. Entweder gleich oder eben nicht. Und trotzdem: Bernhard sagt mir immer wieder, dass er nie zuvor so geliebt hat, und das spüre ich – auch wenn er nicht so die Emotionsbombe ist … aber diesen einen Schritt geht er einfach nicht. Sind das Bindungsängste? Versagensängste? Feigheit? Frag' mich, schlag mich – ich habe keine Antworten! Aber jetzt in meiner momentanen Situation ist das eh besser so …«

23:05 Uhr
Katie an Sanny
»Maus, ich kann das auch so gar nicht nachvollziehen … die Heirat ist doch eine wunderbare Erfindung!«

23:06 Uhr
Sanny an Katie
»Richtig! Und wer hat's erfunden?«

23:10 Uhr
Katie an Sanny
»… DIE SCHWEIZER!«

23:57 Uhr
Katie an Sanny
»Und als kleines Trost-Pflästerchen: wenn er Dich auch noch nicht geehelicht hat, so wünscht sich Bernhard von Dir nun schon seit längerem Kinder und eine richtige Familie! Das ist doch auch was!«

Datum: 20.08.

00:27 Uhr

Sanny an Katie

»Ja, aber ich kann doch nicht mit einem Mann Kinder bekommen, der so unzuverlässig ist wie Bernhard. So lieb ich ihn habe, so sehr ich ihn in meinem Leben brauche, aber beim kleinsten Streit haut er gerne mal ab, wenn ich in München arbeite, feiert er wie ein Rockstar und zur Arbeit geht er, wenn ihm danach ist. Wenn man Kinder hat, dann ticken die Uhren anders. Und es ist einfach noch nicht der richtige Zeitpunkt. Meine Karriere geht mir über alles – ich habe so hart dafür gekämpft und malocht und möchte den verdienten Erfolg natürlich noch auskosten. Du weißt, WIEVIEL mir diese Medienwelt bedeutet. Ich möchte meinen Kindern später was bieten können und Zeit für sie haben. Und die habe ich einfach jetzt noch nicht. Bin sowieso der Meinung, dass spätere Mütter gelassener sind, und meine Mama hat mich auch erst mit 38 Jahren bekommen und ist einfach die beste Mami der ganzen Welt! Wenn ich noch mal geboren werden sollte, dann wünschte ich, dass ich wieder das Kind meiner Eltern werde!«

00:46 Uhr

Katie an Sanny

»… na, wer weiß, ob Bernhard wirklich der Richtige ist. Astrologen würden sagen: Skorpion und Waage sind Nachbarn, die sich nicht wirklich besuchen … egal, Hauptsache, Du bist glücklich!«

00:56 Uhr

Sanny an Katie

»Das bin ich! Und komm mir nicht wieder mit Deinem Karten- und Horoskop-Hokuspokus … Bin nur ein wenig verzweifelt …! Wie das wohl alles so weitergeht?«

01:03 Uhr
Katie an Sanny
»Wenn ich das nur wüsste … Hätte da ja einen heißen Tipp, aber den möchtest Du bestimmt nicht hören …!«

01:05 Uhr
Sanny an Katie
»Hör' mir auf mit der schwulen Frau Sybilla …!!!! Ist es nicht schon irre spät bei Euch? Wieso schläfst Du noch nicht?«

01:07 Uhr
Katie an Sanny
»Ja, es ist kurz nach eins … lerne noch Texte für die kommende Woche – ist ja megaviel, weil ich alles nachholen muss. Glaubst doch nicht, dass die Storyliner auch nur eine Szene wegen meines Ausfalls umgeschrieben haben … Nein: ich muss alles nachdrehen!«

01:10 Uhr
Sanny an Katie
»Bewundere Dich eh, wie Du die ganzen Texte in Deinen Kopf hämmerst … auswendig lernen finde ich echt anstrengend. Da ist moderieren doch wesentlich entspannter … und spannender! Kuss«

01:13 Uhr
Katie an Sanny
»… jedem das Seine … was machst Du denn grade, außer dusselige Mails an die tollste Frau der Welt senden?«

01:30 Uhr
Sanny an Katie
»Liege auf dem Deckchair in unserem hauseigenen Garten, starre aufs Meer, lausche den Wellen und genieße die totale Ruhe. Habe grade die Biografie von Robbie Williams am Wickel und denke mir immer wieder: was für eine rattenscharfe Drecksau!!!! Ich sage Dir: der kennt im Bett kein Tabu … und hier steht, dass er nach wie vor auf die große Liebe wartet … HIER BIN ICH – NIMM MICH!!!!!!«

01:36 Uhr
Katie an Sanny
»Zwei Männer scheinen wohl immer noch nicht genug … Hättest ja mal richtig rangehen können, als Ihr Euch auf seiner Aftershow-Party vorgestellt wurdet. Aber nein – Sanny präsentiert ja voller Stolz ihren Bernhard – selbst Schuld. Außerdem gibt es da noch ganz andere leckere Männer: Anthony Kidis würde ich auch nicht von der Bettkante stoßen …«

01:45 Uhr
Sanny an Katie
»Verdirb mir bitte nicht meine ausgelassene Urlaubsstimmung!«

01:56 Uhr
Katie an Sanny
»Die werde ich Dir gleich mal richtig zerschießen: Anneliesa ist schon on air gegangen. Ihre Rubrik ist eine Schande. Die kann ja so gar nicht moderieren. Aber ihr Sender scheint zufrieden …!«

01:58 Uhr
Sanny an Katie
»Diese lächerliche Kreatur … wieso zufrieden? Woher willst Du das denn wissen?«

02:01 Uhr
Katie an Sanny
»Homepage …«

02:03 Uhr
Sanny an Katie
»… die wollen diesen Schrott doch nur pushen … Warte ab – bald ist sie da, wo sie hingehört: da, wo der Pfeffer wächst!!!!!!!!!«

Datum: 23.08.

08:05 Uhr
Katie an Sanny
»Kommst Du eigentlich in diesem Leben noch mal wieder????? Habe richtige Entzugserscheinungen …«

18:05 Uhr
Sanny an Katie
»… leider … der Countdown läuft … morgen Abend müssen wir ja schon wieder in den Flieger. Schon wieder Kaviar … Freue mich auf Dich und auch sehr auf Mika …!«

18:10 Uhr
Katie an Sanny
»Hey … richtige Freundschaft ist dicker als Sperma … erwarte also, dass ich die erste Person bin, die Du aufsuchen wirst, sobald Du wieder in der Heimat bist. Sonst wirst Du doch nicht Trauzeugin …«

18:13 Uhr
Sanny an Katie
»Immer diese Erpressungen … Erst einmal fliegen wir ja nach Hamburg … und keine zwanzig Stunden später komme ich dann nach Bayern und NATÜRLICH erst einmal zu Dir! Habe Dir auch was Tolles als Mitbringsel gekauft … wirst richtig ausflippen vor Freude!«

18:15 Uhr
Katie an Sanny
»Was ist es denn???? Komm, sag' schon – das halte ich nicht aus … ich freue mich auch, wenn ich jetzt schon weiß, was es ist … Was von Louis Vuitton??? Chanel? Egal – Hauptsache, mit Liebe ausgesucht!«

18:23 Uhr
Sanny an Katie
»Marken-Schlampe!«

Datum: 24.08.

15:09 Uhr
Sanny an Katie
»Schön war's – lang war's und jetzt heißt es tschüß Hawaii! Bernhard ist so braun geworden – nahezu unverschämt. Er sieht aus wie der coolste Typ auf diesem Erdball. Durch die schöne Farbe stechen seine hellgrünen Augen richtig magisch raus … Und seinen gigantischen Luxuskörper hat er durch das ganze Surfen und Wellenreiten noch einmal so richtig in Form gebracht. Bei ihm kann man lernen, was six-pack heißt. Die Weiber werden

durchdrehen. Sollen bloß ihre Hände von meinem Mann lassen. Schade nur, dass ich diesen geilen Body im Urlaub nur ein einziges Mal auf mir spüren durfte …!«

15:35 Uhr
Katie an Sanny
»… vielleicht hättest Du Dich einfach mal auf ihn setzen sollen …!!!«

15:43 Uhr
Sanny an Katie
»Du hast ja heute den Witz wieder mit Löffeln gefressen … Schatz, freu Dich: Sanny kommt nach Hause! Steigen jetzt ein … bis gleich!«

Datum: 25.08.

17:56 Uhr
Sanny an Katie
»Gibt es in Deutschland eigentlich keinen Sommer mehr???? Dachte, wir haben Ende August und hier ist es arschkalt … Nicht, dass ich mich gleich erkälte … Bin schon in unserem trauten Heim, werfe alles in die Waschmaschine und fahre später noch zu Lilli und Kirsche … wenn ich mich durch die Postberge gearbeitet habe. Jeder Tag ohne Post ist doch ein guter Tag … davon gab es während meines Urlaubs nicht viel … Rechnungen über Rechnungen. Melinda ist Mama geworden. Kleines Mädchen – wusstest Du das? Sie hat mir eine ganz schöne Karte geschickt! Kuss, kaum zu Hause, bin ich schon wieder im Stress.«

18:05 Uhr
Katie an Sanny
»ENDLICH! War eben bei Mum und Dad und habe über die beiden Alten wieder so gelacht. Dad übt seine Hochzeitsrede und wächst dabei über sich selbst hinaus. Das kann ja was werden … Dann haben sie mir wie üblich ein Care-Paket mitgegeben – die beiden haben anscheinend immer noch nicht mitbekommen, dass ich schon groß genug bin, mir selbst Lebensmittel zu kaufen … Markus ist ja immer sehr begeistert, wenn ich die Leberwurst von Ma mitbringe … wie Du weißt, hasst er alles Selbstgemachte!«

18:35 Uhr
Sanny an Katie
»… na: dann liegst Du mit Deinem selbst gemalten Hochzeitsgeschenk ja goldrichtig …!«

18:37 Uhr
Katie an Sanny
»Das ist doch was ganz anderes!«

18:39 Uhr
Sanny an Katie
»Ach so! Na dann!!!!«

18:45 Uhr
Katie an Sanny
»Hast Du schon mit Mika telefoniert?«

18:46 Uhr
Sanny an Katie
»Ja, eben grade! Er ist so lieb! Freut sich wie ein Schnitzel auf mich morgen!«

18:47 Uhr
Katie an Sanny
»Und Bernhard sitzt während des Gesprächs daneben und hört zu oder wie darf man sich das vorstellen?«

18:48 Uhr
Sanny an Katie
»Sicherlich! Nein – er hat sich gleich bei Ankunft am Flughafen Fuhlsbüttel mit Michi verabredet. Hat nur kurz seine Koffer hochgetragen und weg war er. Den werde ich vor morgen früh bestimmt nicht wieder sehen … Er meinte zwar, er wäre so gegen ein, zwei Uhr wieder da, aber ich habe mir abgewöhnt, das für bare Münze zu nehmen. Ist aber okay, wir Mädels wollen auch noch kurz los. Aber erst einmal muss ich denen ja alles berichten! Bis morgen, Maus!«

18:50 Uhr
Katie an Sanny
»Ja, danke der Nachfrage, ich werde heute Abend endlich mal wieder Tennis spielen gehen!«

18:52 Uhr
Sanny an Katie
»Spielt man das heute noch? Ist so achtziger …!«

18:54 Uhr
Katie an Sanny
»Tennis erfreut sich nach wie vor größter Beliebtheit, und das wird sich auch künftig nicht ändern!«

18:56 Uhr
Sanny an Katie
»Weißt Du, was ich an Dir so liebe? Dass Du so intelligent bist und es nicht raushängen lässt!«

18:57 Uhr
Katie an Sanny
»… aber wenn ich es nicht raushängen lasse, woher willst Du dann wissen, dass ich so intelligent bin?«

19:00 Uhr
Sanny an Katie
»Das spüre ich!«

19:01 Uhr
Katie an Sanny
»Hilfe …!«

Datum: 26.08.

14:03 Uhr
Sanny an Katie
»So: ICH KOMME! Super, dass Du mich gleich vom Airport abholst! Ich bin die unverschämt gut aussehende Blondine mit der perfekt gebräunten Haut und dem mehr als erholten Gesichtsausdruck! Mika landet erst gegen späten Abend – wir haben also ausreichend Zeit, alles in Ruhe zu bequatschen. Freu' mich auf Dich – und tatsächlich auch ein wenig auf München!«

14:05 Uhr
Katie an Sanny
»Hast Du Fieber? Das aus Deinem Munde habe ich ja noch nie gehört!!!!! Jedes Mal wetterst Du, wenn Du nach München fliegst und heute freust Du Dich? Vermisst wohl eine schöne, leckere Leberkässemmel???? Bringe ich mit!«

14:06 Uhr
Sanny an Katie
»Hau mir ab mit dem fettigen Zeug ... Habe auf Hawaii so wunderbar auf meine Figur geachtet und werde sie mir sicher nicht gleich nach der Rückkehr ruinieren. Frau sollte unbedingt auf die schlanke Linie achten, vor allem, wenn schlanke und sportliche Frau in knapp vier Wochen als Brautjungfer ran muss!«

14:08 Uhr
Katie an Sanny
»Du musst aber ab und zu auch was Vernünftiges essen! Denk an Elisabeth!«

14:09 Uhr
Sanny an Katie
»Welche Elisabeth denn nun schon wieder?«

14:09 Uhr
Katie an Sanny
»Sissi! Kaiserin Sissi! Mit Franzl und so ... klickert es bei Dir? Die wog bei einer Größe von 172 cm nur knappe 50 Kilo und hatte einen Taillenumfang von 50!«

14:10 Uhr
Sanny an Katie
»Geil!«

14:11 Uhr
Katie an Sanny
»Ja – sehr geil … als sie starb, hatte sie Hungerödeme! Faltige Haut und schwere Depressionen – willst Du das??? Also: iss, Kind, und komm' endlich!«

14:13 Uhr
Sanny an Katie
»Bin so gespannt auf Dein Brautkleid. Hast Du Lust, morgen shoppen zu gehen? Brauche für Deine Hochzeit noch ein paar passende Klamotten!«

14:15 Uhr
Katie an Sanny
»Oh ja, ich drehe bis halb eins und dann treffen wir uns in der Stadt. Aber wirst Du denn nichts von Bernhard tragen?«

14:23 Uhr
Sanny an Katie
»Schauen wir mal – ich liebe doch so sehr den Kaufvorgang …!«

14:26 Uhr
Katie an Sanny
»Du hast so herrlich einen an der Kartoffel …! So, bis gleich!«

14:30 Uhr
Sanny an Katie
»Yepp!«

20:05 Uhr
Katie an Sanny
»Sag mal, meinst Du, ich bekomme es mit der künstlichen Sonne hin, so schön gebräunt zu sein bis zu meiner Hochzeit, wie Du

jetzt nach Deinem Urlaub? Ein brauner Teint würde unverschämt gut zu dem römisch angehauchten Brautkleid passen … Tausend Dank nochmal für Dein Geschenk! Diesen Glücksbringer werde ich immer bei mir tragen – mit Stolz – versprochen! Und? Große Wiedersehensfreude ausgebrochen?«

21:04 Uhr
Sanny an Katie
»Oh, es ist unbeschreiblich! Wir sind uns dramatisch in die Arme gefallen – wie bei vom Winde verweht!!!! Sardinien hat ihm ausgesprochen gut getan und er liest mir wieder einmal alle Wünsche von den Augen ab. Wir sind uns so unbeschreiblich nah. Nur am Lachen und können die Hände nicht voneinander lassen. Der Sex wird immer immer besser – obwohl ich dachte, eine Steigerung ist nicht mehr möglich – sie ist es doch! Fahren jetzt noch auf einen Sprung in die neue Wohnung von Mika, er hat den Schlüssel schon bekommen und messen aus. Morgen früh düsen wir schnell noch Möbel anschauen und dann treffen wir uns ja schon. Das wird ein Spaß – mit Dir shoppe ich doch am liebsten!«

21:07 Uhr
Katie an Sanny
»Ich freue mich auch auf unseren Einkaufstrip morgen. Weißt Du, was Markus gesagt hat? Nicht etwa: viel Spaß und verwöhne Dich, sondern bleibe unter tausend Euro! Macht der Witze?«

21:10 Uhr
Sanny an Katie
»Ich habe Bernhard auch grade eine SMS geschickt, ob er mir für unsere Shoppingtour ein wenig Geld leihen könnte – so um die tausend Euro! Und weißt Du, was er mir zurück geschrieben hat? Die Mail leite ich Dir mal weiter! Schreist Dich weg!«

21:11 Uhr
Sanny an Katie leitet Mail von Bernhard weiter:
»Ach so! Nur tausend Euro? Kannst Du Dir aus dem Portemonnaie nehmen. Aber Vorsicht: Kaufsucht. Vielleicht solltest Du mal zum Arzt – Dr. Gucci wäre doch perfekt! LG B.«

21:13 Uhr
Katie an Sanny
»Mein Steuerberater hat gesagt: kauf, was das Zeug hält, im September werden die Steuern fällig, und wenn Du nix mehr hast, dann kannst Du auch nix mehr zahlen!«

21:14 Uhr
Sanny an Katie
»Ich glaube, ich wechsel mal schnell zu Deinem Steuerberater. Der ist ja mehr als klug! Was für ein pfiffiges Kerlchen. Endlich mal Mann mit Hirn!«

21:15 Uhr
Katie an Sanny
»… leider eine seltene Spezies …«

22:47 Uhr
Sanny an Katie
»Die Wohnung ist ein Traum – Altbau, alles top saniert, neues Bad und alte Dielen. Aber auch echt klein: 55 qm! Da würde nicht einmal mein Kleiderschrank reinpassen – egal – er ist überglücklich! Zu Recht! Und wer hat's gemanagt? Die Königin!«

22:52 Uhr
Katie an Sanny
»Na ja, viel Fläche ist was anderes – aber Hauptsache, sein Bett passt rein …«

22:54 Uhr
Sanny an Katie
»Er hat ja noch keins ... in der WG hatte er ja die berühmte Sperrholzplatte ... aber diese Zeiten sind nun vorbei ...! So, und nun will ich ausgelassen vögeln. See you tomorrow!«

22:56 Uhr
Katie an Sanny
»Oh – mal wieder so richtig guten Sex hätte ich auch gern ... das ist aber nicht das Einzige, was mir momentan fehlt – eigentlich fehlt mir Peter im Allgemeinen. Es vergeht erschreckenderweise keine Sekunde, in der ich nicht an ihn und unsere wunderschöne Zeit denke ... Ich bin ja eh nicht wirklich gut beim Abschiednehmen, aber in diesem Fall ist es so schlimm, dass ich direkt körperliche Schmerzen habe. Ich weiß, ich muss nach vorne schauen und kann mich auf das, was jetzt in naher Zukunft kommt, mehr als freuen, aber ich bin nun mal auch nur Mensch und obendrein auch noch Frau und leide wie ein Tier!!!!!! Warum nur, warum? Warum hatte er nicht die Eier, sich von seiner Familie zu trennen? War seine Liebe zu mir nicht groß genug? Das kann ich nicht glauben. Er hat mich wirklich von Herzen geliebt – mehr als seine Frau. Glaubst doch nicht, dass die noch vögeln ... schon lange nicht mehr! Er hatte einfach nur Schiss ... Schiss, dass seine Frau durchdrehen würde und seine Kinder ihm das nicht verzeihen würden. Blanke Angst war das Einzige, was ihn abhielt, ganz zu mir zu kommen. Aber das ist ja nun auch Geschichte ...!«

23:01 Uhr
Sanny an Katie
»Ich mag es gar nicht, wenn Du so traurig bist ... aber jetzt kann es nur noch besser werden. Vorbei die Zeiten, in denen Du gehofft hast und doch wieder enttäuscht wurdest ... Du wirst eine strahlende und glückliche Braut! Die Schönste!«

Datum: 27.08.

10:05 Uhr
Sanny an Katie
»Nenne mich bitte die perfekte Innenarchitektin! Wir haben die coolsten Möbel aller Zeiten für Mika gekauft! Und seine Augen: die strahlen vielleicht! Endlich hat auch er ein kuscheliges und stilvolles Zuhause. So – jetzt mach mal hinne da bei Lovely Train und dann geht das Kaufen weiter! Was für ein herrlicher Tag! Wir treffen uns wie verabredet um zwei, aber komm doch bitte lieber ins Café Streiflicht, dann können wir noch in aller Ruhe einen Cappuccino trinken und dann geht's auf zum wilden Shoppinggelage!«

10:06 Uhr
Katie an Sanny
»Ich trinke TEE! TEE! Ich mag keinen Kaffee! Noch nie! Und das seit dreißig Jahren! … wie Du eigentlich wissen solltest!«

10:07 Uhr
Sanny an Katie
»Frau kann doch mal vergessen … Bis später!«

10:08 Uhr
Katie an Sanny
»Müssen eh reden … denn wenn meine Vermutungen stimmen und Du Deinem Mika die komplette Bude einrichtest, dann werde ich Dich wohl oder übel entmündigen lassen müssen …!«

10:09 Uhr
Sanny an Katie
»Über meine Lippen kommt kein Wort!«

19:05 Uhr
Sanny an Katie
»Danke für den schönen Tag! Hat so einen Spaß gebracht und all die tollen Sachen! Bin rundum glücklich – obwohl, ich muss gestehen, ich bin echt geschafft und fix und fertig! Wenn man älter wird, quält man sich ja nur noch durch's Leben …!«

19:11 Uhr
Katie an Sanny
»Dafür bist Du aber auch customer of the day! Hast Du Dir denn gar keinen Bruch gehoben mit all Deinen Einkaufstüten?«

19:12 Uhr
Sanny an Katie
»Selbst ist die Frau … habe Mika angerufen, und der hat den ganzen Mist ins Hotel gebracht! Was für ein Held!«

19:13 Uhr
Katie an Sanny
»Wieder ein Vorteil, sich für Mika zu entscheiden …!«

19:14 Uhr
Sanny an Katie
»Hör auf mit Entscheidungen … davon redet er ja auch ständig in letzter Zeit … Macht mich fertig, dieser Druck …!«

Datum: 28.08.

11:30 Uhr
Sanny an Katie
»Sag' mal, Maus, ich lese grade Deine Einladung zur Hochzeit – im übrigen eine sehr ansprechende und gelungene Karte! Aber wieso um Himmels willen feiert Ihr denn Euren Polterabend schon eine Woche vor der Hochzeit???? Macht man das normalerweise nicht am Tag vor der standesamtlichen Trauung? Damit zerschmetterst Du mir komplett den Zeitplan für den Junggesellinnenabschiedsabend! Fuck. Na ja, hänge mich dann mal ans Telefon. Typisch Katie: immer eine Extrawurst …«

11:32
Katie an Sanny
»Ja, bin ich Otto-Normal? Ich weiß durchaus, wie die Planung einer Hochzeit aussieht, aber ich denke weiter! Ich hasse nichts mehr, als einen Polterabend zu begießen und dann am nächsten Tag in fetter Katerstimmung zur Trauung zu gehen! Vor lauter Kopfschmerzen bekommen die Gäste das Ja-Wort nicht mal mehr mit! So nicht und nicht mit mir! Also lassen wir es richtig krachen und haben eine knappe Woche Erholungszeit, bis es weitergeht!«

11:36 Uhr
Sanny an Katie
»Wie bekomme ich denn nun mein ganzes Geschirr von Hamburg nach München? Dann könnte ich endlich das furchtbare Sammelsurium von Bernhard zerkloppen … Probleme – nix als Probleme …«

11:40 Uhr
Katie an Sanny
»Frag einfach Mika – der schleppt doch gerne!«

11:43 Uhr
Sanny an Katie
»Deine Ironie kannst Du Dir an den Hut stecken!«

11:44 Uhr
Katie an Sanny
»Trägst Du eigentlich Hut zu Deinem Kleid?«

11:45 Uhr
Sanny an Katie
»Zum Polterabend halte ich es fast ein wenig zu overdressed. Was meinst Du? Aber in der Kirche ja – endlich mal eine Gelegenheit, mein bezauberndes Hutgesicht zu präsentieren!«

13:03 Uhr
Sanny an Katie
»Schalte sofort den Fernseher an! SOFORT!«

13:03 Uhr
Katie an Sanny
»Gott, was ist denn passiert?????!!!«

13:04 Uhr
Sanny an Katie
»Schlimmer! ANNELIESA!«

13:04 Uhr
Katie an Sanny
»Pfui! Dieses Gekünstelte! Schlampe!«

13:04 Uhr
Sanny an Katie
»Hexe!«

13:05 Uhr
Katie an Sanny
»Nutte!«

13:05 Uhr
Sanny an Katie
»Nagel auf den Kopf!«

13:06 Uhr
Katie an Sanny
»Muss das Ding wieder abstellen – geht gar nicht!«

13:07 Uhr
Sanny an Katie
»Mir zieht sich auch alles zusammen …!«

18:49 Uhr
Katie an Sanny
»Wann fährst denn Du eigentlich wieder nach Hamburg? Ihr produziert ja noch gar nicht … muss Bernhard doch wundern, dass Du hier abhängst und auf Dein geliebtes Hamburg verzichtest – freiwillig!«

18:53 Uhr
Sanny an Katie
»Was heißt denn hier wundern? Habe ihm natürlich gesagt, dass wir Konzeptbesprechung für die Sendung haben. Morgen fliege ich für eine knappe Woche nach Hause. Bernhard und ich wollen unser Wohnzimmer renovieren. Kann dieses Weiß an den Wänden

nicht mehr sehen, wir wollen mal eine blutrote Wand ausprobieren. Ja, wir sind Künstler!«

18:57 Uhr
Katie an Sanny
»Das kannst Du mal gleich knicken, mein Fräulein!!!! Du kannst höchstens für drei Tage nach Hause!«

19:02 Uhr
Sanny an Katie
»Wieso?????«

19:20 Uhr
Katie an Sanny
»Na – drücken ist nicht!«

19:21 Uhr
Sanny an Katie
»???? Habe ich was verpasst?«

19:23 Uhr
Katie an Sanny
»In vier Tagen kannst Du Bewegungslegastheniker Deine krummen Tanzbeine schwingen und beim Walzer auf große Hofdame machen …!«

19:24 Uhr
Sanny an Katie
»Ach richtig: der Tanzkurs!!!! Hab ich doch gar nicht nötig – Du weißt, ich habe wahnsinnig viele – auch ungeahnte – Talente. Dazu zählt selbstverständlich auch Tanzen. Nicht umsonst nennt man mich den weiblichen Fred Astaire …!!! Shit, das habe ich total verdrängt. Gut, dann muss ich den Rückflug umlegen und

Bernhard sagen, dass er alleine den Pinsel schwingen muss … Schon schön zu wissen, dass er überhaupt mal einen Pinsel schwingt … hihi! Hast Du Markus erzählt, dass ich meinen Redakteur – Du kennst ihn sicher … Mika ☺ – als Tanzpartner mitbringen werde, weil Bernhard das goldene Tanzabzeichen hat und einen Wochenendkurs als Zeitverschwendung ansieht?«

19:25 Uhr
Katie an Sanny
»Klaro! Ist wahrscheinlich auch geschickter – grade weil Ihr beiden Kampfhähne euch eh ständig wegen Kleinigkeiten in den Haaren liegt. Wir werden viel Spaß haben.«

19:27 Uhr
Sanny an Katie
»Kampfhähne? Selten so ein harmonisches Paar erlebt wie Bernie und mich …«

19:28 Uhr
Katie an Sanny
»Sannys Pippi Langstrumpf-Welt …!«

Datum: 29.08.

12:30 Uhr
Sanny an Katie
»Sitze grade am Flughafen und ärgere mich echt über Mika. So kann das doch auch nicht weitergehen …!«

12:34 Uhr

Katie an Sanny

»Was ist passiert? Ist ihm etwa die von Dir eingerichtete und komplett gesponserte Wohnung doch zu klein?«

12:35 Uhr

Sanny an Katie

»Nun hack' doch nicht immer auf diesem Thema rum. Du weißt, dass er das eigentlich alles gerne selbst bezahlen würde. Aber mit seinem Schufa-Eintrag der Kontokündigung bekommt er ja leider keinen Kredit mehr. Da stellen sich die Banken aber auch immer an …«

12:37 Uhr

Katie an Sanny

»Na – Dir ist aber auch echt nicht mehr zu helfen!!!! Was hat er denn dann?????«

12:40 Uhr

Sanny an Katie

»Ach, er nervt mich einfach momentan. Jetzt, wo wir die Wohnung einrichten, will er mich mal wieder ganz! Immer das Gleiche. Er kann das alles so auf Dauer nicht, möchte, dass wir auch mal öffentlich zusammen auftreten und um es auf den Punkt zu bringen: er will, dass ich mich für ihn entscheide. Warum sind Männer nur so wahnsinnig kompliziert? Er will mit mir Urlaube machen, kann sich sogar Kinder vorstellen – ich bin eben die Frau seines Lebens. Es bringt ihn um, wenn ich in Hamburg bin, mich dann natürlich nicht so oft melden kann, er sich vorstellt, wie ich mit dem anderen Mann lache und liebe und überhaupt. Ich kann das alles nachvollziehen, aber was soll ich denn bitte tun?«

13:15 Uhr
Katie an Sanny
»Hab mir so was schon gedacht – und es Dir ja auch mehrfach gesagt – dass ihm das irgendwann nicht mehr reicht. Kann man halt auch wirklich verstehen. Tja, ist echt schwierig und ich befürchte, dass Du Dich tatsächlich entscheiden musst und Dir ernsthaft überlegen solltest, auf wen der beiden Du am ehesten verzichten kannst, denn sicher ist, dass Du in Zukunft diese Dreiecksbeziehung nicht weiterführen kannst. Hast doch erlebt, wie das bei mir und Peter lief. Der Unterschied ist nur, dass ich noch meinen Markus habe und Mika hat niemanden.«

13:20 Uhr
Sanny an Katie
»Das wäre ja auch noch schöner, wenn der neben mir eine weitere Göttin hätte – es gibt eh nur eine: mich! Und was heißt hier eigentlich verzichten? Verzicht kommt in meinem Sprachgebrauch gar nicht vor. Der soll sich mal etwas entspannen. Läuft doch alles, und außerdem kann man mit Druck gar nichts erreichen, da ziehe ich mich dann eher zurück. Und ich glaube kaum, dass er das möchte! Und ich gebe mir auch echt Mühe, wenn Bernhard anruft, geh ich raus, versuche kaum über ihn zu reden und lasse das Thema völlig außen vor, um ihn nicht zu verletzen.«

13:31 Uhr
Katie an Sanny
»Das ist natürlich mehr als nobel von Dir, aber trotzdem, stell Dich drauf ein, dass da noch was auf Dich zukommt!«

13:36 Uhr
Sanny an Katie
»Das Leben ist wie ein Zirkus – manchmal macht es eben Theater ☺«

13:39 Uhr
Katie an Sanny
»☺«

19:17 Uhr
Katie an Sanny
»Komme gerade heim. Hatte mich mit den Storylinern unserer Soap zusammengesetzt, um die Geschichte meiner Rolle neu zu definieren. Schließlich habe ich als Katja bei Lovely Train schon fast alles erlebt und der Zuschauer soll sich ja auch in Zukunft an mir erfreuen und sich nicht langweilen. Jetzt müssen die sich was einfallen lassen, wobei meine Vorschläge sie dazu inspirieren sollten. Jedenfalls komm ich die Treppen hoch und vor der Tür stand ein wunderschöner riesengroßer Rosenstrauß in einer Glasvase. Hab mich total gefreut und direkt Markus angerufen, um mich dafür zu bedanken. Aber wie peinlich, die sind gar nicht von ihm! War leider keine Karte dran, und Geburtstag hab ich auch nicht. Hast Du die mir vielleicht geschickt? Warum auch immer?!«

19:22 Uhr
Sanny an Katie
»Ich bin zwar eine stille und geheimnisvolle Verehrerin von Dir, aber da muss ich Dich enttäuschen. Meinst Du, Dein Stalker ist wieder da? Das wäre ja eine Katastrophe. Gott, war das 'ne anstrengende und beängstigende Zeit damals. Ich dachte, der hätte längst aufgegeben und aus seiner Strafe gelernt. Nun gut, hat ja jetzt auch eine Weile Ruhe gegeben und weil er sich Dir nicht nähern darf, schickt er halt Blumen. Dieser perverse kranke Typ …«

19:25 Uhr
Katie an Sanny
»Bloß nicht, Alptraum, bleib' mir fern.«

19:32 Uhr
Sanny an Katie
»Schatzele, muss los. Moderiere doch heute das große Event an der Alster. So richtig vorbereiten konnte ich mich dank der durchvögelten Nächte mit Mika zwar nicht, aber ich werde wie schon oft ein bisschen improvisieren und einfach so tun, als hätte ich Ahnung … alles eine Frage der Kreativität, und den Rest überspielt meine natürliche grenzenlose Schönheit! Zieht immer …«

19:35 Uhr
Katie an Sanny
»Viel Erfolg, Du Nachtschattengewächs!«

Datum: 30.08.

08:30 Uhr
Katie an Sanny
»Guten Morgen, meine Süße! Du glaubst gar nicht, von wem die Blumen sind! Kommst Du nie drauf.«

08:41 Uhr
Sanny an Katie
»Dir auch einen guten Morgen … spannend ist es ja schon. Ich hoffe nicht, dass die von Anneliesa sind, so nach dem Motto: wieder Freunde.«

08:42 Uhr
Katie an Sanny
»Bitte erinnere mich nicht schon morgens an das Pferd. Nein, die sind von PETER! Bekam eben eine SMS von ihm, in der er mich

fragte, ob ich mich über den kleinen Gruß von ihm gefreut hätte. Bin ganz platt und hab auch ein wenig Angst, ihm gleich beim Dreh zu begegnen.«

08:49 Uhr
Sanny an Katie
»Erschreckend! Der dreht ja total durch. Fünf Jahre hat der alte Geizknüppel nix rausgerückt und nun stürzt er sich für seine Verhältnisse in horrende Kosten. Tja, ist schon schmerzhaft für einen Platzhirsch wie Peter, wenn die eigene Mätresse flügge wird und ihm den Stinkefinger zeigt. Ich hoffe, dass Dich das jetzt nicht so beeindruckt, dass Du – nur wegen ein paar langstieliger Rosen – wieder nachgibst. Und ich sage Dir, Katie, ich mache 1000 Kreuze, wenn Du endlich unter der Haube bist.«

08:51 Uhr
Katie an Sanny
»Aber Rot ist doch auch die Farbe der Liebe und süß find ich die Aktion schon … warte, ich mach ein Bild und schick es Dir.«

08:52 Uhr
Katie an Sanny

08:55 Uhr
Sanny an Katie
»Lach mich kaputt … langstielige rote Rosen … und was für ein Megastrauß …! Rot ja, ist die Farbe der Liebe, aber die Blumen

sind kurz und orange und das ist nix Halbes und nix Ganzes, genau wie Eure »Beziehung« immer war! Und die Vase hat der doch sicher seiner Alten aus dem Schrank geklaut.«

08:57 Uhr
Katie an Sanny
»Du gönnst mir auch gar nichts! Außerdem liegt das im Auge des Betrachters, und ich finde, die sind rot.«

09:01 Uhr
Sanny an Katie
»Ich sehe bei Dir gleich rot! Und hör auf, Dir was einzubilden, denn diese Form von Bildung ist nackter Selbstbetrug. Peter ist Vergangenheit und das gesteigerte Interesse für Deine Person im Moment ist schon fast etwas unverschämt. Der soll Dich in Ruhe lassen. Du hast genug gelitten und ein Recht auf Dein Glück ohne ihn!«

09:05 Uhr
Katie an Sanny
»Ich weiß, aber ich will doch auch nur ein wenig geliebt werden.«

09:05 Uhr
Sanny an Katie
»Dazu muss ich ja jetzt wohl nichts sagen. Sag mal, ist Dir eigentlich gar nicht aufgefallen, wie früh ich bitte heute aufgestanden bin, nachdem ich bis drei Uhr morgens auf der Bühne brilliert habe?«

09:10 Uhr
Katie an Sanny
»Ich komm zu nix, wenn Du ständig mailst. Muss mich fertig machen, hab noch 20 Minuten … nun gut, ja, es ist mir aufgefal-

len, aber ich nehme mal an, dass Bernhard wieder so geschnarcht hat, dass Du halt, wo Du schon mal wach warst, Dich entschieden hast, noch ein wenig an der Hochzeitszeitung zu basteln und den Junggesellinnenabschied weiter vorzubereiten.«

09:11 Uhr
Sanny an Katie
»Falsch. Bernhard ist gar nicht zu Hause. Auch nicht zu Hause gewesen. Verschwunden, wie so oft. Weg. Hat mich gestern mit Michi kurz Backstage besucht, die wollten dann noch einen Drink im Absturz nehmen und er ward nie wieder gesehen. Wohl zu wörtlich genommen, das Ganze. Handy ist aus. Nein, habe mir bewusst den Wecker gestellt und ihn heute auch mal gehört, weil mein Friseur wartet und Pediküre auch mal wieder fällig ist. Abgesehen von dem schrecklichen Schreibkram, der ebenfalls erledigt werden will.«

09:13 Uhr
Katie an Sanny
»Wie hältst Du das bloß aus? Du bist so selten da und der macht, was er will, aber ohne Dich! Vielleicht betrügt der Dich auch längst und Du willst den Wolf im Schafspelz nicht sehen.«

09:15 Uhr
Sanny an Katie
»NIEMALS!!!!! Ich lege für meinen Bernhard die Hand ins Feuer! Obwohl mich eine neue Entwicklung echt traurig macht und auch ein wenig erschreckt: wir leben irgendwie zunehmend aneinander vorbei. Wenn ich so an früher denke, da haben wir uns echt Zeit füreinander genommen. Bewusst! Hatten unsere Tage und haben schon das Frühstück zelebriert! Und jetzt hat das alles so nachgelassen …!«

09:16 Uhr
Katie an Sanny
»Na, dann denk mal drüber nach, warum es jetzt so ist, wie es ist!«

09:18 Uhr
Sanny an Katie
»Wie meinst Du das jetzt genau?«

09:20 Uhr
Katie an Sanny
»Du bist doch eine intelligente Frau – das haben wir doch nun mehrmals festgestellt. Warum prallt das jetzt alles an Dir ab und dringt nicht zu Dir durch? Früher, meine Liebe, hast Du die Beziehung gepflegt und alles ging eher von Dir aus. Die Tage, die Du mit Bernhard verbracht hast, die hast Du organisiert. Das gemeinsame Weggehen hast Du forciert! Jetzt hast Du auch noch Mika und für Bernhard bleibt automatisch ein wenig weniger übrig. Und schon siehst Du, dass von ihm nicht so richtig viel kommt.«

09:23 Uhr
Sanny an Katie
»Nicht so schön … das mal so zu hören. Nein, ich glaube, dass ich es Bernhard zu einfach gemacht habe. Ich habe mich ja gern um alles gekümmert – vielleicht war ich zu sehr Mutti. Aber jetzt soll er mal Gas geben. Mika ist so aufmerksam und macht und tut – das kann somit kein generelles Männerproblem sein … dieses Nichtbemühen …!«

09:26 Uhr
Katie an Sanny
»Muss los!«

09:30 Uhr
Sanny an Katie
»Ich auch – mal sehen, wann mein geliebter Freund den Weg nach Hause findet. Bin echt sauer! Kann ja auch mal was passieren … was, wenn er im Krankenhaus ist? Wenn ihm was passiert ist? Dass er daran so gar nicht denkt, wenn er sich im Nachtleben rumtreibt. Ich glaube, er denkt überhaupt nicht an mich. Bin traurig, entsetzt und sehr, sehr sauer!«

13:05 Uhr
Katie an Sanny
»Und? Das verlorene Kind wieder zurückgekehrt?«

13:05 Uhr
Sanny an Katie
»Yepp!«

13:06 Uhr
Katie an Sanny
»Ja – und????«

13:07 Uhr
Sanny an Katie
»Ach was – wie immer! Hat sich erst mit Michi volllaufen lassen und dann hat er sich geschämt. Und statt zu retten, was zu retten ist, macht er auf toten Hund und hat bei Michi geschlafen. Eine kurze SMS hätte doch gereicht. Nur ein klitzekleines Lebenszeichen. Aber das habe ich ihm schon so oft gesagt und er hat so oft versprochen, das künftig besser zu machen. Und weißt Du was? Es wird sich nie ändern! Nie!«

13:09 Uhr
Katie an Sanny
»Ganz schön egoistisch, Dein lieber Bernhard ...! Und leider auch in einem Alter, in dem man sich nicht mehr so groß ändern wird. Das dürfte Markus nicht mit mir machen. Unmöglich finde ich das. Peter leidet immer mehr. Haben uns eben kurz zwischen Tür und Angel getroffen. Er kämpft um mich – aber ich glaube ihm nicht mehr, dass er wirklich für unsere Zukunft etwas ändern würde. Seine Frau würde ihn doch sowieso auch nie ziehen lassen.«

13:10 Uhr
Sanny an Katie
»Habe ein ganz anderes Problem. Meine Füße tun mir so weh! Bei der Pediküre muss was schief gelaufen sein – die Alte war so hektisch, dass sie nicht wirklich zärtlich war und jetzt blute ich am Rand der Zehen. Egal, was man macht – man arbeitet nur noch mit Dilettanten. Schlimm. Dann habe ich mir meinen zerschundenen großen Zeh auch noch eben am Bett gestoßen und jetzt ist er so groß und dick wie die Nase von Mike Krüger! Bin eh auf 180 – mein Tag ist gelaufen und der einzige Lichtblick bist Du und natürlich Mika! Obwohl der jetzt zunehmend von Entscheidungen spricht.«

13:12 Uhr
Katie an Sanny
»Entscheidungen können befreien. Sieh mich an: ich habe mich bewusst für die Hochzeit und gegen einen Langzeit-Lover entschieden und kann nun entspannt in die Zukunft blicken.«

13:14 Uhr
Sanny an Katie
»Na ja – noch ist ja nicht aller Tage Abend! Erst einmal: in der Ruhe liegt die Kraft! Und das meine ich in Bezug auf Dich, meine Liebste!«

13:16 Uhr
Katie an Sanny
»Sag' mal, Du willst Dich doch nicht um den Tanzkurs übermorgen schummeln – oder?«

13:29 Uhr
Sanny an Katie
»Wie kommst Du denn jetzt auf den Trichter?«

13:31 Uhr
Katie an Sanny
»Na, wegen der schmerzenden, blutenden und angestoßenen Zehen ...!«

13:32 Uhr
Sanny an Katie
»Danke für Dein Mitleid! Nein, ich werde tanzen wie eine Elfe! Und zur Not lege ich mir ein rohes Stück Schweinesteak in die Tanzschuhe – habe ich mal im Film La Boum – die Fete gesehen! Muss Wunder bewirken!«

16:45 Uhr
Sanny an Katie
»Habe eben eine SMS von Mika bekommen – er ist natürlich ganz aus dem Häuschen, dass ich früher als geplant nach München komme und will wirklich mit zum Kurs! Bin ja gespannt wie ein Flitzebogen, wie Mika Walzer tanzt! Ja: und dann schrieb er, ich

solle mich doch bis morgen nicht rasieren, er würde mich dann rasieren … nass …???!!!?? Schnappt der jetzt über?«

17:35 Uhr
Katie an Sanny
»Oh oh – jetzt geht's los! Der will Dich rasieren? Wollte Peter bei mir auch mal … an einem Abend, an dem wir so gesoffen haben, kam er auf diese fixe Idee. Aber ich habe gekniffen – ganz ehrlich: der Wahnsinnige hat mehrere Drinks im Kopf und will dann mit ruhiger Hand an meine Muschi? Danke, nein! Wollte meinen Kitzler gern noch behalten …! Muss aber ja etwas sein, was Männer irgendwie anmacht … warum nur?«

17:45 Uhr
Sanny an Katie
»Habe ich mir auch 'nen Kopf drüber gemacht! Entweder es wollen Männer machen, die sich das weibliche Geschlecht sonst nicht so genau ansehen und das während der Rasur nachholen wollen … oder: es ist eine Art Machtspiel … Er hat den Rasierer mit der messerscharfen Klinge in der Hand, sitzt genau vor dem Intimsten einer Frau und könnte diese in jeder Sekunde, mit jedem falschen Handgriff zerstückeln …«

17:56 Uhr
Katie an Sanny
»Igitt … wie Du das so beschreibst … ☺ Vielleicht ist es auch einfach nur erotisch …«

18:00 Uhr
Sanny an Katie:
»Quatsch!!!!!«

18:03 Uhr
Sanny an Katie
»Was machst denn Du jetzt noch?«

18:05 Uhr
Katie an Sanny
»Gehe schnell zum Sport und dann werde ich mit meinen Brüdern essen gehen!«

18:06 Uhr
Sanny an Katie
»Sind die beide in München???? Und seit wann machst Du Sport???? Kam nicht aus Deinem Munde ständig Sport ist Mord, wenn ich joggen gehe, Yoga mache, Golf spiele oder reite?«

18:07 Uhr
Katie an Sanny
»Es gibt jetzt neue Sportgeräte – so was Geniales, hätte man schon früher erfinden sollen … Man stellt sich rauf, das Ding vibriert wie bekloppt und jeder noch so kleine Muskel Deines Körpers wird beansprucht. Man macht nichts und doch wirkt es auf den Körper wie Hochleistungssport und in zwei Wochen bin ich straff wie das Gesicht von Nicole Kidman!«

18:09 Uhr
Sanny an Katie
»Das hilft ganz bestimmt ungemein …!!!!«

22:34 Uhr
Sanny an Katie
»So, mein müder Krieger schläft … die Nacht hat ihn echt mitgenommen. Leicht erhöhtes Fieber und leichter Schüttelfrost. Er tut mir echt ein wenig leid. Habe ihn erst in die Badewanne gesteckt,

dann lecker Schnittchen gemacht und jetzt ist er im Land der Träume … Und nun? Langweile mich … Ich glaube, ich mache jetzt mal meine Steuern zu Ende, ist ja schon wieder Monatsende. Mensch, die Zeit verfliegt auch. Bald haben wir schon wieder Winter …!«

23:15 Uhr
Katie an Sanny
»???? Alles gut bei Dir? Meinst Du mit müder Krieger etwa Bernhard? Mann, Sanny, erst kann er vom Feiern nicht genug bekommen, obwohl Du endlich mal bei Dir zuhause bist, dann quält er Dich mit Nichtmelden und jetzt bekommt er zur Belohnung noch alles Angenehme dieser Welt??!!! Männer sollte man nicht zu sehr verwöhnen! Ist Dir mal aufgefallen, dass Männer ihre Frauen immer dann am meisten lieben und begehren, wenn sie eher unnahbar sind?«

23:17 Uhr
Sanny an Katie
»Stimmt! Auch ein Phänomen! Diese ganzen Kittelschürzen und Hausmuttis, die sich erst einmal um die eigenen Belange kümmern, haben stets Typen, die sich für ihre Frauen ein Bein ausreißen würden … Denk mal bitte an Hannelore! Die Freundin von Kirsche. Sie war nie so besonders zuvorkommend und ihr Dirk ist glücklich, wenn sie ihn einmal im Monat bekocht! Und weil sie ihn so kurz hält, hat er ihr vor lauter Dankbarkeit auch noch das Haus komplett überschrieben … So macht man es richtig!«

23:19 Uhr
Katie an Sanny
»Oder die kann im Bett Kunststücke …«

23:20 Uhr

Sanny an Katie

»Möchte ich mir von Hannelore ehrlich nicht vorstellen …! Und zu Bernhard: er ist das schlechte Gewissen in Person! Und ich kann und möchte nicht nachtragend sein … er schläft so friedlich und schnarcht so laut – einfach himmlisch – das ist mein Zuhause! Ich glaube, er ist einfach zu labil und seine Freunde überreden ihn immer, so lange auszugehen … was kann also er dafür?«

23:23 Uhr

Katie an Sanny

»… und die Welt ist doch eine Scheibe …«

23:26 Uhr

Sanny an Katie

»… gute Nacht! Sind morgen zum Mittag bei seinen Eltern eingeladen! Wir grillen! Wahrscheinlich grillt sein Papa jetzt schon alles vor … Es lebe die Gemütlichkeit!«

Datum: 31.08.

13:45 Uhr

Sanny an Katie

»Na, kleine Maus! Was treibt die Braut so? Sind schon in Rellingen und der Grill glüht! Bernhard geht es dank bester Pflege wieder wie einem jungen Fohlen und zusammen sehen wir aus, als gehöre uns die Welt … kurzum: es läuft wieder!«

15:04 Uhr
Sanny an Katie
»Da will sich aber jemand interessant machen … frei nach dem Motto: willst was gelten – mach’ Dich selten …???? WO BIST DU?????? Hast Du Außendreh am Arsch der Heide und keinen Empfang?????«

15:59 Uhr
Sanny an Katie
»… Anneliesa getroffen und vor Schreck umgefallen????«

16:37 Uhr
Sanny an Katie
»Torschlusspanik vor der immer näher rückenden Hochzeit und geflohen …????«

17:15 Uhr
Sanny an Katie
»WAAAAASSSSS IST LOS??????«

18:04 Uhr
Katie an Sanny
»Ich habe eben die Hölle auf Erden erlebt! Einen so dummen, dummen Fehler gemacht! Bin heute früh aus dem Haus zum Studio und habe erst in meiner Garderobe gemerkt, dass ich mein Handy zu Hause liegen lassen habe …!«

18:05 Uhr
Sanny an Katie
»Shit, dann bist Du ernsthaft krank … Du musst es doch schon im Auto bemerkt haben? Da schreibst Du mir doch normalerweise immer …!«

18:06 Uhr
Katie an Sanny
»Habe ich nicht bemerkt, denn ich habe Markus mit in die Stadt genommen. Er wollte heute mal sein Impfbuch auf den neusten Stand bringen und ein paar ärztliche Checks machen. Und so ist es mir nicht aufgefallen … Jetzt das Allerschlimmste, was alles toppt: Markus hat sich heute frei genommen!!!!! Das heißt, er war ab Mittag wieder daheim … allein … mit meinem Handy!!!!!!«

18:08 Uhr
Sanny an Katie
»Es war an????«

18:09 Uhr
Katie an Sanny
»Kruzifix – JA!!!!!! Du kannst Dir nicht annähernd vorstellen, was ich heute während des Drehs für eine Panik hatte. Es war wirklich der schlimmste Tag meines ganzen Lebens. Ich habe geschwitzt, dann gefroren, dachte, der Boden unter meinen Füßen tut sich auf! Als ich endlich alle Szenen im Kasten hatte, da traute ich mich gar nicht nach Hause …«

18:14 Uhr
Sanny an Katie
»Hör auf, rumzulabern – komm zum Punkt und erzähl das Wesentliche! Hat Markus … ich kann es gar nicht aussprechen …!«

18:15 Uhr
Katie an Sanny
»Anscheinend hat er NICHT in mein Handy gesehen. Obwohl es im Flur lag und ständig Kurzmitteilungen ankamen mit dementsprechendem Piepton – Du hast ja einige SMS geschickt … Der hat sicher mit sich gekämpft … aber wir haben von Anbeginn

unserer Beziehung klar besprochen, dass das Handy des anderen tabu ist. Bringt ja nur Missverständnisse und Ärger. Er hat sich dran gehalten!!!!! Dafür liebe ich ihn. Ich hätte heimlich einen Blick in die Mails geworfen … Dann wäre alles zu spät gewesen und ich hätte mich nur noch begraben können …!«

18:20 Uhr
Sanny an Katie
»Bei Deiner immer noch vorhandenen Panik auf die Nummer, gehe ich davon aus, dass Du dummes Mädchen immer noch die Mitteilungen von Peter im Handy gespeichert hast? Du bist wahnsinnig. Ich lösche immer alle Kurzmitteilungen – sofort! Dann hast Du ein Risiko weniger!«

18:23 Uhr
Katie an Sanny
»Ist ja auch schlauer … aber ich kann mich von den kleinen Briefchen von Peter und den schönen Aussagen einfach nicht trennen …«

18:25 Uhr
Sanny an Katie
»LÖSCHE SIE – JETZT! Ich werde das morgen kontrollieren!«

18:26 Uhr
Katie an Sanny
»Unterstehe Dich …! Wann landest Du morgen? Treffen uns alle bei uns und gehen dann gemeinsam zur Tanzschule. Ist hier um die Ecke, fünf Minuten zu Fuß!«

18:34 Uhr
Sanny an Katie
»Lande um elf, bin so gegen zwölf bei Euch und erwarte ein kräftiges Frühstück!«

18:36 Uhr
Katie an Sanny
»Ich frage mal Markus, ob er Dir was zaubern kann! Freu mich auf Dich! Gehe schnell noch ein paar Besorgungen machen … die Prinzessin wünscht schließlich ein Frühstück …«

18:40 Uhr
Sanny an Katie
»Königin … wer will sich denn nach unten orientieren???? ☺«

20:03 Uhr
Katie an Sanny
»Wenn Du erraten kannst, was mir gerade passiert ist, werde ich Dir eine Wachsfigur bei Madame Tussaud organisieren!«

20:04 Uhr
Sanny an Katie
»Mal davon abgesehen, dass ich da einen Platz durchaus verdient hätte – WAS???? Was ist passiert? Fingernagel abgebrochen?«

20:05 Uhr
Katie an Sanny
»Nein, ich stehe im Supermarkt vor dem Cornflakes-Regal und überlege, welche wohl am besten schmecken … da taucht wie aus dem Nichts ein bildschöner Kerl auf und fängt an zu flirten … Blaue Augen, blondes längeres Haar, tolle Kauleiste und super Figur … genau mein Beuteschema … Wir kommen ins Gespräch und – frag' mich nicht, warum und wie es passieren konnte: wir sind morgen zum Frühstück verabredet …!«

20:07 Uhr
Sanny an Katie
»Bist Du irre? Wie soll das bitte gehen? WIR frühstücken – schon vergessen? Dann wollen wir tanzen … Und bist Du eigentlich von allen guten Geistern verlassen? Oh – warum nicht – Mann Nummer drei und Hochzeit ist ja erst in knapp einem Monat …!«

20:10 Uhr
Katie an Sanny
»Du kommst doch zum Frühstück erst gegen zwölf. Mit Torben treffe ich mich gegen neun – Markus muss morgens auch noch auf einen Sprung ins Büro … es passt also!«

20:15 Uhr
Sanny an Katie
»Oh – Torben heißt der Schönling, der Dich in den Ruin stürzen wird … Du bist wahnsinnig – dafür liebe ich Dich!«

23:04 Uhr
Katie an Sanny
»Ich bin eben, wie ich bin … Was ziehe ich denn morgen früh an, wenn ich Torben treffe?«

23:07 Uhr
Sanny an Katie
»Jogginganzug – schütze Dich selbst!«

Datum: 01.09.

08:05 Uhr
Katie an Sanny
»Habe so ätzend geschlafen und wirr geträumt … mhh … mache mich mal fertig … Bis später!«

11:35 Uhr
Katie an Sanny
»Oh Gott, was mach ich denn jetzt nur? Wenn man so schlecht geträumt hat, ist gleich der ganze Tag hin … auch, wenn er erst begonnen hat. Ich nehme Dein Leben, gern auch Deine schwedisch-blonden Haare, aber schaff mir diesen Typen vom Hals! Morgen macht der mir womöglich noch einen Antrag! Ich habe einen fast-Ehemann, einen frisch-ex-Geliebten, einen gut aussehenden anhänglichen Psycho und sowieso immer zu viele Verehrer! Selbst die Schauspielkollegen machen vor mir nicht halt … ich freu mich … mein Leben macht Sinn …! Na Mahlzeit … ich bin tot … für immer!!!!«

11:40 Uhr
Sanny an Katie
»Nun mal langsam und von vorne …???? Bin eh gleich bei Dir!«

11:43 Uhr
Katie an Sanny
»Nur nichts vor Markus erwähnen … Torben hat richtig Gas gegeben – ich wäre seine absolute Traumfrau … bla bla bla … er ist so froh, dass wir uns im Supermarkt getroffen haben – das wäre wohl Schicksal … Ja: auf den Punkt gebracht: er ist hin und weg …!«

11:44 Uhr
Sanny an Katie
»Hast Du ihm gesagt, dass Du heiraten wirst ... und zwar bald – und nicht ihn?«

11:45 Uhr
Katie an Sanny
»Ja, aber er hofft trotzdem ... er hat gesagt, ich sei ein Zauberwesen ...!«

11:46 Uhr
Sanny an Katie
»Gott, der ist ja irre! Aber niedlich, einer mit Herz. Aber ich sage Dir mal was: der ist so lieb – der heult bestimmt beim Orgasmus ...!! Ist ein Rührer ... FINGER WEG!«

11:50 Uhr
Katie an Sanny
»Rührer???«

11:51 Uhr
Sanny an Katie
»Ja, so ein Weich-Ficker ... Es gibt doch die Stecher, die besorgen es Dir richtig. Und dann gibt es die Rührer, die fast immer schon beim ersten Mal auf Liebe machen! Die lecken auch nicht, weil sie Dich viel zu lieb haben und haben grundsätzlich ein Vorfreude-Tröpfchen vorne dran ...«

11:52 Uhr
Katie an Sanny
»Ja, ja, ja ... Du hast es auf den Punkt gebracht ... schade nur, dass mein zukünftiger Ehemann auch eher in die Rühr-Richtung geht ... habe noch viel Arbeit vor mir ...! Also: kein Wort über

Torben oder Peter vor Markus, immer lächeln und denk dran: alles wird gut …!«

11:53 Uhr
Sanny an Katie
»Jawohl, Nina Ruge!«

11:54 Uhr
Katie an Sanny
»Diesbezüglich verkneife ich mir mal jeglichen Kommentar!«

20:30 Uhr
Sanny an Katie
»Hast Du auch so einen Muskelkater?«

20:34 Uhr
Katie an Sanny
»Nee … aber ganz andere Sorgen … Markus ist immer noch beleidigt! Gott, was kann ich denn dafür, dass er zwei linke Füße hat …???«

20:37 Uhr
Sanny an Katie
»Du hättest ihm das aber auch nicht vor versammelter Mannschaft so uncharmant an den Kopf knallen müssen …!«

20:45 Uhr
Katie an Sanny
»Hast ihn doch gehört, den eingebildeten Gockel … ich würde immer den falschen Fuß zuerst nach vorne setzen … Von wegen! Komisch nur, dass es mit den anderen männlichen Tanzpartnern wunderbar geklappt hat. Dein Mika hat so traumhaft mit mir zusammen harmoniert … Markus kann das einfach nicht und will

nicht einsehen, dass es an ihm liegt. Wie im Bett … Was macht Dein Zeh nach der Extrem-Belastung? Sieht ja echt scheiße aus …«

20:47 Uhr
Sanny an Katie
»Pocht ein wenig – aber ist auszuhalten! … hätte ich ja gar nicht für möglich gehalten, dass der Tanzkurs vor einer Hochzeit, um den Eröffnungswalzer am Tag der Tage zu meistern, ein potentieller Gefahrenherd ist … Bestimmt haben schon einige Willige die eigene Hochzeit hinterher abgesagt, so wie Ihr Euch gezofft habt … Ich habe ganz gut mit Deinem Markus geschwooft.«

20:48 Uhr
Katie an Sanny
»Verräterin!«

20:49 Uhr
Sanny an Katie
»Nein – nur ehrlich!«

20:58 Uhr
Katie an Sanny
»Was mache ich nur mit dem versauten, angebrochenen Abend? Meine, es ist Wochenende und mit der groben Leberwurst hier an meiner Seite kann ich nicht mehr viel anfangen …??!!«

21:03 Uhr
Sanny an Katie
»Komm zu Mika! Wir sind in der neuen Wohnung und richten noch ein wenig ein, packen Kartons aus und trennen uns von Dingen, die kein Mensch braucht … also von fast allem, was er in den Umzugskartons mitgebracht hat … Stell Dir vor: Mika hat im

Zeitalter von MP3 noch einen tragbaren CD-Player! Hat schon fast antiken Kultstatus! Weg mit dem Dreck …«

21:06 Uhr
Katie an Sanny
»Und macht Ihr dann noch was – oder trautes Heim – Glück allein????«

21:13 Uhr
Sanny an Katie
»Nein, wir gehen noch los auf Piste! Sein Freund Andy kommt um 23 Uhr und dann wollen wir ins New York. Der Andy ist im Übrigen ein ganz Hübscher … Oder Du kommst mit Deinem Supermarkt-Aufriss TORBEN …!«

21:17 Uhr
Katie an Sanny
»Hör mir bloß auf mit dem Muttersöhnchen! Der hat mir heute nach unserem Frühstück schon zwanzig (!) Mails geschickt … Das macht mir so was von Angst …!«

21:20 Uhr
Sanny an Katie
»Erstaunlich, dass solche Typen zwanzig Mal simsen können und mein eigener Freund heute grade mal eine SMS geschickt hat, um mir zu sagen, wie der HSV gespielt hat … Na ja, habe Bernhard eben auf die Mailbox gesprochen, dass ich vom Tanzen fix und fertig bin und ins Bett gehe. Dann muss ich mir nichts für den Abend ausdenken und er glaubt, ich schlafe friedlich im Hotel!«

21:23 Uhr
Katie an Sanny
»Pass trotzdem auf! Du stehst in der Öffentlichkeit. Nicht, dass Dich mal ein Reporter zusammen mit Mika sieht. Oder ein Freund von Bernhard – der kennt doch auch Gott und die Welt … Vielleicht komme ich mit … melde mich noch mal.«

23:04 Uhr
Katie an Sanny
»Komme! Fahre jetzt los!«

23:05 Uhr
Sanny an Katie
»Spitze! Nehme Dir gleich ein Taxi – der Champagner ist schon kalt und wartet auf Dich!«

23:05 Uhr
Katie an Sanny
»Nimm Dir ein Taxi!«

23:06 Uhr
Sanny an Katie
»Wieso denn ich? Du kommst doch zu uns – oder habe ich was nicht mitbekommen?«

23:07 Uhr
Katie an Sanny
»Nein, ich komme schon! Aber das heißt: nimm Dir ein Taxi! Rettet den Imperativ!«

23:08 Uhr
Sanny an Katie
»Bist aber auch kleinkariert … Also: sehe zu, dass Du Deinen Knackarsch hierher bewegst und bringe gute Laune mit!«

23:26 Uhr
Katie an Sanny
»Hausnummer?«

23:26 Uhr
Sanny an Katie
»6!«

23:26 Uhr
Katie an Sanny
»Passend …«

Datum: 02.09.

13:05 Uhr
Katie an Sanny
»Wo bleibt Ihr?«

13:06 Uhr
Katie an Sanny
»Maus, alle sind schon da. Um eins sollte der Kurs losgehen. Hoffe, Ihr seid auf dem Weg … Sonst bin ich die Beste auf meiner Hochzeit und Du kannst nicht zum Tanz aufgefordert werden oder musst eben ablehnen … WO BIST DU???«

13:20 Uhr
Sanny an Katie
»Fuck – verpennt. Waren erst um halb sechs zuhause, dann noch fröhlich im Bett geturnt … Kopfschmerzen … Mir ist schlecht … Aber lustig war es ja, schade, dass Du so früh abgehauen bist. Hast das Beste verpasst – erzähle ich Dir gleich. Sind auf dem Sprung!«

13:21 Uhr
Katie an Sanny
»Gib Hackengas!!!!!!!«

13:23 Uhr
Sanny an Katie
»In der Ruhe liegt die Kraft – erst einmal brauche ich eine Tablette, einen sauren Hering und einen frisch gepressten Saft plus Kaffee. Fangt schon mal ohne uns an, bin eh jetzt schon besser, als Ihr alle zusammen … ☺«

13:59 Uhr
Katie an Sanny
»?????? Ich habe mich schon wieder mit Markus in den Haaren – rette bitte, was zu retten ist: mein Leben!«

14:03 Uhr
Sanny an Katie
»Parken grade ein!«

22:07 Uhr
Katie an Sanny
»Schon wieder 'ne Mail von diesem Torben. Hallo? Habe ihn ein einziges Mal getroffen und der dreht dermaßen ab. Leite Dir mal eine SMS von ihm weiter!«

22:08 UHR

Katie an Sanny/ weitergeleitete SMS von Torben

»Hallo, kleines Zauberwesen. Seit ich Dich gestern getroffen habe, kann ich an nichts anderes mehr denken. Ich muss Dich einfach wieder sehen. Wollen wir morgen wieder gemeinsam frühstücken gehen? Oder darf ich Dich zum Mittagessen entführen? Ich habe die ganze Nacht nicht schlafen können und habe bei mir im Büro übernachtet, um mich abzulenken. Doch nichts kann mich von Dir ablenken … Bitte melde Dich!«

22:10 UHR

Sanny an Katie

»HILFE!!!!!!!! Der ist total durchgeknallt! Ignorieren!!!! Nein, der soll mal ein Bild von sich senden!!!!«

22:11 UHR

Katie an Sanny

»Ich frage ihn mal!«

22:12 UHR

Sanny an Katie

»Wie denn?«

22:12 UHR

Katie an Sanny

»Hallo, Torben, sende doch mal ein Bild von Dir! Gruß Katie!«

22:12 UHR

Sanny an Katie

»Genial!«

22:17 Uhr
Sanny an Katie
»Und?«

22:17 Uhr
Katie an Sanny
»Noch nichts …«

22:18 Uhr
Sanny an Katie
»Ganz ehrlich, wenn der Typ nur ein wenig Stolz hat, dann sendet der auch kein Bild … Was würdest Du denn machen, wenn zu Dir jemand sagt, Du sollst mal ein Bild senden … schlimmer kann es nicht werden …«

22:20 Uhr
Katie an Sanny
»Es ist da … der ist schmerzbefreit …!!!! Leite es Dir weiter. Sieht aber ein wenig verunglückt aus, weil er es von unten fotografiert hat. Da sieht man, dass er nicht aus der Branche kommt: jeder Anfänger weiß doch, dass man niemals von unten Fotos macht … Peinlich, auch mit Rose … egal, leite es Dir weiter!«

22:21 Uhr
Katie an Sanny

22:26 Uhr
Sanny an Katie
»Schieß ihn ab!«

22:30 Uhr
Katie an Sanny
»Wie?«

22:31 Uhr
Sanny an Katie
»Einfach nicht mehr antworten. Ignorieren! Ist zwar das Gemeinste, was es gibt und ich werde verrückt, wenn man nicht auf mich reagiert, aber bei so einer Sorte Mann geht es einfach nicht anders!«

22:32 Uhr
Katie an Sanny
»Recht hast Du!«

22:33 Uhr
Sanny an Katie
»… wie immer …!«

22:34 Uhr
Katie an Sanny
»… wie so oft …!«

22:35 Uhr
Sanny an Katie
»… muss schlafen. Morgen erster Flieger zurück nach Hamburg. Mika fährt mich zum Flughafen. Habe morgen einiges auf dem Zettel, deswegen habe ich den Koma-Flieger gewählt. Geht schon um 6:05 Uhr und der Flieger ist immer ein wenig, wie so ein Geisterschiff: alle schlafen … wunderbar!«

22:38 Uhr
Katie an Sanny
»Wann kommst denn Du wieder?«

22:38 Uhr
Sanny an Katie
»In vier Tagen – keine Angst: bin auch am zweiten Tanzkurs-Wochenende wieder dabei. Obwohl mir dieser schwule Tanzlehrer ein wenig auf's Schwein ging. Und ich habe das Gefühl, schon alles gelernt zu haben! Aber: mitgehangen – mitgefangen und geteiltes Leid ist halbes Leid …«

22:40 Uhr
Katie an Sanny
»Würde gern, wenn Du wieder da bist, mit Dir mal so einen richtigen Wellness-Tag machen. Mit Massage, Dampfbad und allem Pi-Pa-Po!«

22:42 Uhr
Sanny an Katie
»So mit diversem Schnickschnack? Bin dabei!«

Datum: 03.09.

07:31 Uhr
Sanny an Katie
»Gelandet! Stell Dir vor: das frühe Aufstehen bekommt Mika nicht: er hat mir heute Morgen ein Ultimatum gestellt: ich soll ihm nach Ablauf dieser Woche sagen, ob ich mich von Bernhard trennen werde! Ich müsste es dann nicht gleich machen, aber er

will eine Entscheidung, ob ich diesen Schritt in naher Zukunft gehen werde. Der spinnt doch wohl völlig!!? Wie oft habe ich ihm gesagt, dass ich Bernhard niemals verlassen werde, weil sich mein Leben dann einfach komplett ändern würde?!«

07:32 Uhr
Sanny an Katie
»... Katie, das macht mir Angst! Aber erschreckenderweise kann ich auch nicht mehr ohne Mika. Er ist immer für mich da, macht alles mit einem Lächeln, ist so aufmerksam und im Bett nach wie vor eine Rakete. Ich könnte auf ihn und auf den gigantischen Sex nicht mehr verzichten. Gott – wenn ich mich für Bernhard entscheide und ihm auch treu bleiben will, dann kann ich mich von dem Gedanken, in diesem Leben noch mal geleckt zu werden, komplett verabschieden! Was mache ich denn jetzt nur?«

10:05 Uhr
Katie an Sanny
»Ich habe Dir gesagt, dass das kommen wird! So glücklich Mika auch mit Dir ist, wenn Du da bist – so sehr leidet er, wenn Du bei Bernhard bist. Versetze Dich mal in seine Lage – die ist unerträglich. Und warum ist sie unerträglich für Mika? Weil er Dich wirklich von Herzen liebt. Ich würde Dir so gerne helfen, aber das musst Du allein entscheiden! Definitiv. Versuche, diese Woche mal ernsthaft darüber nachzudenken und herauszufinden, was Du wirklich willst ...«

10:06 Uhr
Sanny an Katie
»Und was sollte ich Bernhard sagen? Du, Schatz, ich bin verliebt – aber nicht mehr in Dich? Nein, das kann ich einfach nicht ...«

10:07 Uhr
Katie an Sanny
»Dann steht Deine Entscheidung!«

10:08 Uhr
Sanny an Katie
»Nein, nein, nein … ich kann doch auch nicht ohne Mika … Warum habe ich ihn nur kennen gelernt? Wieso bin ich nur mit ihm ins Bett gestiegen und habe seine ungeahnten Fähigkeiten spüren dürfen? Ist das eine Prüfung? Ich habe einmal gehört, dass eine Affäre sogar belebend für eine Partnerschaft sein kann. Dass man durch die Heimlichkeiten und die Aufregung mit einer dritten Person den Sex zuhause auch wieder ganz anders anpackt. Aber bei uns? Null …«

10:10 Uhr
Katie an Sanny
»Ich leide auch wegen Peter! Aber ich verdränge es komplett mit den freudigen Gedanken an meine Hochzeit! Franzi kommt heute aus Berlin und bleibt drei Tage! Freu mich drauf!«

10:13 Uhr
Sanny an Katie
»Grüß die kleine Maus mal und treibt es nicht zu wild! Schläft sie bei Euch?«

10:14 Uhr
Katie an Sanny
»Ja, habe das Gästezimmer fertig gemacht.«

16:37 Uhr
Sanny an Katie
»Mein Leben ist ein einziges Chaos! Ich war eben schön am Jungfernstieg, einkaufen und die Seele baumeln lassen, da klingelt das Telefon und meine Nachbarin grölt halb hysterisch, dass Wasser aus ihrer Decke läuft … Muss sofort nach Hause … drück die Daumen, dass kein Rohr geplatzt ist … Stress lass nach – Bernhard ist auf einer Modemesse in Berlin und ich muss solche Extremsituationen alleine meistern … das habe ich nicht gebucht!«

16:39 Uhr
Katie an Sanny
»Scheiße … aber bei Rohrbruch zahlt die Versicherung!«

16:45 Uhr
Sanny an Katie
»… wie ungemein beruhigend …!«

19:05 Uhr
Sanny an Katie
»Es ist schlimmer, als in meinen furchtbarsten Träumen: ich habe heute Mittag die Waschmaschine angestellt und bin dann aus dem Haus! Das olle Ding ist beim Schleudergang vom Sockel gefallen und hat fleißig Wasser nachgepumpt. Mein Badezimmer und der gesamte vordere Wohnbereich standen unter Wasser! Mein schöner Dielenfußboden … Und bei den Nachbarn sieht es aus … ich mag es gar nicht aussprechen …!«

19:06 Uhr
Katie an Sanny
»Ist das Wasser denn jetzt raus aus der Wohnung?«

19:08 Uhr
Sanny an Katie
»Oberflächlich ja! Habe alle Handtücher und Bettlaken genomme, aber es hat nichts gebracht. Dann habe ich meinen Freund Buche angerufen, der hat doch die Handwerkerfirma, und die haben alles getrocknet. Aber so ein Wasserschaden ist ja tückisch: jetzt stehen bei mir überall hässliche Kompressoren mit Schläuchen wie Krakenarme, und die trocknen den Boden und das Mauerwerk. Will gar nicht wissen, was mich das alles kostet! Strom ist ja eh so teuer geworden und die Biester schlucken wahrscheinlich richtig … Mache eine Presse-Geschichte daraus!«

19:10 Uhr
Katie an Sanny
»Recht so – dann hast Du wenigstens etwas von dem Mist! Franzi und ich gehen jetzt ins Kino! Neuer Film mit Keanu Reeves …!«

19:13 Uhr
Sanny an Katie
»Du gehst ins Kino? Das habe ich seit Jahren nicht mehr gemacht … Mit Popcorn und Tacco-Chips? Aufregend … Nur schade, dass es keine Raucherkinos mehr gibt … wo sind eigentlich die guten, alten Zeiten …???«

19:15 Uhr
Katie an Sanny
»… nicht alles von früher war auch gut … sagt meine Mama …!«

19:20 Uhr
Sanny an Katie
»Schlaues Ding …! Mika ist auch auf dem Weg!«

19:21 Uhr
Katie an Sanny
»Wohin? Ins Kino?«

19:22 Uhr
Sanny an Katie
»Quatsch, was soll er denn da ohne mich? Nach Hamburg!«

19:23 Uhr
Katie an Sanny
»Sag' nicht, dass er sich in seine rote Bauernschüssel gesetzt hat und nach Hamburg fährt? Der kommt mit dem Auto nie an …!«

19:26 Uhr
Sanny an Katie
»Nee, habe ihm kurzfristig einen Flug gebucht und ich brauche auch echt seine Hilfe hier nach dem Schock!«

19:30 Uhr
Katie an Sanny
»Wieso hast Du Bernhard denn nicht nach Hause zitiert, sprich den Mann, der da auch wohnt?????«

19:32 Uhr
Sanny an Katie
»Habe ich ja … versucht … aber er meinte, ich packe das schon alleine und es wäre jetzt auch zu stressig, mit dem ICE nach Hause zu fahren, um morgen wieder pünktlich auf der Messe zu sein. Typisch. Egoist …! Nun kommt mein Retter eben aus München eingeflogen und beruhigt meine Nerven …!«

19:34 Uhr
Katie an Sanny
»Und regt Deinen Sexualtrieb an ☺ … Aber doch wohl nicht im Bett von Bernhard und Dir? Das geht einfach gar nicht!«

19:35 Uhr
Sanny an Katie
»… wo soll ich denn bitte jetzt auf die Schnelle noch ein neues Bett herbekommen? …???????«

19:36 Uhr
Katie an Sanny
»Du machst das schon … Nerven hast Du, unglaublich! Kuss«

23:04 Uhr
Katie an Sanny
»Na, Dein rettender Engel angekommen?«

23:59 Uhr
Sanny an Katie
»Ja, sind noch im Tarantella essen und ein wenig feiern … Ich liebe das Restaurant! Es ist das beste der ganzen Welt! Ich habe schon viele Restaurants erlebt, aber was Freddy und Carsten hier bieten, ist schlichtweg einzigartig! Leider ist Mika ein wenig bedrückt … nun erlebt er mich das erste Mal in Hamburg! Sieht, wie wohl ich mich hier fühle, dass ich einfach eine Hamburger Deern bin und man mich hier so schnell nicht entwurzeln kann … Muss er jetzt aber durch!«

Datum: 04.09.

00:10 Uhr
Katie an Sanny
»Dann muss Mika eben nach Hamburg ziehen … obwohl ich es genial finden würde, wenn Du ganz nach München kämst!«

00:12 Uhr
Sanny an Katie
»Und was soll er hier machen? Sich die Eier schaukeln? Du weißt doch, dass Hamburg fernsehtechnisch nicht allzu viel zu bieten hat … Und ich brauche ihn auch bei der Promi-Tonne – er ist der beste Redakteur und steigt jetzt in der nächsten Staffel zum Chef vom Dienst auf!«

00:14 Uhr
Katie an Sanny
»Und Du hast so gar keine Angst, dass Euch heute Abend einige Leutchen definitiv sehen und irgendeiner von den ganzen Pappnasen Bernhard was steckt?«

00:17 Uhr
Sanny an Katie
»Nö, er ist ja mein Redakteur und zufällig zu Besuch in der Hansestadt! Wir lassen uns ja nichts anmerken in der Öffentlichkeit – da sind wir ja bestens trainiert …!«

00:18 Uhr
Katie an Sanny
»… das habe ich auf Malle gesehen … Maus, Eure Augen sprechen Bände. Pass auf Dich auf!«

11:05 Uhr
Sanny an Katie
»Bin chronisch untervögelt …!!«

12:30 Uhr
Katie an Sanny
»Unser Leben ist doch echt zu aufregend … Franzi ist mit zum Dreh gekommen und wurde mal gleich als Statist verwurstet … Peter beobachtet jede Szene und schaut mich mit einem Dackelblick an … Ich vermisse ihn ja auch. Aber es muss ein Ende haben. Mein Entschluss steht fest. Er leidet. Hätte er ja auch anders haben können …! Wieso bist Du untervögelt? Dachte, Mika fällt ständig über Dich her?«

12:36 Uhr
Sanny an Katie
»War ja bislang auch so … aber in dem Bett von Bernhard und mir konnte er nicht. Wir haben dann auf der Matratze auf dem Boden gepennt, aber auch da wollte es nicht mehr so recht funktionieren … Es arbeitet in ihm. Dabei habe ich alle Bilder von Bernhard und mir von den Wänden abgenommen … war harte Arbeit … Trotzdem wurde ihm wohl schlagartig klar, dass ich hier ein anderes Leben führe. Bislang kannte er mich ja nur in München und da gab es uns nur im Doppelpack. Scheiße, er hätte nicht kommen dürfen … Hinterher ist man meist schlauer …!«

14:06 Uhr
Katie an Sanny
»War eben mit Peter essen in der Mittagspause. Im Blockhaus – unser Lieblingssteakhaus! Es war so traurig, unendlich emotional, aber er hat es jetzt geschnallt! Damit ich endlich glücklich werden kann, muss er mich in Ruhe lassen. Er will es jetzt ernsthaft versuchen!«

14:07 Uhr
Sanny an Katie
»Na dann mal: toi toi toi!«

18:56 Uhr
Katie an Sanny
»Wo hast Du noch mal Deine tolle Kosmetiktasche gekauft? Habe Franzi davon vorgeschwärmt …!«

19:00 Uhr
Sanny an Katie
»PRADA!«

19:01
Katie an Sanny
»Ach was, die ist von Prada? Hätte ich mir ja denken können. Preis?«

19:04 Uhr
Sanny an Katie
»Weiß ich gar nicht mehr so genau. Die habe ich doch in der Toskana beim Prada Outlet in Montevarchi gekauft. Da fliegen wir alle zusammen zum Weihnachts-Shopping hin. Das ist ein genialer Ort! Vor lauter Aufregung bekomme ich jedes Mal schon im Flieger Durchfall! Die haben Sachen! Du wirst verrückt …«

19:06 Uhr
Katie an Sanny
»Da bin ich aber so was von dabei … Markus und ich starten ja gleich nach der Hochzeit in die romantischen Flitterwochen. Dann bin ich Mitte Oktober wieder da und Anfang Dezember sollten wir die Toskana angehen. Dann kann ich dort auch die Weihnachtsgeschenke besorgen!«

19:10 Uhr
Sanny an Katie
»Mitte Dezember, Maus. Bis zum 15. Dezember produzieren wir noch die Promi-Tonne. Die ganzen Weihnachtsspecials müssen ja bis dahin abgedreht werden. Ansonsten könnte ich nur am Wochenende und das ist für die Shoppingtour definitiv zu kurz! Habt Ihr Euch nun einigen können, wohin Ihr in den Flitterwochen fahrt?«

19:14 Uhr
Katie an Sanny
»Erst einmal kurz in die Schweiz für drei Tage – Markus muss noch ein paar Bank-Angelegenheiten regeln. Ich hoffe mal, dass er mir Kontovollmachten einrichten will … und dann: ÜBERRASCHUNG …«

19:16 Uhr
Sanny an Katie
»Erzähl mir bitte nicht, dass er Dir immer noch nicht gesagt hat, wohin es geht? Also, da hätte ich keinen Bock drauf! Alleine das Kofferpacken ist ja so unmöglich! Nicht, dass er auf witzig nach Grönland fahren will. Wieso überlässt Du ihm die alleinige Entscheidung? Passt ja so gar nicht zu Dir …!«

19:20 Uhr
Katie an Sanny
»Ach, er möchte mich überraschen. Er ist doch so kitschig. Tippe mal auf Mauritius oder Dubai. Und ab und zu muss Frau auch mal zurückstecken und den Mann machen lassen …!«

19:21 Uhr
Sanny an Katie
»Jetzt wirst Du mir aber unheimlich …! Ich finde, man muss das männliche Geschlecht immer nur im Glauben lassen, es hätte entschieden …!«

19:30 Uhr
Katie an Sanny
»Was treibst Du heute noch?«

19:35 Uhr
Sanny an Katie
»Habe Mika zum Flughafen gebracht und will gleich noch zu Lars!«

19:37 Uhr
Katie an Sanny
»Lars? Ist das nicht Dein Ex-ex-ex …?«

19:45 Uhr
Sanny an Katie
»Si! Aber das ist ja nun über zehn Jahre her … Hilfe: wir werden alt … Er feiert heute seinen Geburtstag. Das Alter mag ich nicht mal aussprechen … ist ja wie Spiegel vorhalten … Aber die ganzen alten Kapalken sind da und ich freue mich jetzt schon, die Spinner mal alle wieder zu sehen. Und natürlich ist es so was von spannend zu hören, was aus denen so geworden ist. Lars' Mama ist auch da und auf die freue ich mich richtig. Sie war die coolste Fast-Schwiegermama von allen!«

19:50 Uhr
Katie an Sanny
»Viel Spaß. Vermisse Dich hier!«

19:52 Uhr
Sanny an Katie
»Danke und bis später!«

23:45 Uhr
Sanny an Katie
»Bin ja ein wenig geschockt … zwei von drei alten Freunden haben mittlerweile einen Hubschrauberlandeplatz auf'm Kopf! Macht ja gleich um zehn Jahre älter – rein optisch betrachtet. Und die Frauen fast alle schon mehrfache Mütter und vom Schick der alten Zeiten wenig zu sehen. Das sind die, die schon in jungen Jahren auf dem Land gebaut haben. Gut, dass wir von diesem spießigen Leben Abstand genommen haben. Aber Du: die sind glücklich! Einige sind schon 15 Jahre und länger zusammen und würden sich nie betrügen! Einfach unglaublich!«

23:50 Uhr
Katie an Sanny
»… Jedem das seine … und uns bitte das meiste! Wir haben auch so gelacht eben. Franzi hat mir das Kleid gezeigt, das sie sich für meine Hochzeit gekauft hat. Du kennst sie ja: von oben bis unten voller Tätowierungen und Piercings und dazu hat sie ein Cocktail-Kleid gewählt. Das sieht aus! Wie auf einer Maskerade – aber niedlich! Vermisse Peter!«

23:53 Uhr
Sanny an Katie
»Schatz – da musst Du jetzt durch. Hat er sich heute gemeldet?«

23:56 Uhr
Katie an Sanny
»Nein … ☹«

23:57 Uhr
Sanny an Katie
»Besser so!«

23:58 Uhr
Katie an Sanny
»Sagt Markus doch eben, dass es leicht irritierend ist, dass ich ständig Mails versende … es würde ihn manchmal nerven! Geht's denn noch?«

23:59 Uhr
Sanny an Katie
»Wer so was Schwachsinniges sagt, ist nur eifersüchtig: Menschen, die solche Aussagen treffen, haben keine Freunde!«

Datum: 05.09.

10:04 Uhr
Katie an Sanny
»Bin stocksauer! Habe eben den Dreh-Einsatzplan von Birgit bekommen – meine Rolle haben die echt runtergeschrieben. Reduziert! Gekürzt! Bin natürlich gleich ins Produktionsbüro und habe gefragt, was das soll … angeblich muss meine Rolle jetzt schon gekürzt werden, um den Zuschauer an meine einmonatige Pause zu gewöhnen. Ist richtig …!«

10:05 Uhr
Sanny an Katie
»Wieso Pause? Was soll das?«

10:06 Uhr
Katie an Sanny
»Das war schon von mir beabsichtigt. Eine Woche vor der Hochzeit und drei Wochen danach wollte ich schon frei haben. Ich meine, wie sollte ich das bitte sonst alles schaffen? Davor muss ich einfach ein wenig Ruhe haben, schließlich will ich eine entspannte Braut sein, und danach geht es auf Reisen und eine weitere Woche brauche ich, um mich an das Leben als Ehefrau zu gewöhnen … Du weißt schon: mit seiner Kreditkarte ein wenig shoppen, Namen umtragen und all den Papierkram managen. Aber ich wollte nicht jetzt schon so wenig drehen – geht ja auch um viel Kohle!«

10:07 Uhr
Sanny an Katie
»Das geht gar nicht. Gut, dass Du künftig nicht mehr alleine verdienen musst. Kommt man ja kaum mit über die Runden. Lass Dir das nicht gefallen. Die Storyliner sollen sich auf'n Hintern setzen und die Geschichten umschreiben!«

10:08 Uhr
Katie an Sanny
»Ja, der Ansicht war ich auch – aber Pustekuchen … Angeblich Ansage von oben! Peter schnappe ich mir heute auch noch!«

10:10 Uhr
Sanny an Katie
»Richtig so! Denk dran: Du hast ihn in der Hand. Glaube nicht, dass seine Alte begeistert wäre, zu erfahren, dass ihr Mann sie seit Jahren mit der Top-Schauspielerin betrügt …!«

10:11 Uhr
Katie an Sanny
»Haha … er hat mich ja auch in der Hand …«

10:12 Uhr
Sanny an Katie
»Mist! Stimmt!«

10:13 Uhr
Katie an Sanny
»Und nun?«

10:14 Uhr
Sanny an Katie
»Abwarten und der Dinge harren, die da kommen!«

11:26 Uhr
Katie an Sanny
»Habe mit Peter gesprochen. Er sagt, ich solle mir mal keine Sorgen machen, nach meinem Urlaub wird meine Rolle wieder ausgebaut. Wehe, wenn nicht!!!! Dann lernt der mich aber kennen! Fantastisch hat er heute wieder ausgesehen! War schon eine ganz große Liebe in meinem Leben … Und bei Dir?«

11:30 Uhr
Sanny an Katie
»Ich hole Bernhard gleich vom Bahnhof ab. Die Messe lief wohl super. Ich habe ihn gebeten, dass wir heute den Tag nur für uns genießen, fliege ja morgen Abend schon nach München zurück. Aber er hat ja Gott so wichtige Termine. So richtig ins Zeug legt er sich ja nicht … Wenn der wüsste, dass ich momentan zwei Leben lebe, dann würde er sich bestimmt mehr Mühe geben …!«

11:35 Uhr
Katie an Sanny
»Weiß ich nicht … Und warum holst Du ihn ab? Er steht nie am Flughafen, um Dich zu überraschen. In all den Jahren hat er Dich einmal abgeholt! Finde ich unmöglich!«

11:40 Uhr
Sanny an Katie
»Ach, lass mal – er macht auch viele Dinge für mich!«

11:41 Uhr
Katie an Sanny
»Träumerle …!«

15:04 Uhr
Sanny an Katie
»Bernhard hat supergeile neue Sachen mitgebracht! Zwei Teile schenke ich Dir! Freu Dich also auf mich!«

15:06 Uhr
Katie an Sanny
»Oh, wie aufregend! Was ist es denn????? Lass mich raten: was zum Anziehen????«

15:07 Uhr
Sanny an Katie
»Schlaumeier! Habe mir eben einen Kontoauszug gezogen und bin vor Schreck fast umgekippt … Sage mir bitte: wo und wie kann man sparen?«

15:08 Uhr
Katie an Sanny
»Gute Frage, habe ich mir auch schon oft Gedanken drüber gemacht! Kosmetik?«

15:10 Uhr
Sanny an Katie
»Unmöglich! Das Aussehen ist doch in unseren Jobs unser Kapital!«

15:14 Uhr
Katie an Sanny
»Essen?«

15:15 Uhr
Sanny an Katie
»Beim Essen sollte man grundsätzlich niemals sparen! Essen hält Leib und Seele zusammen. Außerdem essen wir alles in allem so wenig, aber das muss dann auch wirklich erste Klasse sein. Obwohl: lieber beim Essen versuchen zu sparen und niemals an den Getränken!«

15:16 Uhr
Katie an Sanny
»Reisen?«

15:17 Uhr
Sanny an Katie
»Unmöglich! Reisen bildet, und der Körper braucht Auszeiten!«

15:19 Uhr
Katie an Sanny
»Weggehen?«

15:23 Uhr
Sanny an Katie
»Wie das denn? So häufig gehen wir ja auch nicht weg und ab und zu muss man sich doch auch mal was gönnen … schließlich arbeiten wir auch wie Tier! Ein ganz klein wenig Spaß soll man doch im Leben auch haben!«

15:30 Uhr
Katie an Sanny
»Man müsste – wie so viele, nur wir leider nicht – mit dem goldenen Löffel im Mund geboren sein! Mensch, haben die das gut. Wenn Du nie finanzielle Sorgen hast, haste halt schon mal 'ne Sorge weniger! Egal, ob Dein Arbeitgeber Einsparungen plant und Du eventuell wegrationalisiert werden sollst – es kann Dir einfach egal sein. Du kannst Dich selbstständig machen und wenn das nach hinten losgeht, ist es auch schnuppe. Du bist einfach frei! Und da soll mal einer kommen und sagen, Geld mache nicht glücklich! Lieber reich und gesund, als arm und krank!«

15:35 Uhr
Sanny an Katie
»Ja, das wäre die optimale Lösung. Einfach ein paar Milliönchen im Hintergrund. Welch anregende Vorstellung … leider nur Vorstellung. Aber: jeder ist seines Glückes Schmied und wir schaffen das auch ohne Geld der Eltern oder Familie! Obwohl mir so ein reicher Erbonkel aus Amerika, von dem ich gar nichts weiß und den ich auch nicht kenne, ganz gelegen käme … Wenn der stirbt, wäre man nicht traurig, weil man ihn ja nie kennen gelernt hat, und schwupps hat man das Vermögen auf dem eigenen Konto!«

15:40 Uhr
Katie an Sanny
»Ich würde trotzdem weiter arbeiten … bekannt zu sein finde ich genauso sexy wie reich!«

15:42 Uhr
Sanny an Katie
»Zwei Dumme – ein Gedanke!«

20:04 Uhr
Katie an Sanny
»Torben hat wieder gemailt!«

20:05 Uhr
Sanny an Katie
»Ignorieren!«

20:06 Uhr
Katie an Sanny
»Soll ich ihn noch mal treffen und ihm Auge in Auge sagen, dass er sich da in eine Sackgasse begeben hat? Irgendwie tut er mir leid …«

20:08 Uhr
Sanny an Katic
»Wehe – Du triffst Dich nicht mit dem Irren, schon gar nicht allein. Wenn es unbedingt sein muss, dann nimm Franzi mit – aber was soll das bringen? Du bist doch nicht die Caritas! Er weiß, dass Du in knapp drei Wochen heiratest und Ihr habt Euch noch nicht einmal geknutscht!!!! Es war nichts, es wird nichts und basta!«

20:09 Uhr
Sanny an Katie
»… Ihr habt doch nicht geknutscht, oder? Du bist so still zu diesem Thema …!«

20:13 Uhr
Katie an Sanny
»Wie soll ich das so sagen???? Nein, nicht wirklich … er hat mich nach dem Frühstück beim Abschied an sich gedrückt und wollte es wohl … habe mich aber abgewendet!«

20:15 Uhr
Sanny an Katie
»Zauberhaft … Du Zauberwesen … Ja, mein Rat: ABSTAND! Und ich gehe jetzt endlich mit Bernhard einen Happen essen. Den ganzen Tag hat er ruhend im Bett verbracht und geschlafen und gemampft … Die Partys in Berlin scheinen doch anstrengender als erwartet gewesen zu sein. Aber wie sagt er so schön? Schatz, das ist Business!!!«

20:18 Uhr
Katie an Sanny
»Na dann … genieße mal ein wenig! Hab' Dich lieb!«

Datum: 06.09.

10:05 Uhr
Katie an Sanny
»Guten Morgen, Maus! Holt Mika Dich eigentlich vom Flughafen ab oder ist das von ihm gestellte Ultimatum schon abgelaufen? Dann würde ich Dich abholen kommen … ☺«

10:09 Uhr
Sanny an Katie
»Musst Du mich an dieses schwachsinnige und völlig überflüssige Ultimatum erinnern – und das am frühen Morgen? Habe einen Wahnsinnskater – nie wieder Alkohol! Ja – das Ultimatum. Das läuft ja nun in ein paar Tagen ab. Aber ich tu einfach so, als hätte ich es vergessen … Mika wird niemals einen Schluss-Strich ziehen! Der ist so vernarrt in mich! Schade, dass er so sensibel ist. Sensibilität ist eine unnütze Emotion – sie bringt Dich nur auf die Palme! Wer sollte denn nach mir bitte kommen, der ihn so glücklich macht?«

10:12 Uhr
Katie an Sanny
»… eine, die er nicht teilen muss …!«

10:15 Uhr
Sanny an Katie
»Ach was, der soll mir mal die Pupe schmatzen mit seinem blöden Ultimatum!«

10:17 Uhr
Katie an Sanny
»Also holt er Dich ab?«

10:18 Uhr
Sanny an Katie
»Klar!!!!!«

10:20 Uhr
Katie an Sanny
»Wann sehen wir uns denn mal? So … ohne Anhang?«

10:24 Uhr
Sanny an Katie
»Lass nachher mal telefonieren, Süße! Muss los, der Flieger wartet nicht …!«

13:37 Uhr
Katie an Sanny
»Wolltest Du nicht anrufen? Franzi ist wieder abgereist, Markus wie immer am arbeiten, die Wohnung ist aufgeräumt, Wäsche hat unsere Putzfrau auch gemacht, der Kühlschrank ist voll und alle Planungen zur Hochzeit mehr als tausend Mal durchgegangen. Langweile mich …!«

14:00 Uhr
Sanny an Katie
»Ach, alles Scheiße – melde mich später!«

14:03 Uhr
Katie an Sanny
»Gepäck nicht angekommen?«

14:04 Uhr
Sanny an Katie
»Später!«

14:10 Uhr
Sanny an Katie
»Wieso gehst Du nicht ans Telefon? Sitze jetzt im Taxi …!«

14:13 Uhr
Katie an Sanny
»Bin im Wartezimmer meines Zahnarztes. Hier ist Handyverbot. Sollte man eigentlich gegen demonstrieren … Handy ist nun auf leise. Wieso Taxi? Mika?«

14:14 Uhr
Sanny an Katie
»Habe schon von Hamburg aus versucht, Mika telefonisch zu erreichen. Aber er ging nicht ran und er hat ja noch nicht einmal eine Mailbox. Wie kann man nur so leben? Egal, nach der Landung in München bekam ich dann eine SMS von ihm. Leite sie Dir mal weiter!«

14:14 Uhr
Sanny an Katie weitergeleitete Mail Mika
»Guten Morgen, Sonnenschein. War gestern mit Andy noch auf einem Geburtstag. Habe schrecklich gefeiert. Sei nicht böse, aber ich kann Dich heute nicht abholen. Mir ist noch ganz schwindelig. Sehen uns dann später. Hole Dich vom Hotel ab. Kuss«

14:17 Uhr
Katie an Sanny
»Das hätte er aber wirklich auch gestern Nacht noch schreiben können … Hätte ICH Dich mal abgeholt!«

14:20 Uhr
Sanny an Katie
»Aber echt … ist nur so untypisch Mika … Der ist immer zum Flughafen gekommen, egal wie wenig er geschlafen hat. Na ja, wahrscheinlich hat er gestern wirklich übertrieben. Melde mich dann vom Hotel aus. Schnappe mir da mein Auto und komme dann zu Dir – hat er selbst Schuld, dass wir uns jetzt erst abends sehen …«

14:23 Uhr
Katie an Sanny
»Super Idee! Klingel kurz durch, wenn Du losfahren willst!«

15:02 Uhr
Sanny an Katie
»Alter, ich glaube, mein Schwein pfeift! Ich komme zum Hotel, und wer fährt grade auch die Einfahrt hoch????? Mika!!!! Und das nicht alleine!!!! Auf dem Beifahrersitz Magdalena, die neue Redakteurin, die sich um neue Locations bei Sanny on Tour kümmern soll!!!!!!!!! Ich drehe durch!«

15:03 Uhr
Katie an Sanny
»Das glaube ich jetzt ja wohl nicht. Was machen die denn im Hotel? Wo kommt sie her und wo wollte er hin?«

15:05 Uhr
Sanny an Katie
»Als ich die beiden sah, habe ich sofort Mika angerufen, und jetzt kommt es: er ist nicht rangegangen! Zwanzig Mal hintereinander habe ich angerufen. Wieder und immer wieder! Und dann hatte ich ihn an der Strippe. Ich bin komplett ausgeflippt. Ob er mich verarschen will, was er mit der Schlampe macht und ob er geil

gefickt hätte heute Nacht … Er tat so, als wisse er gar nicht, was los ist. Aber seine Stimme hat gezittert! Das sagt doch mehr als tausend Worte! Erwischt!«

15:07 Uhr

Katie an Sanny

»Ja, und was war nun? Sicherlich wird sich alles aufklären … Der ist doch nicht so abgebrüht und poppt Deine Redakteurin, während Du nicht in der Stadt bist …???!!!«

15:08 Uhr

Sanny an Katie

»Ich drehe durch. Mir ist übel und alles dreht sich. Habe Mundtrockenheit vor lauter Aufregung. Angeblich war Magdalena gestern Abend mit auf der Geburtstagsparty und von da aus sind alle noch in den Spätclub. Er erzählt, dass er alleine nach Hause ist und heute morgen hätte Magdalena angerufen und gefragt, wo man in der Stadt gut frühstücken kann. Sie kommt ja nicht von hier. Sie ist Ungarin. Und weil er sein Auto gestern in der Stadt stehen hat lassen und es sowieso abholen musste, hätten sie sich dann da kurz getroffen. Und dann hätte er sie nur eben ins Hotel gefahren. ICH HASSE IHN!«

15:11 Uhr

Katie an Sanny

»Klingt soweit ja ganz logisch, aber wieso hat er das nicht in seiner Mail heute Morgen geschrieben? Wieso hat er sich denn nicht bei Dir gemeldet, als er wach war und in die Stadt wollte und wieso bitte geht er nicht ans Telefon, wenn die dumme Pute neben ihm sitzt?«

15:13 Uhr
Sanny an Katie
»Und genau darauf gibt es in meinen Augen keine Antworten! Er stammelte etwas von er hätte nicht dran gedacht, anzurufen, weil er ja wusste, dass ich ein Taxi ins Hotel nehme und das Handy hätte er versehentlich auf lautlos. Er wisse gar nicht, warum ich so austicke und er schwört bei allem, was ihm heilig ist, dass er nichts mit ihr hatte und es genauso war, wie er es erzählt hat!«

15:15 Uhr
Katie an Sanny
»Dem ist nichts heilig …!«

15:17 Uhr
Sanny an Katie
»Was mache ich denn nun? Ich bin total am Ende. Das tut mir so weh. Der Gedanke, dass er eine andere verwöhnt, macht mich wahnsinnig.«

15:18 Uhr
Katie an Sanny
»Maus, komm' jetzt erstmal zu mir. Bin auch auf dem Heimweg. Kann wieder kraftvoll zubeißen … und dann denken wir uns einen Schlachtplan aus.«

15:19 Uhr
Sanny an Katie
»Ja, ich komme. Bin so traurig. Wie konnte er nur? Dachte, unsere Liebe ist so rein. Alles eine Lüge. Hast Du ein kaltes Getränk im Haus – mit Schuss?«

15:20 Uhr
Katie an Sanny
»Wenn Du was Kaltes willst, dann lege Dich zu Markus ins Bett!«

15:20 Uhr
Sanny an Katie
»☺«

15:21 Uhr
Katie an Sanny
»Was ist denn das für eine, diese Magdalena? Wie sieht die denn überhaupt aus?«

15:22 Uhr
Sanny an Katie
»Unmöglich! Kein Vergleich zu mir natürlich! Junges Ding, dunkle Haare – das Gegenteil von mir. Vampir-Zähne, fliehendes Kinn, krumme Beine, furchtbarer Gang und schwabbeligen Körper!«

15:23 Uhr
Katie an Sanny
»Pfui, wie ekelhaft. Jung? Dachte, Mika könnte nur was mit Frauen anfangen, die älter sind als er?«

15:24 Uhr
Sanny an Katie
»Dachte ich bislang auch immer. Aber selbst die Aussage war wahrscheinlich geheuchelt!«

20:09 Uhr
Katie an Sanny
»Und?«

20:10 Uhr
Sanny an Katie
»Hat gut getan, Dich zu sehen. Er ist auf dem Weg zu mir ins Hotel. Der glaubt doch nicht ernsthaft, dass ich in seine Bude fahre, wo er letzte Nacht die Alte durchgenudelt hat. Und das in dem Bett, das ich ihm geschenkt habe. Schämen würde ich mich!«

23:30 Uhr
Katie an Sanny
»Und?«

23:57 Uhr
Sanny an Katie
»Wir haben beide viel geweint. Ein ganz emotionaler Abend. Er versteht nicht, wie ich darauf komme, dass er mich betrügen würde. Er liebt mich, will eine Familie mit mir gründen und mich ganz und gar. Und das würde er niemals aufs Spiel setzen. Trotzdem bleibt ein fader Nachgeschmack … auf meine Fragen gibt es irgendwie nicht so befriedigende Antworten. Aber vielleicht tue ich ihm wirklich Unrecht. Fahren jetzt zu ihm. Werde mir mal die Bettlaken ganz genau ansehen!«

23:58 Uhr
Katie an Sanny
»… wenn die mal nicht schon in der Waschmaschine schleudern …!«

23:59 Uhr
Sanny an Katie
»Bitte nicht! Malen wir den Teufel nicht an die Wand! Er sieht so verletzt aus. In sich zusammengesunken. Mir tut das schon alles wieder so leid. Bin ich zu hysterisch?«

Datum: 07.09.

13:30 Uhr
Sanny an Katie
»Wir fahren ein wenig aufs Land. Einfach raus. Für positive Gedanken. Das Wetter ist so bombastisch! Wie nennt Ihr Münchener das? Föhn? Ich weiß, wir wollten uns heute noch mal alle hinsetzen wegen der Hochzeitszeitung, aber lass es uns bitte auf morgen verschieben …! Der gestrige Tag steckt mir noch in den Knochen!«

14:05 Uhr
Katie an Sanny
»Ist okay, aber morgen ist doch Part 2 unseres unsäglichen Tanzkurses. Danach?«

14:10 Uhr
Sanny an Katie
»Ja, gerne! Danke für Dein Verständnis. Schön, dass ich Dich habe!«

14:11 Uhr
Katie an Sanny
»Immerhin kannst Du jetzt annähernd verstehen, wie ich mich fühle. Denn ich habe Peter wirklich verloren. Du hattest Mika nur ein paar Stunden abgeschrieben. Ich Peter für immer. Es ist hart!«

14:12 Uhr
Sanny an Katie
»Den Spruch ›Nur die Harten komm'n in'n Garten‹ verkneife ich mir lieber mal …«

14:13 Uhr
Katie an Sanny
»Besser ist's!«

17:05 Uhr
Sanny an Katie
»Haben einen tollen Bio-Bauern gefunden. Lecker Schinken und Gemüse hat er! Brauchst Du was? Soll ich Dir was mitbringen?«

17:30 Uhr
Katie an Sanny
»Mit Lebensmitteln kann ich ja nicht soviel anfangen. Müsste Markus fragen. Ach, lass mal, aber danke! Ich glaube, jetzt, wo ich bald eine verheiratete Frau bin, muss ich mich auch mal ans Kochen gewöhnen ...!«

18:00 Uhr
Sanny an Katie
»Wenn Markus so gerne in der Küche steht und brutzelt – dann lass ihn doch!«

18:01 Uhr
Katie an Sanny
»Weiß nicht, ob er das wirklich aus Leidenschaft macht ... glaube eher, dass ihm nichts anderes übrig bleibt ...«

18:03 Uhr
Sanny an Katie
»Gibt ja auch – Gott sei Dank – die tolle Erfindung des Lieferservice! Die bringen doch heutzutage alles frisch und dampfend nach Hause!«

18:04 Uhr
Katie an Sanny
»Ganz meine Meinung! Wieso kompliziert, wenn es auch einfach geht?«

21:08 Uhr
Sanny an Katie
»Wir übernachten hier in Österreich. Haben ein abgefahrenes Hotel per Zufall gefunden. Das Hotel hat nur Suiten und jede Suite hat ein eigenes Thema. Wie Teufels-Suite, Romeo und Julia-Grotte oder Engelchen und Teufelchen. Ganz verspielt und süß gemacht! Wir haben die Teufels-Suite genommen – mit Wirlpool, Handschellen-Verankerung und so ’nem Zeug. Aufregend! Musst Du auch mal mit Markus hinfahren. Ist ja nicht weit von München, und vielleicht kommt dann Dein künftiger Göttergatte auch mal aus dem Quark …!«

21:26 Uhr
Katie an Sanny
»Klingt superspannend! Aber nicht, dass Ihr in so einem Swinger-Club gelandet seid, ohne es zu wissen – schreit ja fast danach, findest Du nicht auch?«

21:30 UHR
Sanny an Katie
»Himmel – nein! Meinen Mika teilen? Never! Was Leute wohl in solche Clubs führt? Obwohl, wenn ich länger darüber nachdenke: nachvollziehen könnte ich es schon …«

21:32 Uhr
Katie an Sanny
»Was??????????«

21:33 Uhr
Sanny an Katie
»Ja, was? Nun mach mal nicht wieder prüde …!«

21:35 Uhr
Katie an Sanny
»Was bitte reizt Dich?«

21:36 Uhr
Sanny an Katie
»Um ehrlich zu sein: ich wollte immer mal auf so ein Schloss. Ein gehobener Swinger Club. Stilvolles Ambiente, erstklassiges Essen und Champagner die ganze Nacht. Und keiner muss – aber jeder darf. Fremdvögeln wäre tabu für mich, aber es hat doch seinen Reiz zu wissen, dass andere Gäste Dich scharf finden. Sich darum reißen, Dich berühren zu dürfen. Die Vorstellung, dass mein Freund eine andere Frau mit der Zunge verwöhnt und ich schaue zu … Gänsehautverdächtig! Und wer weiß, welche Überraschungen da noch so auf einen warten …?«

21:40 Uhr
Katie an Sanny
»Ich wusste ja gar nicht, dass meine beste Freundin so ein verdorbenes Früchtchen ist … Du würdest doch sterben, wenn Dein Mika eine andere Votze leckt! Bei Bernhard hätte ich da weniger Bedenken … der weiß ja nicht einmal, wo die liegt …!!! ☺«

21:43 Uhr
Sanny an Katie
»Haha … Recht hast Du …! Aber träumen wird ja wohl noch erlaubt sein … Nein, aber das Hotel hier ist einfach wie ein Märchenschloss, und das tut mir mit Mika einfach nur gut. Bin verrückt nach ihm! Bernhard habe ich erzählt, dass ich heute bei

Dir schlafe und wir einen klassischen Weiberabend machen und die Hochzeitszeitung durchgehen. Sollte er also auf die wahnwitzige Idee kommen, bei Dir anzurufen: geh NICHT ran! Danke und Kuss!«

Datum: 08.09.

10:05 Uhr
Katie an Sanny
»So, raus aus der Teufels-Grotte!!! Hallo????? Genug Sex gehabt!!!! Denk ans Tanzen, Beginn – wie gehabt – um eins und komm nicht wieder zu spät!«

10:06 Uhr
Sanny an Katie
»Alte Sklaventreiberin … sind schon unterwegs! Habe Muskelkater an Stellen, die ich bislang nicht mal kannte! Bis gleich! Und nicht wieder Stress mit Markus … büdde!«

21:23 Uhr
Katie an Sanny
»Und? Geht's heut noch los?«

21:25 Uhr
Sanny an Katie
»Nein, bleiben zu Hause. Bernhard hat sich heute tatsächlich dreimal gemeldet! Dass er mich vermisst und so … der ist doch hoffentlich nicht krank?«

21:28 Uhr
Katie an Sanny
»Glückliche! Von Peter: NICHTS!«

21:29 Uhr
Sanny an Katie
»Aber das wolltest Du doch auch!«

21:31 Uhr
Katie an Sanny
»Wie schnell der mich aus seinem Leben gestrichen hat … dachte, das zwischen uns war etwas ganz Besonderes … egal. Didi und Hartmut sind gekommen. Die Jungs wollen Skat kloppen. Sind auch schön in der Vergangenheit stehen geblieben – jetzt, wo alle Welt pokert …«

21:34 Uhr
Sanny an Katie
»Bis morgen! Habt Spaß!«

Datum: 09.09.

09:15 Uhr
Sanny an Katie
»Ja – jetzt staunst Du! Die Vögel zwitschern, die Sonne scheint … schön, dass wir diesen Tag zum Helden zeugen in der miefigen Tanzhalle verbringen … aber es ist ja alles zum Wohle des Brautpaares und hat mit dem heutigen Tag ja auch endlich ein Ende!«

11:08 Uhr

Katie an Sanny

»Beim Gedanken daran zieht es sich bei mir zusammen. Mal sehen, ob Markus und ich es schaffen, heute unseren Eröffnungswalzer in der Generalprobe fehlerfrei und ohne uns zu zerfleischen auf die Reihe bekommen …!«

11:10 Uhr

Sanny an Katie

»… wenn es schief geht, dann tanzt doch zur Eröffnung den Ententanz!«

11:15 Uhr

Katie an Sanny

»Das Gesicht meiner Schwiegereltern möchte ich dann nicht sehen … aber möglich ist alles! Bis gleich! Und bring mir bitte den Prospekt dieser Wellness-Oase mit. Du wolltest Dir ja noch in den nächsten Tagen Zeit für Deine beste Freundin und absolute Entspannung nehmen … Und das ist MIKAFREIE Zeit! Ich betone! Nicht, dass der Dir an unserem Tag auch noch am Rockzippel hängt …!«

11:16 Uhr

Sanny an Katie

»Mach ich! Dann kannst Du Dir ja schon mal die besten Treatments aussuchen. Mich reizt ja das balinesische Waschritual, und ich will warmes Sesamöl als Stirnguss und auf den Kopf!«

11:18 Uhr

Katie an Sanny

»Keine schlechte Idee – nahezu perfekt ausgesucht … vielleicht wird Dein krankes Hirn dann wieder besser durchblutet!«

11:20 Uhr
Sanny an Katie
»Na: Dankeschön! … Mika und ich werden jetzt fürstlich frühstücken … mit Ei und allem Drum und Dran! Und frisch gestärkt treffen wir uns dann zum lustigen Ringelpiez mit Anfassen …!«

11:21 Uhr
Katie an Sanny
»Ich muss nicht frühstücken gehen … denn als fleißige und gewissenhafte Hausfrau bin ich heute über mich hinausgewachsen und habe Markus ein Frühstück de luxe serviert. Der arme Tropf hat Kopfschmerzen und auch noch beim Skat verloren … Leider hat das Frühstück ihn nicht so aufgeheitert wie erhofft – obwohl ich mir so viel Mühe gegeben habe …!«

11:23 Uhr
Sanny an Katie
»Wieso denn das? Was gab es denn? Fischstäbchen auf verbranntem Toast??«

11:24 Uhr
Katie an Sanny
»Nein, aber er fand mein Frühstück so reduziert …!«

11:25 Uhr
Sanny an Katie
»Häh????«

11:26 Uhr
Katie an Sanny
»Na, schau mal … habe es extra fotografiert, weil ich auf meine Leistung so stolz war …!«

11:27 Uhr
Katie an Sanny

11:28 Uhr
Sanny an Katie
»Ist doch ein perfektes Ei! Mehr geht nicht … nur die Auswahl und die Kombi ist … sagen wir … gewöhnungsbedürftig!«

11:29 Uhr
Katie an Sanny
»Du verstehst mich und meine Kochkünste wenigstens! Soll ich uns auch mal ein Frühstück machen?!«

11:30 Uhr
Sanny an Katie
»Ach nee, Du – lass mal! See you later, alligator!«

11:31 Uhr
Katie an Sanny
»See you soon, altes Huhn!«

23:46 Uhr
Sanny an Katie
»Mensch, war das heut ein schöner und extrem lustiger Tag. Wie Markus sich beherrscht hat, als Du ihm zum 100sten Mal auf die Füße gelatscht bist … Er hat das wirklich tapfer ertragen und war

nur höflich zu Dir. Und schön auch, dass wir danach noch alle zusammen essen waren. Ich hatte das Gefühl, Markus und Mika haben sich auch echt gut verstanden … bin ich ganz froh drüber.«

23:52 Uhr
Katie an Sanny
»Ja … aber das, was ich Dir jetzt sage, wirst Du sicher nicht so gerne hören mögen. Markus hat sich scheinbar zu gut mit Mika verstanden und demnach auch gemerkt, dass Eure Augen mehr als leuchten, wenn Ihr Euch nur anseht … Er fragte mich erst, wie es mit Dir und Bernhard denn so läuft, bevor er meinte, Du wirkst verliebt und der Grund sei Mika!«

23:53 Uhr
Sanny an Katie
»Ach, hör auf. Die zweimal, die wir uns flüchtig angesehen haben … und beim Tanzen ist das ja wohl klar, dass wir Körperkontakt haben. Das gehört ja nun mal zu einer guten Performance. Ich gehe davon aus, dass Du Markus wieder richtig eingenordet hast und sämtliche Zweifel aus der Welt geräumt sind!«

23:55 Uhr
Katie an Sanny
»Ehrensache, aber Maus, wenn Markus das schon mitbekommt und misstrauisch wird, obwohl er da sonst keine Antennen hat, dann sehen das Andere auch und Ihr seid einfach zu auffällig. Gut, dass Bernhard Euch noch nicht zusammen gesehen hat, denn da bekäme er seine schmutzige Frau mit ihrem ›wir sind ja nur Kollegen und Freunde‹-Stecher direkt auf dem Silbertablett präsentiert. Und den Rest kannste Dir selbst ausmalen …«

23:57 Uhr
Sanny an Katie
»Schmutzig? Stecher? Mika und ich, wir lieben uns, und da find ich nix Verwerfliches dran. Aber ich werde besser aufpassen, denn Vorsicht ist ja auch die Mutter der Porzellankiste und in diesem Fall würden Scherben echt kein Glück bringen.«

Datum: 10.09.

12:04 Uhr
Sanny an Katie
»Die Arbeitswelt hat mich wieder ... Stress lass nach! Hatten eben Kreativ-Meeting. Und als Magdalena reingerufen wurde, da ist sie bei meinem Anblick feuerrot geworden ... Ich weiß nicht so recht, ob da nicht doch was lief. Ich sollte sie feuern lassen.«

12:10 Uhr
Katie an Sanny
»Und aus welchem Grund willst Du sie rausschmeißen lassen? Ach ja: fast vergessen: Mika gehört Dir allein. Schönes Argument vor Deinen Kollegen ... ☺«

12:12 Uhr
Sanny an Katie
»Das ist es ja ... ich muss das Miststück auch noch in meiner Nähe ertragen ... Heute Nachmittag muss Mika mit Magdalena Location Check in der ländlichen Umgebung machen. Er ist ja jetzt Chef vom Dienst. Frage mich, wie sich die beiden unterhalten wollen – sie spricht ja nur gebrochen Deutsch und er nicht wirklich super Englisch ...!«

12:14 Uhr
Katie an Sanny
»Gibt ja auch noch die Körpersprache …!«

12:25 Uhr
Sanny an Katie
»Ich bekomme es raus und sehe alles! Und ich schwöre: dann klatscht es – aber nicht Applaus!«

12:30 Uhr
Katie an Sanny
»Richtig! Ich fahre auch gleich ins Studio. Wahnsinn: eine komplette Szene darf ich heute spielen!«

12:32 Uhr
Sanny an Katie
»Nicht, dass Du ins Schwitzen kommst …!«

12:36 Uhr
Katie an Sanny
»Sehe Peter gleich … hoffentlich erkenne ich ihn – ist ja eine Ewigkeit her, dass ich ihn bewundern durfte …!«

12:49 Uhr
Sanny an Katie
»… und immer schön Abstand halten …!«

12:50 Uhr
Katie an Sanny
»Die Sehnsucht ist schon groß!«

12:53 Uhr
Sanny an Katie
»Aber es bringt ja nun mal nichts. Und Dich nicht weiter … Weißt Du eigentlich, meine liebe Katie, wie man das zwischen Dir und Peter nennt? Diese verhängnisvolle Affäre, die Dich schön langsam zerbricht? Wenn das Glück grenzenlos scheint – das Unglück allerdings auch? Einander ständig zu vermissen, weil es da einfach Umstände gibt, die es nicht zulassen, dass Ihr für immer zusammen kommt? Amour fou nennt man das!«

13:01 Uhr
Katie an Sanny
»Wo hast Du das denn wieder her?«

13:04 Uhr
Sanny an Katie
»Bildung ist das A und O und ich bin mehr als gebildet!«

13:05 Uhr
Katie an Sanny
»OOOOOOh …!«

13:09 Uhr
Sanny an Katie
»☺«

20:35 Uhr
Katie an Sanny
»Boah, was für ein blöder Tag. Dreh war easy, aber Peter in die Augen zu sehen und ihn nicht berühren zu dürfen, ist wirklich schwer. Kennst Du das? Wenn man sich Hallo sagt und die Wangen beim Küsschen aneinander kleben und die Situation schon fast unangenehm wird? So war das heut bei uns und man

wartet auch direkt wieder auf die Verabschiedung, denn diese sekündlichen Momente sind außer der beruflichen neutralen Kommunikation noch ein kleines Highlight, an dem man sich festhält und auch spürt, wie nah wir uns noch sind. Bin echt traurig … und er macht es mir auch noch schwerer, er hat mir ins Ohr geflüstert, dass er mich immer noch sehr liebt und mich vermisst … uns vermisst … ich hab nichts gesagt, aber er fehlt mir auch ☹…«

21:06 Uhr
Sanny an Katie
»Mein Tag lief auch nicht besser. Mika hat sich nur ganz kurz gemeldet und mir geschrieben, dass sie tolle Locations gefunden haben und Magdalena ihren Job sehr ernst nehme und gute Arbeit leistet. Na, da sind wir aber stolz … bin sehr misstrauisch, aber versuch mich etwas zurückzuhalten. Jetzt sei er jedenfalls tierisch müde und deswegen geht er pennen … allein!! Ist klar … verstehe das gar nicht, bisher gab es diese Situation noch nicht, dass er nicht bei mir sein will, obwohl wir uns sehen könnten?! Der spielt jetzt wohl die Nummer des einsamen Reiters, der sich auch allein durchs Leben schlagen kann. Bitte, … wenn er meint, ich werde nicht am Kaktus lehnen und warten, bis er bei Sonnenuntergang reumütig angetrabt kommt! Hab nur geantwortet: okay!«

21:12 Uhr
Katie an Sanny
»Okay? Nun gut, das reicht ja auch. Ich glaube, er will Dir zeigen, dass Du nicht mehr an erster Stelle kommst und Du langsam aber sicher Nägel mit Köpfen machen musst. Lass ihn schmollen.«

21:15 Uhr
Sanny an Katie
»Mach ich auch. Nicht mehr Nummer eins? Pah! Er schneidet sich eh nur ins eigene Fleisch und weiß ja, was ihm entgeht! Vielleicht möchte er auch, dass ich bettele, aber da ist er falsch gewickelt, denn auf bockigen Kindergarten kann ich gar nicht! Ich geh schön in die Wanne … wozu brauch ich einen Mann, es gibt ja komfortable Duschköpfe …«

21:17 Uhr
Katie an Sanny
»Du bist echt die Geilste! Soll ich Dir helfen kommen? ☺ Markus ist ja auch noch nicht daheim, und selbst wenn er da wäre, da läuft ja eh nix und somit würden wir zwei Fliegen mit einer Klappe schlagen!«

21:21 Uhr
Sanny an Katie
»Hättest Du mal Lust mit einer Frau? Ich meine, bisher hast Du ja so was noch nicht erlebt, aber ich bin eine wirklich gute Lehrerin und auch nicht zu streng. Kannst's Dir überlegen, ich warte mit dem Rohrstock auf Dich! ☺«

21:25 Uhr
Katic an Sanny
»Nein danke, so nötig hab ich's nicht. Vielleicht ein anderes Mal und wenn jemals, dann sowieso nur mit Dir! Schlaf gut! … auch ohne Mika!«

21:26 Uhr
Sanny an Katie
»Jammer!«

Datum: 11.09.

10:05 Uhr
Katie an Sanny
»… denke gerade über unsere letzten Mails von gestern Abend nach und muss Dir jetzt eine Frage stellen. Bitte um ehrliche Antwort … Hattest Du schon mal was mit einer Frau?«

11:13 Uhr
Sanny an Katie
»????????«

11:14 Uhr
Katie an Sanny
»Ich meine so Erfahrungen …???«

11:15 Uhr
Sanny an Katie
»In Bezug auf was?«

11:16 Uhr
Katie an Sanny
»Mann, Du Ei! Du weißt genau, was ich meine!!!«

11:17 Uhr
Sanny an Katie
»Nö!«

11:18 Uhr
Katie an Sanny
»Was nö?? Haste oder haste nicht?«

11:20 Uhr
Sanny an Katie
»Keine Sorge. Habe mich für Dich aufgespart. ☺«

11:30 Uhr
Katie an Sanny
»Ich denke, ich bin 110prozentig heterosexuell ... das habe ich Dir ja auch schon x-mal gesagt ... aber aus welchen unerklärlichen Gründen auch immer ist das Thema schon in meinem Kopf ...!«

11:31 Uhr
Sanny an Katie
»Ich stehe auch total auf Männerkörper!!!!!! Um das mal klarzustellen ...!!! Ich weiß eigentlich auch gar nicht, wie Frau mit Frau schläft ... meine: da fehlt ja nun auch ein gewisser Schwellkörper ...!«

11:34 Uhr
Katie an Sanny
»Ach wieso? Gut geleckt ist doch halb gevögelt!«

11:35 Uhr
Sanny an Katie
»Das ist mehr als wahr. Wusstest Du eigentlich, dass die wenigsten Frauen beim Akt selbst zum Höhepunkt kommen? Also könnten rein theoretisch die meisten Weiber darauf verzichten ...!!«

11:36 Uhr
Katie an Sanny
»Ich nicht!!!!!«

11:37 Uhr
Sanny an Katie
»Ich auch nicht!«

11:38 Uhr
Katie an Sanny
»Und kannst Du mir bitte mal erklären, warum es so viele Typen da draußen gibt, die nicht gerne lecken oder das nie tun? Finden die das eklig oder was ist da falsch gelaufen?«

11:39 Uhr
Sanny an Katie
»Weißt Du überhaupt, wieviele Frauen das auch gar nicht wollen???? Was ist denn mit den Elsen los?«

11:40 Uhr
Katie an Sanny
»Als ob es Frauen auf diesem Planeten gibt, die nicht gern geleckt werden wollen?! Hallo?? Schlecki schlecki, sag ich nur!«

11:41 Uhr
Sanny an Katie
»Mein vollstes Verständnis hast Du! Glaube, dass sich die Weiber einfach nicht gehen lassen können und das Genießen nie gelernt haben! Aus Angst zu stinken oder warum auch immer. Ja, und verspannt kommst Du dann nicht zum Orgasmus. Ist ja dann auch eine reine Quälerei. Die Armen …!«

11:42 Uhr
Katie an Sanny
»Aber Sex hat doch nun mal mit Flüssigkeiten und Gerüchen zu tun – das weiß doch jedes Kind!«

11:43 Uhr
Sanny an Katie
»Richtig, Frau Dr. Sommer! Wenn die Muschi so richtig tropft und flutscht, macht das die richtigen Kerle doch total geil!«

11:44 Uhr
Katie an Sanny
»Sehe ich genauso! Bringt uns in unserer Erkenntnis aber null weiter!«

11:45 Uhr
Sanny an Katie
»Du: die haben alle negative Erfahrungen gemacht! Das ist der Schlüssel der Erklärung! Wenn der Typ beim Abtauchen den Hamburger Fischmarkt begrüßt, dann vergeht es denen … auf Lebzeiten!«

11:46 Uhr
Katie an Sanny
»Aber deren Käsestangen … das glibschige, zähflüssige Sperma ist ja auch nicht grade immer das gelbe Ei … wenn die Herren der Schöpfung sich abends beim Dönerfritzen den Wanst vollgeschlagen haben, dann ist das auch ein Würgeerlebnis der besonderen Art!«

11:47 Uhr
Sanny an Katie
»Unauffällig ausspucken – sage ich nur!«

11:48 Uhr
Katie an Sanny
»Also, Männer sind somit auch nicht ganz rund … Also doch Frau? Nee … obwohl: als Du neulich pullern warst, habe ich mir

Deine Muschi mal angesehen. Und der süße Schlitz … mh … schon lecker!«

11:49 Uhr
Sanny an Katie
»Katie!!! Das aus Deinem Mund? Nicht, dass Du irgendwann mal über mich und meinen Schlitz herfällst … so Döschen an Döschen reiben.«

11:50 Uhr
Katie an Sanny
»Mausi, es gibt ja neben der eifrigen Zunge auch noch die flinken Hände! Ich schätze, dass sich die Lesben erst einmal so richtig flutschig fingern und dann als Highlight den kostbaren Saft aus der Muschi lecken … Der gravierende Vorteil, wenn es zwei Frauen miteinander treiben, ist auf alle Fälle, dass sie alle Punkte sofort finden und bearbeiten können!«

11:51 Uhr
Sanny an Katie
»Vergiss aber nicht, dass jedes Vötzchen doch anders aussieht!!! Vielleicht schwillt ja dann vor lauter Geilheit der Kitzler so wesentlich an, dass es ein kleiner Penis wird und dann können die sich doch was einführen!«

11:52 Uhr
Katie an Sanny
»Einführen? Klar, aber nicht den Kitzler, sondern die schnallen sich einen richtig schönen Gummischwanz um und rammen ihn der anderen genüsslich rein, bis die vor Geilheit schreit!«

11:54 Uhr

Sanny an Katie

»Na – dann haben wir ja doch wieder etwas von den Herren der Schöpfung – wenn auch aus Gummi!«

11:56 Uhr

Katie an Sanny

»Aber der Kick ist doch ein anderer! Zwei schöne, zarte Frauenkörper – mega porno! Aber Thema Nummer eins wird natürlich das Muschi-Lecken sein! Und die Schnecken werden sich ausgiebig mit ihren Titten beschäftigen. Festsaugen, kneten und massieren! Du wärst da auch meine Favoritin – mit Deinen kleinen, knackigen Dingern!«

11:57 Uhr

Sanny an Katie

»Du machst mir Angst … aber ich kann es auch nicht abstreiten, dass der Gedanke an das Unerlebte schon anmacht …!«

12:00 Uhr

Katie an Sanny

»Also: wenn mal gar nichts mehr geht – und wir haben ja nicht so die Erfolgsquote bei den Kerlen momentan – dann musst Du ran! Jawohl! Brauchst auch nur schlabbern, denn so ein Plastikpimmel, wo nichts rauskommt, ist nicht mein Ding! Obwohl sowieso eher die Frau kommen wird, die sich das Ding umschnallt. Bevor ich ihn bei Dir eingeführt habe, hat mich das Ding doch direkt so durchgerüttelt, dass mein Orgasmus mich zerreißen wird! ☺«

12:01 Uhr

Sanny an Katie

»Hast Du getrunken? Zuviel Pornos gesehen oder was ist passiert?«

12:02 Uhr
Katie an Sanny
»Frau darf doch mal träumen und nachdenken … hat Mika sich gemeldet?«

12:03 Uhr
Katie an Sanny
»Mika sich gemeldet?«

12:05 Uhr
Sanny an Katie
»Ich habe ihn zweimal angemailt!«

12:06 Uhr
Katie an Sanny
»Und?«

12:07 Uhr
Sanny an Katie
»Nichts!«

12:10 Uhr
Katie an Sanny
»Unverschämt. Du, das ist ein Machtspiel! Wie lächerlich! Der wird ja nicht mit Magdalena gestern noch versackt sein???«

12:11 Uhr
Sanny an Katie
»Wehe … ich habe ja in meinem Wahn und im Anflug einer kleinen Eifersuchtsattacke heute Morgen mein Auto geschnappt und bin an seiner Wohnung vorbeigefahren. Sein Auto stand in der Straße. Immerhin!«

12:12 Uhr
Katie an Sanny
»Du bist ja annähernd so krank wie ich!«

12:13 Uhr
Sanny an Katie
»Deswegen sind wir wohl Freunde!«

16:00 Uhr
Sanny an Katie
»Mika war entzückend heute in der Firma! Gute Drehorte hat er ausfindig gemacht! Und soeben bin ich als Talkgast bei der bekanntesten Talkshow eingeladen! Die haben Geschmack! Geht um das Interview mit Drews und die Aussagen, die er aufgrund meiner genialen Interviewtechnik gemacht hat! Ich bin ein Star! Wir fliegen morgen nach Köln! Für volle zwei Tage. Meine Vertretung übernimmt die Moderation der Promi-Tonne – die Geschäftsführung hat abgenickt!«

16:05 Uhr
Katie an Sanny
»Wir fliegen morgen? Ich soll mit? Super! Köln ist immer eine Reise wert! Habe quasi schon gepackt! Passt auch, drehe erst in drei Tagen wieder! Gott, bist Du süß!«

16:10 Uhr
Sanny an Katie
»… mit wir fliegen meinte ich leider leider Mika und mich. Als Chef vom Dienst muss er mich begleiten … Sei nicht sauer. Du kommst beim nächsten Mal mit, okay?«

16:11 Uhr
Katie an Sanny
»Vorfreude war ja auch eine Freude … und ich dachte schon. Aber schön für Euch!«

16:14 Uhr
Sanny an Katie
»So, Sendungsvorbereitungen laufen und dann düse ich ins Hotel und packe ein paar Sachen. Der Flieger nach Köln geht morgen um 6:05 Uhr! Was für eine unchristliche Uhrzeit! Egal – zwei Tage Mika und diese Magdalena weit weg. Ich liebe das Leben!«

18:00 Uhr
Katie an Sanny
»Während Du Dir Deine Kalorien wegvögelst, schwitze ich sie gleich in der Sauna aus. Hoffentlich sitzen da nicht so widerliche Typen, die einen lüstern angeiern. Danach treffe ich mich mit Andrea und wir proben die Hochzeitsfrisur! Ich werde aussehen wie eine Märchenfee!«

18:04 Uhr
Sanny an Katie
»Was willst Du denn ausprobieren? Hochstecken ist ja eher schlecht bei Deinen kurzen Haaren …!«

18:05 Uhr
Katie an Sanny
»Schon mal was von Haarteilen gehört, Frau Moderatorin? Stell Dir vor, das machen die Tanten im Fernsehen ganz oft!«

18:10 Uhr
Sanny an Katie
»Du wirst so sexy sein!«

18:14 Uhr
Katie an Sanny
»Muss ja zum Brautkleid passen – ich werde doch die römische Göttin! Nenne mich Venus!«

18:16 Uhr
Sanny an Katie
»Für mich bist Du ab heute nur noch Aphrodite!«

21:26 Uhr
Sanny an Katie
»Und? Entschluss steht fest? Haare hoch?«

21:37 Uhr
Katie an Sanny
»Sehe mega aus! Könnte mich selbst vernaschen, wenn ich vorm Spiegel stehe!«

21:40 Uhr
Sanny an Katie
»An Deinem mangelnden Selbstbewusstsein sollten wir arbeiten … ☺ Lege mich hin, hoffentlich höre ich den Wecker und verschlafe nicht. Komisch, schon die zweite Nacht ohne Mika!«

21:45 Uhr
Katie an Sanny
»Wie? Schläft der wieder nicht bei Dir? Ihr fliegt doch morgen früh zusammen – verstehe ich nicht …!«

21:50 Uhr
Sanny an Katie
»Wäre ja auch ideal gewesen … aber er musste dringend zu Andy. Seine Freundin hat sich überraschend von ihm getrennt und nun

muss Mika Aufbauarbeit leisten. Hauptsache, die geht nicht bis spät in die Nacht … er soll ja fit in Köln sein. Sind im Savoy Hotel. Ich könnte durchdrehen vor Freude!«

Datum: 12.09.

13:00 Uhr
Sanny an Katie
»Wenn ich einen Hotelführer schreiben sollte, dann wäre bei mir definitiv das Savoy ganz weit oben. Das Zimmer ist der Burner! Und die Betten: Hammer! Wie in den USA – diese mit den ganz hohen Matratzen. So gemütlich und lädt natürlich ein … Mika ist heute wieder wie früher: anhänglich und verrückt nach mir! So soll es sein!«

13:30 Uhr
Katie an Sanny
»Hört sich alles ganz aufregend an! Vermisse Dich. Was machen eigentlich die Hausfrauen, die so gar nicht arbeiten? Jetzt, wo ich doch mit meinen Drehs enorm reduziert wurde, habe ich das erste Mal in meinem Leben zuviel Zeit …«

13:45 Uhr
Sanny an Katie
»Die pflegen den Haushalt, treiben viel Sport, gehen shoppen und überwachen ihre Männer! Und ein guter Teil der Weiber hält sich einen Lover!«

13:50 Uhr
Katie an Sanny
»Klingt ja logisch, aber meinen Zukünftigen muss ich nicht überwachen aus bekannten Gründen – jedenfalls nicht vor der Hochzeit –, meinen Lover habe ich schweren Herzen aus meinem Leben gestrichen und die Batterie von meinem Vibrator hat auch den Geist aufgegeben … Spaß beiseite: ich brauche eine Beschäftigung! Nur was?«

13:53 Uhr
Sanny an Katie
»Gib doch mal wieder ein paar Autogrammstunden, dann hast Du zwei Fliegen mit einer Klappe geschlagen und verdienst auch noch Geld, mit dem Du anschließend Deine nächsten Stunden beim Einkaufen gesichert hast … Oder engagiere Dich für einen guten Zweck. Bastele Dinge, die Du verkaufst oder versteigerst und anschließend spendest Du das Geld an Bedürftige. Entweder im stillen Kämmerlein oder – wie die meisten Menschen, die in der Öffentlichkeit stehen – machst Du noch eine schöne PR-Nummer daraus und sammelst auf Deinem Imagekonto ordentlich Pluspunkte!«

14:00 Uhr
Katie an Sanny
»Och … ist ja alles ganz schön anstrengend. Kennst Du das, dass man sich langweilt und nichts zu tun hat und das, was man machen könnte, einem dann zuviel ist? Du hast es einfach gut …!«

14:10 Uhr
Sanny an Katie
»Ja, sehr gut! Ich betrüge nach wie vor den Mann, den ich liebe. Bin genauso verliebt in meinen Mika. Muss mich mit Ultimaten

auseinandersetzen, die mein ganzes Leben verändern würden und keine Aussicht auf ein friedliches Familienleben, weil mich keiner heiraten will. Mann, habe ich es gut. Bin ja ein richtiges Glücksschwein. Und Du? Du tust mir so leid: erlebst die aufregendste Zeit in Deinem Leben, weil Du in knapp zwei Wochen vor dem Traualtar stehst und einen echt coolen Traummann ehelichst …! Wie kann man Dir armem Geschöpf nur helfen? Moment … frage mal Mika!«

14:12 Uhr
Katie an Sanny
»NEIN! Der denkt, ich bin durchgeknallt …!«

14:13 Uhr
Sanny an Katie
»Sei Dir sicher, das denkt er bereits – und Katie: DU BIST ES!«

14:15 Uhr
Katie an Sanny
»Ach was …!«

18:30 Uhr
Katie an Sanny
»Gehe gleich auf eine Kinopremiere im Bayerischen Hof! Die Veranstalter haben ein paar VIP-Einladungen an unsere Produktionsfirma geschickt und Du darfst gerne wieder dreimal raten, wer meine Begleitung sein wird!«

18:57 Uhr
Sanny an Katie
»… wir sind noch immer bei den Aufzeichnungen … Da lobe ich mir die Produktion meiner Promi-Tonne: live oder live-on-tape. Hier zeichnen sie alles vorab auf und diskutieren wirklich jedes

Wort und jede Fragestellung des Moderators. Da kommt natürlich eine ungemeine Spontanität und ein Wortwitz der besonderen Art auf … Gähn … Alleine die Lichtausrichtung hat eine geschlagene Stunde gedauert! Dafür haben die einen Weichzeichner eingebaut – auf alle Fälle sehe ich aus wie zwanzig! Sehr gut! Mika sitzt stolz wie Bolle im Publikum – der soll ruhig merken, was für eine erfolgreiche und zugleich schöne Frau er abbekommen hat!«

19:01 Uhr
Katie an Sanny
»A ist das genau sein Problem! Du bist nicht seine Frau – ER IST NUR DEIN LOVER! Und B: rate nun, wer mich begleitet!«

21:29 Uhr
Sanny an Katie
»Puh – das hat sich gezogen. Fertig. Ich war ein spitzenmäßiger Gast! Gehen nun mit einem Teil der Crew noch auf einen Happen. Die wollen ins Quattro Carni am Friesenplatz. Ist lecker – kenne ich noch aus meiner Praktikumszeit in Köln. Sehen und gesehen werden … Mika mault schon wieder rum … dass wir natürlich den Schein wahren müssen und er als mein Chefredakteur auftreten muss. Was erwartet er denn???? Außerdem mailt er ständig … hat er sonst nie gemacht! Angeblich eine Überraschung für mich … Habe ihn nämlich gefragt, mit wem er hier ununterbrochen simst … Na, da lasse ich mich dann auch mal überraschen …«

21:45 Uhr
Sanny an Katie
»Ach ja: Peter?????? Bitte nicht …«

21:55 Uhr
Sanny an Katie
»Tatsächlich Markus?«

22:03 Uhr
Sanny an Katie
»Tina?«

22:04 Uhr
Sanny an Katie
»????«

22:10 Uhr
Katie an Sanny
»OLIVER!«

22:15 Uhr
Sanny an Katie
»Dein neuer, schöner Filmpartner? Ich hoffe, Ihr habt Spaß ... schöne Männer sind bekanntlich ja gerne mal ein wenig langweiliger als andere und besitzen ja auch nicht die Gabe, über sich selbst zu lachen ... Nur Mika kann das und natürlich mein Bernhard ...!«

22:17 Uhr
Katie an Sanny
»Kann mich nicht beklagen ... er ist sehr unterhaltsam und mehr möchte ich ja auch nicht ... Markus ist heute für drei Tage mit seinen Kollegen nach Rotterdam – Meeting! Und ich kann ja schließlich nicht alleine auf so ein wichtiges Event. Alle da: viele Soapies, Schauspieler und natürlich wie immer die, die gerne wichtig wären. Bei manchen aus unserer Branche wundert man sich einfach nur, wie die immer auf die Gästeliste kommen – die

finden seit Ewigkeiten nicht mehr im Fernsehen statt und schnorren sich trotzdem auf diesen Partys durch …«

22:30 Uhr
Sanny an Katie
»Bis später … da kommt ein geiler Mann auf mich zu mit so einem geilen Rohr … Ahhhhh …!«

22:31 Uhr
Katie an Sanny
»Wenn das beste Stück von Oliver annähernd so schön ist, wie sein Gesicht und Lächeln, dann ist sein Schwanz ein Kunstwerk … – nur, das werde ich nie erfahren …!«

22:36 Uhr
Sanny an Katie:
»Was nützt ein schöner Schwanz, wenn der Typ beim Poppen am liebsten sich im Spiegel anschaut?!«

22:37 Uhr
Katie an Sanny
»Wie kommste denn da drauf?«

22:41 Uhr
Sanny an Katie
»Ich war doch mal drei Monate mit diesem extremen Schönling Matthias zusammen. Während der Studienzeit. Die ganze Uni flog auf diesen Menschen … zu schön, um wahr zu sein. Mich wollte er! War klar! Küssen konnte er super, aber der war so in sich und sein Äußeres verliebt, dass er tatsächlich beim Ausziehen sich und seinen Body im Spiegel beobachtet hat und beim Sex wollte er auch am liebsten nur sich und seine Muskeln sehen … das ist so was von abturnend … Einen Schlussstrich habe ich dann

gezogen, als er mich ernsthaft fragte, ob er zur Party eher das blaue Hemd tragen sollte, das so wunderbar mit seinen strahlend blauen Augen harmoniert oder das gelbe, das seine schwarze Haarfarbe unterstreicht …!«

22:43 Uhr
Katie an Sanny
»Krank …!«

22:45 Uhr
Sanny an Katie
»In der Tat! Aber immerhin kann Dein Oliver gut küssen – halbe Miete … Wie sagtest Du noch so schön nach Eurer ersten Filmkuss-Szene: der knutscht mich schwindelig … vielleicht fickt der Dich ja auch besinnungslos … ☺«

22:48 Uhr
Katie an Sanny
»Vielleicht sollte ich es ausprobieren … Probieren geht über studieren …«

22:49 Uhr
Sanny an Katie
»Untersteh Dich!!!!«

Datum: 13.09.

10:02 Uhr
Katie an Sanny
»Was treiben die Turteltauben?«

10:04 Uhr
Sanny an Katie
»Hängen noch im Bett ab … Wurde zuvor von einer Wahnsinnsmanneskraft geweckt … Nicht schlecht, die Augen zu öffnen und den Morgen mit einer Latte intus zu begrüßen …! Kenne ich von Bernhard einfach nicht. Wir haben in den sieben Jahren noch nicht ein einziges Mal morgens gevögelt! Nicht einmal! Eigentlich traurig … aber er mag es morgens nicht … ähnlich wie abends … Ich finde, dass man frisch durchgevögelt am Morgen den Tag entspannter beginnen kann. Nur auf Zunge küssen geht gar nicht – nicht vor dem Zähneputzen … also Sex ohne Küssen … hat doch auch was Verruchtes und einen kleinen Touch Reeperbahn …!«

10:06 Uhr
Katie an Sanny
»Der Sex am Morgen ist eigentlich immer von der Seite oder von hinten!!! Habe noch nie morgens die Missionarstellung genossen … dann haucht er Dir ja den schlechten Muffelatem direkt ins Gesicht … geht gar nicht … Aber mal davon abgesehen: Du hast ja auch nichts anderes mehr im Kopf … ich sag's ja: eine verdorbene Frucht bist Du!«

10:07 Uhr
Sanny an Katie
»Dann bin ich die Erdbeere!!!«

10:10 Uhr
Katie an Sanny
»????«

10:12 Uhr
Sanny an Katie
»Na von Tutti Frutti mit Hugo Egon Balder ... Dein Gehirn schläft wohl noch ... Die Erdbeere war die Schönste von allen!«

10:15 Uhr
Katie an Sanny
»... na dann: ich bin die Trockenpflaume ...!!«

11:18 Uhr
Sanny an Katie
»Ein Theater! Bernhard hat grade angerufen. Er hat für das Wochenende etwas Schönes geplant mit uns beiden. War voller Emotionen und vermisst mich!!!! Was ist denn nun kaputt??? Mika hat das Telefonat mitgehört, obwohl ich extra ins Badezimmer gegangen bin ... Und jetzt will er mit mir sprechen!!!!!! Gleich, unten beim Frühstück ...! Meine Güte, er tut jedes Mal so, als höre er das erste Mal, dass ich in einer glücklichen Beziehung stecke ...!«

11:29 Uhr
Katie an Sanny
»Fuck ... klingt irgendwie nach Stress ... frag' nicht, warum – aber es klingt so!«

11:30 Uhr
Sanny an Katie
»Schlaumeier ...! Ich hoffe, Du irrst Dich ...«

14:05 Uhr
Sanny an Katie
»Nun ist die Kacke am Dampfen … er meint es wirklich ernst! Wenn ich nach dem Wochenende zurück nach München komme und mich noch immer nicht komplett mit allen Konsequenzen für ihn entschieden habe, dann ist er weg … Mika hat bei seiner Ansprache geweint. Er kann nicht mehr. Er liebt mich so sehr und er will und kann nicht mehr an zweiter Stelle kommen … lieber würde er auf mich verzichten …! Und nun?«

14:10 Uhr
Katie an Sanny
»Sei nicht sauer – es kommt ja nicht wirklich überraschend … Ich weiß es nicht. Es ist Deine Entscheidung! Kannst und willst Du mit Bernhard so weitermachen? Du sagst, er sei egoistisch und kommt nicht aus dem Quark … Warum hängst Du so an ihm? Ist es Gewohnheit? Mitleid? Bruder-Schwester-Liebe oder echte Leidenschaft???? Du sagst, Mika ist Dein Ein und Alles … aber nicht die Nummer eins … Warum? Ich verstehe Dich gut, glaube mir …!«

14:25 Uhr
Sanny an Katie
»Ich warte das Wochenende mal ab … vielleicht entspannt sich ja dann alles ein wenig! Hab Dich lieb! Gehen nun bummeln …!«

14:30 Uhr
Katie an Sanny
»Mein Tipp: gib nicht zuviel Geld aus …!«

14:31 Uhr
Katie an Sanny
»… nicht für andere …!«

14:32 Uhr
Sanny an Katie
»Kennst mich doch …«

14:33 Uhr
Katie an Sanny
»Eben drum … oder wie viele so schön falsch sagen: EBEND!«

16:34 Uhr
Katie an Sanny
»Fliegt Ihr eigentlich schon heute nach München zurück oder habt Ihr noch eine Nacht in diesem Luxus-Schuppen?«

17:34 Uhr
Sanny an Katie
»Haben noch eine Nacht, und die werde ich so was von total genießen und Mika überzeugen, dass er ohne mich doch gar nicht kann … Fliegen morgen Mittag, allerdings düse ich ja direkt nach Hamburg und nur Mika fliegt zu den Bayern zurück! Hier in Köln sind ja alle ganz schön warm … wie die Typen Mika anstarren … unglaublich. Warum sind die Schwulen eigentlich fast alle – durch die Bank weg – die wirklich gut aussehenden Männer? Die Kerle, die auf ihr Äußeres achten, sich richtig schnieke kleiden können und stilvoll vom Haar bis zu den Zehen sind? Was hat die Frauenwelt den Jungs nur angetan, dass die alle schwul werden?????«

17:35 Uhr
Katie an Sanny
»Gute Frage – nächste Frage! Aber überleg Dir mal, wie anstrengend so viele Weiber sind – da haben die Schwulinskies keinen Bock drauf und orientieren sich eben um … und ein Mann kann ja bekanntlich auch nicht schwanger werden – ideal also für die Typen, die niemals Vater werden möchten … Und dass es immer

mehr werden, glaube ich nicht mal … schon im alten Rom standen die Kerle auf Jünglinge!«

19:03 Uhr
Sanny an Katie
»Die haben hier in der Wellness-Oase die tollsten Produkte von St. Barth – auch die neue Bananen-Handcreme! Soll ich sie Dir mitbringen?«

19:05 Uhr
Katie an Sanny
»Wenn die nicht zu künstlich riecht, dann gerne!«

19:10 Uhr
Sanny an Katie
»Die schnuppert wie eine frisch gepellte Jung-Banane! Frisch, fruchtig, lecker – gekauft!«

19:56 Uhr
Katie an Sanny
»Lese grade die neue Bunte und bin entsetzt, geschockt und tieftraurig!«

20:05 Uhr
Sanny an Katie
»Gott, das klingt nicht gut … was ist denn los? Ein Bild von Dir mit Oliver in der Klatschspalte? Lass mich raten: Du hast auf dem Foto ein Doppelkinn und die Augen geschlossen? Oder noch besser: Untertitel: Serienstar Katie mit neuem Freund Oliver!«

20:10 Uhr
Katie an Sanny
»Quatsch – nein, nein, nein … Die Reporter wissen doch, dass ich bald Markus heirate … nicht zuletzt dank Deines Mallorca-Interviews … you remember? Nein – ich sehe hier grade ein aktuelles Bild von Robbie Williams. Du bist doch der größte Fan und hast mich ein wenig damit angesteckt … Hast Du nicht grade auf Hawaii seine Biografie gelesen? Wie dem auch sei: im Moment ist er dick, schwabbelig und spielt nur noch Golf … nicht, dass er nicht immer noch sexy ist, aber es gab in der Tat mal bessere Zeiten … Und Golf? Der soll mal wieder einen Song rausbringen und nicht den Popstar außer Dienst zelebrieren …!«

20:14 Uhr
Sanny an Katie
»Ich verstehe das ja, dass er vom Golfsport fasziniert ist … der soll mal ein kleines 18-Loch Spiel mit mir wagen … Ich würde sterben … Aber warum frisst denn der jetzt soviel? Oder meinst Du, er hat aufgehört zu rauchen? Dann nehmen ja auch viele so zu …«

20:15 Uhr
Katie an Sanny
»Robbie? Nach Dir die letzte lebende Zigarette? Niemals … Das liegt daran, dass er in Los Angeles lebt und die Amis doch alles mit extra Dip und extra Genuss essen. Mal eine Pizza in Amerika gegessen? Da hat alleine der mit Käse gefüllte Rand eines Pizza-Stückes mehr Kalorien, als in Italien eine riesige Familienpizza!«

20:17 Uhr
Sanny an Katie
»Stimmt … Bei Robbie finde ich schade, dass er relativ klein für einen Mann ist – aber trotzdem ist er Sex pur!!!!! Hoffentlich geht

er irgendwann einmal wieder auf Konzert ... das war einfach ein einmaliges Erlebnis! Ich kenne keinen anderen Künstler, der es schafft, vor Tausenden von Menschen jedem einzelnen das Gefühl zu geben, er spiele nur für diesen einen Gast! Er hat mir bei »Angels« in die Augen geschaut! Es war unheimlich! Unheimlich schön ... er muss einfach ein Revival planen – was machen sonst die jungen Frauen zwischen Deutschland und Japan?«

20:18 Uhr
Katie an Sanny
»Und es ist doch kaum zu fassen, dass selbst die Kerle Robbie einfach nur als coole Sau bezeichnen ... So ein großer Entertainer! Jetzt spielt er Golf ... Meine Welt bricht ein wenig in sich zusammen. Nun gut, er spielt Golf, wir haben noch Sex!«

20:19 Uhr
Sanny an Katie
»Weltschmerz ...!«

20:21 Uhr
Sanny an Katie
»Mika sieht Robbie ganz schön ähnlich ... Findest Du nicht?«

20:22 Uhr
Katie an Sanny
»NEIN!«

20:23 Uhr
Sanny an Katie
»Bist ja nur neidisch ... weil Markus blondes Haar hat ...!«

20:26 Uhr
Katie an Sanny
»Siehst Du aus wie Pamela Anderson, nur weil Du blonde Haare hast?«

20:30 Uhr
Sanny an Katie
»Och, ein wenig schon … wenn sie zurechtgemacht ist – natürlich ☺«

20:33 Uhr
Katie an Sanny
»Ende …!«

Datum: 14.09.

12:23 Uhr
Katie an Sanny
»Passt es Dir in drei Tagen mit unserer Wellnessfarm? Bleiben wir eine Nacht? Ich würde dann da mal anfragen, ob die ein schönes Zimmer frei haben!«

12:45 Uhr
Sanny an Katie
»Ja, super! Lande Montag um 9 Uhr in München, dann kannst Du mich direkt vom Flughafen abholen und wir düsen gleich weiter! Nehmen wir Dein Auto? Freu mich. Ich müsste nur am 18. gegen drei wieder in München sein, wegen der Sendung. Aber dann haben wir ausreichend Zeit, uns ein wenig verhübschen zu lassen! Bin schon daheim, Bernhard ist noch unterwegs und kommt auch

gleich. Hat sich richtig Zeit für mich eingeplant. Bin so neugierig, was der geplant hat!«

13:00 Uhr
Katie an Sanny
»Ich aber auch! Markus hat eben angerufen. Er vermisst mich wie die Pest und die Geschäfte scheinen zu laufen! Habe gleich Klavierunterricht … und nicht geübt … Schande!«

13:04 Uhr
Sanny an Katie
»Sehe es positiv: dass Du überhaupt mit dem Klavierspielen angefangen hast, finde ich spitze – wenn auch nur vor Langeweile – aber dass Du es auch noch durchziehst und nicht schon nach dem zweiten Mal das Interesse verloren hast, wie bei Deinen anderen vielzähligen, angefangenen »Hobbies«, ist doch klasse! Warum sagt man eigentlich vermissen wie die Pest? Die vermisst man doch nun so gar nicht …!«

13:05 Uhr
Katie an Sanny
»Du stellst schon wieder Fragen …«

13:06 Uhr
Sanny an Katie
»Wieso, weshalb, warum … wer nicht fragt, bleibt dumm – und das passt einfach nicht zu mir … Nein, ernsthaft: wieso vermisst man die Pest? Eine todbringende Krankheit, die für viel Leid gesorgt hat? Die so dramatisch war, dass man ein Impfmittel dagegen erfunden hat – Gott sei Dank! Wieso vermisst man seine Liebsten wie eine schlimme Krankheit????«

13:08 Uhr
Katie an Sanny
»Sanny: ich weiß es nicht … google doch mal …!«

13:10 Uhr
Sanny an Katie
»Das werde ich! Unter www.warumvermisstmanwiediepest.de erfahre ich sicher alles ☺! Der nächste PC muss dran glauben! Oder ich frage Bernhard, der weiß eigentlich alles! Allgemeinbildung: unschlagbar – hat als Kind schon den Spiegel gelesen!«

13:12 Uhr
Katie an Sanny
»… Jetzt geht die Leier wieder los!«

13:14 Uhr
Sanny an Katie
»Und womit?

13:15 Uhr
Katie an Sanny
»Wie immer: mit Recht!!!!!!!«

13:27 Uhr
Sanny an Katie
»Exakt«

14:10 Uhr
Sanny an Katie
»Sylt – es geht nach Sylt!!!!!!!!!«

15:30 Uhr
Katie an Sanny
»Ich glaube es nicht ... Da wollte ich hin auf meinem Abschiedsabend – wie Du ja weißt. Ich darf schön in die Lüneburger Heide und die Königin jettet mal eben übers Wochenende auf die Insel der Reichen und Schönen ... Das Leben ist wirklich nicht immer gerecht! Aber Ihr habt bestimmt Regen, Wind und es ist elendig kalt! Wir haben September! Wer will denn da nach Sylt? Kein Mensch will da in dieser Jahreszeit hin ... NEID!!!!!!!!«

15:35 Uhr
Sanny an Katie
»Paar Mal beim Klavierspielen nicht die richtige Taste gefunden oder warum unterschwellig so angepisst? Hihi ... Laut dem führenden online-Wetterdienst ist für das Wochenende bestes Wetter prognostiziert! Goldener Herbst mit fast sommerlichen Temperaturen! Und der Tisch in der Sansibar ist reserviert! Bernhard hat alles gemanagt und vorab organisiert! Was sage ich nur Mika? Wenn der in seinem momentanen »Ultimatum-und-Sanny-ganz-haben-wollen-Wahn« hört, dass wir honeymoonartig nach Sylt fahren, dann dreht der durch! Aber er muss ja auch nicht alles wissen. Wie heißt es so schön? Du kannst zwar alles essen, musst aber nicht alles wissen!«

15:46 Uhr
Katie an Sanny
»Ähnlich brotloser Spruch wie ›Solange Deine Füße unter meinem Tisch sind, wird in diesem Haus gemacht, was ich bestimme!‹«

15:57 Uhr
Sanny an Katie
»Der Hass-Spruch Nummer eins meiner Mama! Sie sagt immer, dass die Kinder sich die Eltern ja nicht ausgesucht haben und die Eltern ihre Kinder zu verwöhnen haben und Sorge tragen müssen, dass aus den Geschöpfen durch liebevollen Umgang gute und fleißige Menschen werden!«

16:04 Uhr
Katie an Sanny
»Klingt ein wenig nach antiautoritärer Erziehung! Kann aber auch anstrengend sein, so vollkommen verzogene Bratzen. Mit denen kann man ja nicht einmal ins Restaurant für gut – wenn die mit ihrer unerzogenen und unerträglichen Art die anderen Besucher tyrannisieren.«

16:05 Uhr
Sanny an Katie
»Nein, so meint sie das nicht. Mama hat uns schon die Regeln der Gesellschaft mit auf den Lebensweg gegeben. Ich war ein superliebes Kind. Aber ich hatte nie Verbote, die mir nicht erklärt wurden. Meine Eltern haben mir alles genau erläutert, auch als ich noch ganz klein war! Es ist doch ein Unterschied, ob eine genervte Mutter im Supermarkt das eigene Kind anschreit, weil es einen Lolli haben möchte und brüllt, es sei jetzt Schluss. Oder ob eine liebevolle Mami dem Kind zärtlich über den Kopf streichelt und erklärt, dass ein Lolli Geld kostet, welches man verdienen muss und sie heute schon alles ausgegeben hat und zudem Lollis für die kleinen Milchzähne nicht gut sind und Karius und Baktus dann kommen.«

16:07 Uhr
Katie an Sanny
»Deine Eltern sind auch super – schade nur, dass so was, wie Du es bist, bei all den guten Ansätzen rausgekommen ist … ☺ Mom und Dad sind da ja ähnlich und ich möchte es nicht missen, dass ich den beiden alles, wirklich ALLES, erzählen kann. Das haben die wenigsten Familien und die tun mir fast ein wenig leid, weil denen im Leben so viel fehlt. Oder die Familien, die den Kontakt komplett abbrechen. Ich kann das einfach nicht nachvollziehen … schwere Kost! Seid Ihr unterwegs?«

16:12 Uhr
Sanny an Katie
»Klar. Hälfte der Strecke bis zum Autozug schon geschafft. Die Straßen sind erstaunlich leer. Kommen gut durch! Komisch, nun gibt sich Bernhard so viel Mühe und ich hoffe, dass das nicht zu spät kommt. Wie oft in den letzten sieben Jahren habe ich mir gewünscht, dass er mir wirklich bewusst zeigt, dass ich seine Nummer eins bin …«

16:15 Uhr
Katie an Sanny
»Du darfst aber auch nicht vergessen, dass Du wirklich oft nicht daheim bist! Du lebst mehr oder weniger in zwei Städten, Du bist unglaublich erfolgreich und ehrgeizig. So quirlig und immer Hummeln im Hintern. Für einen Mann – egal, wie stolz und selbstbewusst er ist – ist das nicht einfach, neben so einer Erfolgsfrau zu bestehen! Und immer vor dem Hintergrund, dass Du ihm alles ermöglicht hast …«

16:17 Uhr
Sanny an Katie
»Das weiß ich doch alles, Katie! Aber nun steht er beruflich doch auf eigenen Füßen, krabbelt die Karriereleiter im Affenzahn hoch! Jetzt kann man doch genießen und vor allem die Zeit, die ich in Hamburg bin, bewusst zu zweit erleben!«

16:20 Uhr
Katie an Sanny
»Schatz, hier können wir nicht logisch etwas ausdiskutieren … wir sprechen über Männer!«

16:23 Uhr
Sanny an Katie
»… wie konnte ich vergessen …!«

17:58 Uhr
Katie an Sanny
»Von welcher Firma ist Deine neue, geile, schwarze Jeans?«

18:06 Uhr
Sanny an Katie
»Welche? Die weite Marlene Dietrich Jeans oder die Röhre?«

18:08 Uhr
Katie an Sanny
»Röhre!«

18:12 Uhr
Sanny an Katie
»Cut for friends! Wieso?«

18:15 Uhr
Katie an Sanny
»Gehe morgen mit Franzi in die Stadt und will auch mal nach einer neuen Jeans schauen!«

18:17 Uhr
Sanny an Katie
»Franzi kommt schon wieder nach München? Viel Spaß! Bernhard und ich singen hier die ganzen alten Country-Hits! Er war bestimmt mal Cowboy! Wieso macht er mit seinem markanten, traumhaft schönen Gesicht nicht eigentlich Marlboro-Werbung? Da verstehe jemand das Marketing …«

18:20 Uhr
Katie an Sanny
»Stimmt – dafür wäre er in der Tat der perfekte Mann! Oder für Bierwerbung! Und Markus macht dann Werbung für Chantré oder Baileys …! Romantisch vor'm Kaminfeuer auf einem Bärenfell in einer abgelegenen und verträumten Blockhütte … Lustig: Ihr hört die guten, alten Lieder des wilden Westens und Dein Mika kennt nur Sven Väth … unterschiedlichere Männer hättest Du Dir auch nicht aussuchen können … Aber was ist denn nun besser: »gleich und gleich gesellt sich gern« oder »Unterschiede ziehen sich an«?«

18:25 Uhr
Sanny an Katie
»Wenn ich Dir diese Frage beantworten könnte, dann hätte ich ein gravierendes Problem weniger …! Genauso die Frage: innige Gewohnheit und Zuneigung oder prickelnde Abwechslung?«

18:27 Uhr
Katie an Sanny
»Ja, auch ich bin da nicht der richtige Ansprechpartner … Gehe gleich essen! Kuss und grüß mir die Insel, Du Glückspilz! Und wie ich Dich kenne, wählst Du in der Sansibar das Fondue – bitte iss in Gedanken für mich diese leckeren Soßen mit – mehr geht nicht!«

18:30 Uhr
Sanny an Katie
»Könnte Dir ja was in Tupper-Dosen abfüllen und mitbringen … die Portionen sind ja so reichhaltig, dass eh die Hälfte übrig bleibt. Aber ich habe leider keine Tupper-Ware an Bord und bezweifle, dass man diese Dinger auf der Insel besorgen kann … ☺«

21:25 Uhr
Sanny an Katie
»Warum heiratet Ihr eigentlich nicht hier? Diese kleine Hütte mit dem schönsten Blick auf die Dünen und dem weltbesten Essen ist der wohl reizvollste Platz der Welt, um den schönsten Tag im Leben zu besiegeln … Ich sehe vor'm geistigen Auge schon die Gäste und natürlich das Brautpaar: alle happy, barfuß und total entspannt! Die Magnum-Flaschen Schampus werden mit der Machete geköpft und der Wind spielt in den Haaren der Gäste! Bitte: könnt Ihr das noch ändern?«

21:45 Uhr
Katie an Sanny
»Zu spät … aber unser Fest wird auch porno! Aber Du solltest da heiraten, so wie Du immer auf die Sansibar abfährst … Nur wen?«

21:57 Uhr
Sanny an Katie
»Bin so hin und her gerissen ... Bernhard gehört einfach zu mir! Er ist der wahr gewordene Traum. Du solltest ihn jetzt mal sehen: voll in seinem Element! Das gute Leben mit allen Sinnen genießen ... Haben ein paar Bekannte getroffen und es wird schon wieder sehr lustig ... Mika hat ein paar Mal versucht, mich telefonisch zu erreichen. Ich hatte fünf Anrufe in Abwesenheit. Was soll ich machen? Der soll denken, dass ich schon schlafe ... habe ihm vorhin noch ein paar liebe SMS gemailt und jetzt ist Bernhards und mein Abend. Punkt!«

21:59 Uhr
Katie an Sanny
»... Du weißt schon, dass wir bereits den 14. September haben????!!!«

22:03 Uhr
Sanny an Katie
»Was willst Du mir damit sagen? Habe ich einen Geburtstag vergessen?«

22:05 Uhr
Katie an Sanny
»Nein, aber ich hoffe, auch nichts anderes Wichtiges ...!«

22:06 Uhr
Sanny an Katie
»Du sprichst in Rätseln ... Was meinst Du bitte?«

22:07 Uhr
Katie an Sanny
»Ach nix … wollte nur darauf hinweisen, dass mein Polterabend in knapp einer Woche stattfinden wird … nur wegen Abschiedsabend und so … Franzi spricht gar nicht davon … Ihr habt doch da was geplant, oder? Das kann nur die berühmte Ruhe vor dem Sturm sein …!!!???«

22:08 Uhr
Sanny an Katie
»Ach, Scheiße, das haben wir Mädels total aus den Augen verloren … Stimmt ja, der Polterabend ist ja schon zum Greifen nahe. Gott, die Zeit – wo ist sie geblieben? Tut mir leid … Muss man ja auch nicht haben, so einen albernen Abend, an dem sich alle lächerlich machen …!«

22:10 Uhr
Katie an Sanny
»Habt Ihr ihn wirklich vergessen???????«

22:11 Uhr
Sanny an Katie
»☺«

22:11 Uhr
Katie an Sanny
»Ja oder Ja????????????????????«

22:12 Uhr
Sanny an Katie
»Mein Mund bleibt geschlossen … Kuss!«

23:05 Uhr
Katie an Sanny
»Peter ist da!!!!!!!!!!!!!!!«

23:15 Uhr
Sanny an Katie
»Bitte wo?«

23:20 Uhr
Katie an Sanny
»Na, hier im Hugos … wieso ist der nicht bei seiner Familie am Wochenende? Verstehe grade gar nichts …!«

23:24 Uhr
Sanny an Katie
»Mit wem ist er da????«

23:45 Uhr
Katie an Sanny
»Unserem ersten Aufnahmeleiter … muss auf die Tanzfläche … sie spielen unser Lied …!!!!!!!«

Datum: 15.09.

01:15 Uhr
Sanny an Katie
»Erschreckende Stille von Deiner Seite … wenn ich das mal so anmerken darf …«

02:30 Uhr
Katie an Sanny
»☺«

02:35 Uhr
Sanny an Katie
»Maus, ich warne Dich – bitte: mach' keine Dinge, die Du früher oder später bereuen wirst … Deine Hochzeit ist zum Greifen nahe!!!!!! Du wirst doch nicht … doch: ich kenne Dich – DU WIRST … leider!«

04:14 Uhr
Katie an Sanny
»Mein Mund bleibt verschlossen … Ätsch – so, das hast Du nun davon …!«

04:16 Uhr
Katie an Sanny
»Na gut: Entwarnung! Bin wieder zuhause. Es war ein so toller Abend. Wir haben getanzt und ich habe von einer Sekunde auf die andere wieder gemerkt, wie sehr Peter mir in meinem Leben fehlen wird! Ich kann es verdrängen, mich selbst zwingen, aber das Gefühl und diese Nähe zu ihm werde ich nie wieder in meinem Leben los. Ich war ganz kurz davor … saß schon im gleichen Taxi. Ich habe mich so danach gesehnt … Die Leidenschaft hat mich fast um den Verstand gebracht. Aber ich war dann tatsächlich doch so stark und bin kurz vor Abfahrt aus dem Taxi gesprungen … alleine! Ich habe es mir so fest vorgenommen, jetzt quasi mit der Hochzeit alles richtig zu machen, und ich muss es schaffen …!«

04:30 Uhr
Sanny an Katie
»Das tut mir so leid für Dich und wenn ich das höre, tut es mir im Herzen weh … Es muss eine wahnsinnige Überwindung gewesen sein, die große Liebe heute quasi von der Bettkante zu stoßen. Tapfer! Aber irgendwann lässt der Schmerz nach, und wenn Du erst einmal als schönste Braut von allen Deinen Mann in den Arm nimmst, dann haben sich – hoffentlich – alle Anstrengungen und jede Träne gelohnt! Wir waren noch im Pony – die Preise waren ja schon immer der Gipfel, aber die sind noch einmal ordentlich hochgesetzt worden. Was bitte arbeiten die Leute eigentlich alle? Wie kann es sein, dass sich die Masse da den Alkohol zu Goldpreisen in den Kopf schüttet? Mir ein Rätsel … Kuss, gehen jetzt auch ins Hotel!«

12:56 Uhr
Katie an Sanny
»Hier in München schüttet es wie aus Eimern … legt sich fast auf die Shopping-Laune … Dann wird es auf Sylt doch sicher auch grau in grau sein, oder? Nicht, dass ich Dir das gönne, aber ein wenig Gerechtigkeit wäre doch nicht so übel …!«

13:27 Uhr
Sanny an Katie
»Falsch!!!! Strahlender Sonnenschein und fast 24 Grad! Ein Tag zum Kaiser zeugen! Wir haben viel Spaß! Manchmal überlege ich, ob ich es bevorzugen würde, wenn Mika an Bernhards Stelle hier wäre …!«

13:34 Uhr
Katie an Sanny
»Und?«

13:36 Uhr
Sanny an Katie
»Ich kann es einfach nicht sagen …!«

13:43 Uhr
Katie an Sanny
»Dann kannst Du mir aber sicher sagen, warum es so verdammt schwer ist, eine passende Jeans zu finden … Dein Schatz – oder Noch-Schatz – ist ja bekanntlich Designer – frage ihn jetzt gleich einmal, was in den Köpfen der kreativen Frauenverschönerer abgeht, wenn die auf dem Entwurfbrett neue Jeans ins Leben rufen … Ist Dir das mal aufgefallen? Die Beine sind zu lang, die Hüften spannen oder man kommt gar nicht rein und in der Taille ist sie dann zu weit. Man kann doch nicht so ein abgemagertes Supermodell sein, um sich im Leben in eine Jeans zu quetschen.«

13:47 Uhr
Sanny an Katie
»Mein Verständnis und das der gesamten Frauenwelt hast Du zu diesem unsäglichen Thema! Immerhin haben sich einige Superschlaue schon Gedanken darüber gemacht, welche Jeans zu welcher Figur passt. Schon was von dem Jeans Doktor gehört? Jetzt muss nur noch das Problem der Umsetzung gelöst werden und Frau dann tatsächlich in die Jeans passen, die ihre Figur positiv unterstreicht … Aber beim Winterstiefelkauf ist das nun auch nicht wirklich schöner: ich habe zwar das Glück, unendlich lange, schlanke Beine zu haben, aber Frauen mit dicken Fesseln oder ein paar Kilo mehr auf den Beinen kommen in die Stiefel doch gar nicht rein oder – wenn sie mit einem Reißverschluss ausgestattet sind – geht der dumme Verschluss sicher nicht zu …!«

15:58 Uhr
Katie an Sanny
»So, Franzi hat nach Ewigkeiten eine Jeans gefunden, die gepasst hat, und rate, was dann war?«

16:24 Uhr
Sanny an Katie
»Zu teuer?«

16:25 Uhr
Katie an Sanny
»Teuer ja, aber eine gute Jeans bekommst Du ja heutzutage sowieso nicht unter 160 Euro. Auch skandalös … war das ursprünglich nicht die Hose für die Massen? Nein – hinten waren die Taschen so bekloppt aufgenäht, dass aus Franzis kleinem apfelförmigen Hintern optisch ein Brauerei-Pferd-Arsch wurde. Wir geben auf!«

16:26 Uhr
Sanny an Katie
»Dann soll sie sich einen Jeansrock kaufen …!«

16:28 Uhr
Katie an Sanny
»Super Tipp – gebe ihn gleich mal weiter!«

19:35 Uhr
Katie an Sanny
»Erschöpft und trotzdem glücklich nun beim Tee schlürfen daheim … Ein paar schöne Teilchen haben wir dann doch noch gefunden. Und Unterwäsche habe ich gekauft! War mal wieder notwendig!«

20:25 Uhr
Sanny an Katie
»Hast ja auch nur drei Schubladen voller Strings und BH's … Aber es ist ja auch tatsächlich so, dass Frau niemals genug sexy und himmlische Dessous haben kann. Wundere mich, dass es immer noch einige Damen gibt, die ihre Unterwäsche während eines 14tägigen Urlaubs durchwaschen müssen, weil einfach nicht mehr da ist …!«

20:39 Uhr
Katie an Sanny
»Tee ist passé … Wodka Cola und die Stimmung steigt! Heute Abend werden wir mal wieder ein wenig losziehen … Freu mich auf übermorgen, da werde ich mir auf der Wellnessfarm die Sünden des heutigen Abends wegbügeln lassen!«

20:45 Uhr
Sanny an Katie
»Oh ja – das mache ich auch! BACARDI!«

23:46 Uhr
Katie an Sanny
»Was macht eigentlich Mika heute Abend? So alleine … ohne Dich?«

23:49 Uhr
Sanny an Katie
»Seit wann fragst Du denn nach Mikas Wochenendbeschäftigung? Oder wolltest Du ihn Dir heute mal schnappen und bei den anderen Weibern mit so einem Traumtypen angeben? ☺ Er ist mit Andy auf einer privaten Party. Vom Kollegen von Andy aus der Bar, wo er jobbt! Also: keine Chance, Süße!«

23:52 Uhr
Katie an Sanny
»Hat Andy lange, dunkle Haare und einen unmöglichen Gang? Und schrecklich geschmacklose Garderobe?«

23:54 Uhr
Sanny an Katie
»????? Du kennst doch Andy????«

23:55 Uhr
Katie an Sanny
»Ja!«

23:56 Uhr
Sanny an Katie
»Ja und????«

23:57 Uhr
Katie an Sanny
»!!!!!!!!«

23:59 Uhr
Sanny an Katie
»Ich drehe am Rad – der ist mit Magdalena da?????«

Datum: 16.09.

00:11 Uhr
Katie an Sanny
»Das ist doch der Hammer! Sie tanzen ausgelassen auf der Tanzfläche!«

00:12 Uhr
Sanny an Katie
»Du gehst da jetzt sofort hin und stellst ihn zur Rede. Präge Dir sein Gesicht ein – wie er reagiert, wenn Du ihn darauf ansprichst, dass nach Deinen Informationen von mir er sich grade mit Andy trifft!!!«

00:14 Uhr
Katie an Sanny
»Nix da! Ich bleibe erstmal unerkannt und beobachte die beiden. Die ist ja noch primitiver, als von Dir beschrieben! Was ist denn da los?«

00:15 Uhr
Sanny an Katie
»Katharina, ich bin völlig fertig mit den Nerven. Das ist doch alles nicht wahr! Bitte gehe jetzt zu Mika und sage ihm, wie entsetzt ich bin. Der soll sich mal schön Gedanken machen, wie er aus dieser Situation unbeschadet wieder rauskommt. Der soll wissen, dass ich meine Informanten habe. Dieses dumme Schwein …«

00:18 Uhr

Katie an Sanny

»Nein, das wäre doch ungeschickt. Wenn ich hingehe, dann wird er natürlich eine schnelle Ausrede parat haben, Abstand von der Schlampe nehmen, auf bemühten Kollegen machen und kurze Zeit später das Feld räumen und wir erfahren nichts! Franzi ist soeben Richtung Tanzfläche gestürmt … er kennt sie ja nicht. Mal sehen, ob sie – trotz der Lautstärke hier – ein paar Gesprächsfetzen aufschnappen kann … Bleib ruhig … vielleicht sieht alles anders aus, als es ist …!«

00:20 Uhr

Sanny an Katie

»Ich hoffe … aber wieso hat er mir denn die abendliche Planänderung nicht gemailt? Simst doch sonst alles …!? Mach bitte Bilder mit dem Handy, wer weiß, ob sie als Beweismaterial mal wertvoll sind!«

00:24 Uhr

Katie an Sanny

»Bilder sind schlecht. Die Handykamera kommt gegen das Neonlicht hier im Club nicht an. Franzi ist auch von der Tanzfläche zurück. Sie konnte nicht wirklich viel verstehen – nur soviel: sie meint, die beiden scheinen sehr vertraut …«

00:27 Uhr

Sanny an Katie

»Vertraut, vertraut, vertraut … was heißt hier vertraut? Knutschen die oder was ist da los? Gott, ich werde verrückt!«

00:29 Uhr
Katie an Sanny
»Nein, die küssen sich nicht – wäre ja auch der Gipfel. Aber sie lacht über jedes Wort, das über seine Lippen kommt und himmelt ihn an wie einen Rockstar! Er sieht umwerfend aus! Hat ein super scharfes schwarzes Hemd von Ed Hardy an und eine Jeans, die seinen kleinen Knackarsch betont!«

00:35 Uhr
Sanny an Katie
»Ich halt's nicht aus: das Hemd habe ich ihm in Köln geschenkt! Jetzt macht er auf dicken Macker vor dieser blöden Kuh. Was machen die jetzt?«

00:37 Uhr
Katie an Sanny
»Stehen an der Bar rechts oben und ordern Drinks – sieht nach Wodka Red Bull aus … Und quatschen wie die Weltmeister. Was erzählen die sich denn für Romane?«

00:43 Uhr
Sanny an Katie
»… bestimmt geht es nicht nur um die Promi-Tonne … Die Alte spricht doch nur Englisch – wusste nicht, dass Mika die Sprache so fließend beherrscht und neuerdings Ungarisch kann …«

00:45 Uhr
Katie an Sanny
»Blicke sagen mehr, als tausend Worte …«

00:46 Uhr
Sanny an Katie
»Na danke: bohr doch noch ein wenig in der Wunde! Wer weiß, wahrscheinlich gibt es eine ganz banale Erklärung und ich mache hier umsonst den sterbenden Schwan ... Bernhard fragte mich auch eben, was ich denn stundenlang wie eine Bekloppte maile ... Habe ihm gesagt, dass Du meinen seelischen Beistand brauchtest, weil Du kalte Füße bekommen hast, so kurz vor der Hochzeit ...!«

00:47 Uhr
Katie an Sanny
»Tolle Ausrede!!!!!!«

00:49 Uhr
Sanny an Katie
»Weißt Du bitte so schnell was Besseres? Ich bin in einem Zustand, der logisches Denken komplett ausschaltet – entschuldige bitte. Wie hättest Du denn bitte gestern reagiert, wenn Peter ins Hugos mit einer anderen Schnalle gekommen wäre?«

00:54 Uhr
Katie an Sanny
»Schatz, alles gut. Ich wäre genauso und meine Gedanken sind bei Dir. Bin so wütend auf Deinen dummen Lover. Was bildet der sich ein? Du machst aus dem Penner einen richtigen, stilsicheren Mann, und der? Selbst wenn das jetzt alles zufällig kam, er hätte es Dir sagen müssen ... gerade nach der Geschichte neulich, als Du die beiden im Auto erwischt hast. Ist doch komisch – diese ganzen Geschehnisse und immer mit dieser Magdalena. Wir sind zu alt – nein, zu intelligent, um naiv zu sagen, dass da keine Alarmglocke klingeln sollte ... ich pass weiter auf! Aber die Pute ist doch voll unter jedem Niveau!«

01:16 Uhr
Katie an Sanny
»Sie sind gegangen! Glaube, er hat mich gesehen oder jemand hat ihm gesteckt, dass im Club eine aus dem Fernsehen ist, und da hat er das Weite gesucht …«

01:36 Uhr
Sanny an Katie
»Ach, der kann mich mal so was von … ich feiere hier mit Bernhard und trinke, um zu vergessen … ARSCH!«

03:34 Uhr
Sanny an Katie
»Sein Handy ist aus. Auf Festnetz geht er auch nicht ran … Keine SMS von mir wurde beantwortet. Auf seine blöden Ausreden bin ich ja gespannt!«

04:05 Uhr
Sanny an Katie
»Nichts!!!! Nichts!!!! Sei so lieb und fahre doch mal an seiner Wohnung vorbei. Brennt da Licht? Ist sein Auto da?«

04:08 Uhr
Katie an Sanny
»Okay, sitzen im Taxi und fahren den Umweg … Franzi und ich waren noch in zwei weiteren Clubs – er war nirgends mehr anzutreffen …!«

04:19 Uhr
Katie an Sanny
»Alles dunkel. Den roten, klapprigen Opel kann ich nirgends entdecken …!«

04:21 Uhr
Sanny an Katie
»Schau doch mal, ob das Treppenhaus auf ist und lausche an seiner Wohnungstür – er ist nicht der Leiseste beim Sex …«

04:23 Uhr
Katie an Sanny
»Meinst Du, die vögeln im Dunkeln? Na ja, wenn ich mir die Alte so angesehen habe, dann ist er wenigstens in dem Punkt vernünftig …! Nackt möchte ich die auch nicht sehen …«

04:24 Uhr
Katie an Sanny
»Treppenhaus ist verschlossen. Tut mir leid, Süße … Immer noch nichts?«

04:24 Uhr
Sanny an Katie
»NEIN! Aber Dankeschön für alles … morgen wissen wir hoffentlich mehr! Gute Nacht!«

14:05 Uhr
Sanny an Katie
»Sitze gemütlich im GoGärtchen und genieße die Sonne und das süße Leben!«

14:06 Uhr
Katie an Sanny
»??? So gut drauf nach der vergangenen Nacht? Mika sich gemeldet? Was sagt er?«

14:08 Uhr
Sanny an Katie
»Nö – nichts! Und weißt Du was? Das ist mir jetzt so was von total lattenhagen … lasse mir doch nicht von einem 26-Jährigen meinen Wochenendtrip versauen. Der wird schon kommen, wenn er wieder bei Verstand ist. Aber vielleicht bin ich dann nicht mehr für ihn da … Fahren in knapp zwei Stunden zurück, und morgen bin ich ja schon bei Dir!«

14:10 Uhr
Katie an Sanny
»Wundert mich, dass Du so entspannt bist, aber ist auch gut so! Was bilden sich die Männer eigentlich ein? Unglaubliche Dinge, die sich da abspielen … Peter hat mich am Wochenende auch mit SMS bombardiert … er scheint gar nicht nach Berlin nach Hause geflogen zu sein! Ich halte mich stark zurück und quäle mich selbst. Ich bin sekündlich vor einer Katastrophe … also: komm bitte endlich zu mir und lenke mich ab!«

17:34 Uhr
Sanny an Katie
»Leite Dir einfach mal die Frechheit von Mika weiter …!«

17:34 Uhr
Sanny an Katie leitet Mail von Mika weiter
»Sonnenschein, wie geht es Dir? Genießt Du Dein Hamburg? Konntest Du einiges klären? Auch ich habe mir Zeit genommen, meinen Kopf ein wenig zu sortieren. Vor lauter Grübeln fiel mir dann doch die Decke auf den Kopf … Andy hatte gestern Abend plötzlich Migräne und da bin ich alleine noch mal los. Mir ist ganz übel – nie wieder Alkohol, wie Du immer so schön feststellst … Diese Feierei ist doch abartig. Hatte dann zu allem Überfluss mein Handy daheim vergessen und konnte meiner Traumfrau zwi-

schenzeitlich nicht mehr mailen … Heute Morgen habe ich im Suffkopf meinen Pin nicht mehr hinbekommen. Mit dem PUK konnte ich es eben entsperren und mich nun gleich bei meiner Frau melden. Wann sehen wir uns morgen? Soll ich Dich vom Flughafen abholen?«

17:38 Uhr
Katie an Sanny
»Das Wesentliche hat er ja weggelassen … Magdalena … aber tolle Idee mit den dreimal falsch eingegebenen Pin …!«

17:40 Uhr
Sanny an Katie
»Werde, wenn wir in Hamburg sind, mal ein paar Zigaretten holen gehen und Mika anrufen … Und ihn dann direkt mit der Schachtel konfrontieren. Wenn der ins Stocken kommt, bin ich weg!«

17:41 Uhr
Katie an Sanny
»Ich bin ja wirklich weit von einem egoistischen Menschen entfernt, aber nicht, dass Ihr Euch morgen zur Versöhnung oder was auch immer treffen wollt und mein lang ersehnter Wellness-Trip flach fällt … habe mich doch soooo gefreut. Auch als unverheiratete Frau noch mal mit Dir mehrere Stunden zu genießen …!«

17:45 Uhr
Sanny an Katie
»Keine Angst: wir fahren! Nach dem Schockerlebnis brauche ich auch eine pflegende Hand und verdammt gute Anti-Falten-Cremes!«

21:30 Uhr
Sanny an Katie
»Angeblich hat Magdalena ihn angerufen, weil sie wissen wollte, wo man in München so feiert! Und weil Andy ja schlapp gemacht hat und sie ja so furchtbar alleine ist in der großen Stadt und so weit weg von ihrer Heimat und so einsam, das arme Ding, hat er sie dann mitgenommen.«

21:35 Uhr
Katie an Sanny
»Bin grade am Kochen! Pizza Salami! Ich werde doch noch eine echte Hausfrau … Und wieso hat er Dir von der kleinen Mistkröte dann nichts geschrieben?«

21:46 Uhr
Sanny an Katie
»Er meinte, ich hätte die letzten Tage eh so sensibel auf sie reagiert und er wollte mich nicht unnötig beunruhigen … Ja, ja, ja … so ist der Stand der Dinge … Bernhard ist noch weg und ich werde schlafen … Der Wecker klingelt ja quasi schon gleich wieder!«

21:48 Uhr
Katie an Sanny
»Ja, und wollte er Dich denn nicht gleich morgen sehen? Hat doch schon gefragt, ob er Dich abholen soll …!«

21:50 Uhr
Sanny an Katie
»Doch – klar! Aber ich habe ihm ja von unserem Ausflug erzählt und das war dann auch okay. Sehen uns ja dann am Dienstag!«

21:56 Uhr
Katie an Sanny
»Freu mich auf morgen! Habe den Schampus schon eingepackt …«

22:01 Uhr
Sanny an Katie
»Ja – bitte! Und bitte reichlich!«

Datum: 17.09.

07:50 Uhr
Katie an Sanny
»Komme eine Viertelstunde später … Stau auf der A9«

08:12 Uhr
Sanny an Katie
»Hätte was vermisst, hätte ich diese Mail nicht bekommen …!«

08:13 Uhr
Sanny an Katie
»Und, wie ist die Stimmung? So kurz vor der Traumhochzeit?«

08:14 Uhr
Katie an Sanny
»Ich weiß nicht, ob das alles so richtig ist. Doch, eigentlich bin ich mir sicher!«

08:15 Uhr
Sanny an Katie
»Solltest Du auch! Der Polterabend ist ja schon in fünf Tagen!«

08:16 Uhr
Katie an Sanny
»Echt???? Das ist ja nicht mal mehr eine Woche!«

08:16 Uhr
Sanny an Katie
»Richtig! Und die Hochzeit ist in zwölf Tagen …! Korrigiere mich, wenn ich was Falsches sage – nur nicht zu oft!«

08:17 Uhr
Sanny an Katie
»Soll ich schon mal zu Fuß losgehen? Oder genießt Du grade den Champagner und möchtest nichts abgeben? Mailst Du eigentlich die ganze Zeit beim Autofahren? Das sollst Du doch nicht …«

08:17 Uhr
Katie an Sanny
»Klar – mache ich immer – und nicht nur das … multitask, sage ich nur! Bin in einer Minute da! Stehst Du oben?«

08:19 Uhr
Sanny an Katie
»Jo – sehe Dich alte Hupe schon!«

Datum: 18.09.

17:05 Uhr
Sanny an Katie
»Diese Stunden mir Dir, den tausend tollen Mittelchen und den gigantischen Himmelbetten auf der Farm haben mir sichtlich gut getan!!!! Ich bin relaxed, sehe aus wie eine junge Göttin und Mika schnurrt wie ein zahmer Kater. Hatten eben Themen-Vorbesprechung und ich merke, wie ihm der Arsch auf Grundeis geht …«

17:10 Uhr
Katie an Sanny
»Markus ist auch hin und weg und meinte, wir dürfen das jetzt öfters machen … obwohl es ja sündhaft teuer war … Markus als Schweizer sagt ja stets ›Haben kommt von Behalten‹ … ich bin aber der Meinung, dass man verteilen muss, dann kommt das Geld von alleine zurück …!«

17:13 Uhr
Sanny an Katie
»Diese Meinung vertrete ich auch!«

17:14 Uhr
Katie an Sanny
»Hätte ich auch blind für Dich unterschrieben … ☺«

17:15 Uhr
Sanny an Katie
»Aber was habe ich denn vom gehorteten Geld, wenn ich morgen überfahren werde und tot bin? Nichts! So habe ich jeden Tag viel Spaß gehabt und das Leben voll ausgekostet! Wir haben doch nur eins!«

17:17 Uhr
Katie an Sanny
»… gibt da ja auch andere Ansichten … wegen Altersvorsorge und so …«

17:18 Uhr
Sanny an Katie
»Aber ich spreche vom Hier und Jetzt! Deine Kohle auf dem Sparbuch nimmst Du bei der Reinkarnation bestimmt nicht mit … Und wegen der Rente machen wir uns später einen Kopf … Du weißt, was ich meine: Leben heißt doch auch, sich was gönnen! Und um noch einen drauf zu setzen: das letzte Hemd hat keine Taschen ☺«

17:19 Uhr
Katie an Sanny
»Stimmt! Und deswegen gönne ich mir jetzt einen schönen, fettigen Burger!«

17:20 Uhr
Sanny an Katie
»Richtig so! Hau rein und enjoy!«

19:37 Uhr
Katie an Sanny
»Schaue grade Deine Sendung: wieso bist denn Du nicht on air, sondern Deine Vertretung? Ist was passiert? Melde Dich – SOFORT!«

19:54 Uhr
Sanny an Katie
»Sitze im Gefängnis. Habe Mika erwürgt …!«

19:56 Uhr
Katie an Sanny
»Hör auf – was ist los?«

20:04 Uhr
Sanny an Katie
»War ein Witz!«

20:06 Uhr
Katie an Sanny
»Haha … Witz komm raus – Du bist umzingelt! Also: WO BIST DU und warum bist Du nicht in der Glotze?«

20:10 Uhr
Sanny an Katie
»Na, bei Dir kann man ja nicht verloren gehen … Sitze mit meinem Big Boss im Restaurant und diskutiere meine Gage. Nach dem Erfolg mit Sanny on Tour muss er rausrücken – und nicht nur den Bonus, sondern kontinuierlich … Habe ich doch schon lange geplant, das Gespräch. Er ist grade auf Toilette – sieht gut aus …!«

20:11 Uhr
Katie an Sanny
»Hättest mir ja auch mal vorher sagen können – mailst doch sonst alles … Hast Du mir nicht einmal auf der Farm erzählt … Markus ist zwar – wie Du weißt – endlich wieder da und doch auch wieder weg … Wurde von seinen Jungs abgeholt. Lustige T-Shirts an und los ging es – Ziel unbekannt!!!! Sprich: er feiert heute seinen Abschiedsabend!!! Du weißt, dass der Polterabend in drei Tagen ist? Meine ja nur so …!«

20:14 Uhr
Sanny an Katie
»Ich weiß, aber ich habe mich verplant … habe ich Dir doch schon gesagt, Du neugierige Else … Haben Dich doch trotzdem alle lieb …!«

20:15 Uhr
Katie an Sanny
»Klingt nach: Dein Abend fällt aus … ☹ …???!!«

20:16 Uhr
Sanny an Katie
»Du – wir reden später. Bin jetzt echt beschäftigt, geht um viel Geld für meine Haushaltskasse!«

20:17 Uhr
Katie an Sanny
»Was ist schon Geld gegen wahre Freundschaft?«

20:18 Uhr
Sanny an Katie
»… denk' mal drüber nach …! Kuss!«

22:13 Uhr
Katie an Sanny
»Markus scheint mit den Jungs richtig Spaß zu haben … meldet sich null! Wahrscheinlich hat der schon den nackten Arsch von einer Stripperin im Gesicht und ist so voll, dass er meinen Namen vergessen hat! Mal sehen, ob der schon heute wiederkommt oder die über Nacht wegbleiben … Oh, muss das eine Party sein … hätte ich ja auch gern gehabt. Schnief!«

22:15 Uhr
Katie an Sanny
»Hole mir noch einen Burger …!«

23:13 Uhr
Katie an Sanny
»Markus hat gesimst. Seine Kumpels haben ihn erst zum Bungee Jumping geschleppt und dann ging es nach Starnberg weiter … morgen segeln die ganzen Jungs noch … heißt: er kommt nicht nach Hause. Klang mehr als euphorisch … Hat der das gut!«

23:14 Uhr
Sanny an Katie
»Bungee Jumping???? Ist Markus gesprungen?????«

23:15 Uhr
Katie an Sanny
»Ich glaube eher nicht … hat er nicht geschrieben … kennst ihn doch! Der hätte doch direkt Panik um seine Gesundheit!«

23:16 Uhr
Sanny an Katie
»Wieso, seit wann binden die Veranstalter die Männer am Sack fest?«

23:17 Uhr
Katie an Sanny
»Das wäre wohl ein Bild … Nein, der ist ja nicht so ein Adrenalin-Junkie. Deswegen haben seine Freunde das sicher gemacht … noch einmal als unverheirateter Kerl über sich hinauswachsen … Da hat er sicher allen einen Strich durch die Rechnung gemacht. Und auch, wenn da eigentlich nichts passiert: Markus würde am

Herzinfarkt sterben ... besser, er hält sich von solchen wilden Spielereien fern ...!«

23:17 Uhr
Sanny an Katie
»Sei nicht böse, bin von den ganzen Verhandlungen fix und alle und gehe jetzt schlafen. Wir quatschen morgen in Ruhe!«

23:18 Uhr
Katie an Sanny
»Gehst ja so gar nicht auf die Party von Markus ein ... schlechtes Gewissen? Hätte ich auch, wenn ich als Deine beste Freundin vergessen hätte, den Junggesellinnenabschiedsabend zu planen ... Vielleicht könnten wir den nach dem Polterabend nachholen? Mika bei Dir?«

23:19 Uhr
Sanny an Katie
»Nein, bin alleine. Mit Mika spreche ich morgen noch mal. So süß er auch heute in der Redaktion war, so abweisend war er zugleich. Ich spüre es: das von ihm gestellte Fuck-Ultimatum meint er diesmal ernst ... Bis morgen, gute Nacht!«

23:21 Uhr
Katie an Sanny
»Gab mal Zeiten, da hast Du gesagt, schlafen könne man noch genug, wenn man tot ist ... Langweilette!«

23:23 Uhr
Sanny an Katie
»Hör sofort auf zu maulen und schlaf jetzt!!! Wo ist Deine vorhin noch so gelobte Gelassenheit und Erholung? Lassen die Wirkungen der Massagen schon nach?«

23:24 Uhr
Katie an Sanny
»Bäh …!«

Datum: 19.09.

08:02 Uhr
Katie an Sanny
»PUTE!!!! Hättest mir doch gestern sagen können, was los ist! Bin so aufgeregt! Hast mich doch nicht vergessen … Juhu! Wo geht es hin???? Was passiert? Habt Ihr knackige Männer gebucht und ausreichend Schnaps besorgt?«

08:03 Uhr
Sanny an Katie
»Franzi scheint also schon eingetroffen zu sein … Sehr gut, Du alte neugierige und ungeduldige Nervensäge … Hast Du ernsthaft gedacht, wir vergessen Deinen Abschiedsabend? Nein, meine Liebe: dafür sind wir alle zu egoistisch und lassen uns diese Party nicht entgehen …!«

08:05 Uhr
Katie an Sanny
»In Anbetracht der Uhrzeit ist es ja auch nicht nur der Abschiedsabend, sondern ein ganzer, langer, geiler Tag! Muss ich diese lächerlichen Klamotten anziehen?«

08:06 Uhr
Sanny an Katie
»Klaro! Und keine Widerrede! Hat Franzi neben dem bedruckten Oberteil auch das Strumpfband und die Leuchtbänder mitgebracht?«

08:10 Uhr
Katie an Sanny
»Leider ja … aber die kann ich nicht umnehmen … ich sehe damit unmöglich aus!«

08:11 Uhr
Sanny an Katie
»Das ist ja Sinn der Sache!«

08:13 Uhr
Katie an Sanny
»Wo bleibst Du denn????? Und die anderen? Wer kommt denn noch?«

08:16 Uhr
Sanny an Katie
»????? Lass Dich überraschen …!«

08:30 Uhr
Katie an Sanny
»Flughafen???? Franzi hat mich – willenlos wie ich bin – ins Auto verfrachtet und meinte nur, es geht zum Flughafen … Bist Du da? Treffen wir uns alle am Terminal???? Sprich!«

08:31 Uhr
Sanny an Katie
»????? Lass Dich überraschen …!«

08:32 Uhr
Katie an Sanny
»Hakt Deine Platte? Kannst Du mal was anderes sagen? Sicher ist es so – habe wunderbar kombiniert! Wo geht's hin? Ach – trinke einen Erdbeer-Lime …«

08:59 Uhr
Katie an Sanny
»Franzi macht mich wahnsinnig! Lächelt nur dumm und tut so, als würde sie meine Fragen nicht verstehen … wenn ich so weiter trinke auf leeren Magen, dann kann man mich auch gleich nicht mehr verstehen … ☺ Reger Verkehr hier. Hoffentlich kommen wir nicht zu spät?! Bist Du schon angekommen, Du und die anderen Mädels? Hast Du heute wieder frei oder wird das nur ein Abschiedsvormittag? Fliegen wir weg oder was ist eigentlich los? Drehe durch …!«

09:21 Uhr
Katie an Sanny
»Du bist ja gar nicht da???? Niemand ist hier!!??? BITTE – KLÄRT MICH DOCH AUF!«

09:23 Uhr
Sanny an Katie
»Ja, meine Liebe – Du bist eben doch nicht so schlau, wie Du immer annimmst … Ich bin schon in Hamburg! Ich hatte gestern kein Gespräch mit Big Boss … war schon lange im Flieger in meine Heimat! Deswegen hat meine Vertretung die Sendung auch gemacht! Dachte schon, als Du das gesehen hast, jetzt ist mein Plan aufgeflogen … aber Du hast ja jede Story geschluckt. Die anderen Weiber trudeln grade nach und nach ein – Stimmung ist schon riesig. Tassen hoch! Warten jetzt nur noch auf Euch und dann geht es los mit der kollektiven Druckbetankung! Du wirst leiden … hast es Dir ja soooo gewünscht.«

09:26 Uhr
Katie an Sanny
»Hamburg??? Wir feiern auf dem Kiez?!«

09:30 Uhr
Sanny an Katie
»Auf der Reeperbahn nachts um halb eins, ob Du 'n Mädel hast oder hast keins … amüsierst Du Dich …?«

09:33 Uhr
Katie an Sanny
»Das ist die schönste Idee von allen! Check in … wir kommen!«

11:05 Uhr
Katie an Sanny
»Musste das peinliche Schild am Ausgang stehen? Der ganze Flughafen hat es gesehen … Man kennt mich doch! Habe schon die ersten Sachen aus meinem Bauchladen verschachert! Hoffentlich verkaufen die Leute die Handy-Fotos nicht an die Bildzeitung. Gibt doch 500 Euro für einen interessanten Schuss … Peinlich! Deutschland denkt, ich bin unmöglich und morgens schon besoffen … Und wo seid Ihr?«

11:06 Uhr
Sanny an Katie
»Du bist schlimmer, als ein kleines, nerviges Kind … Wir warten bei mir. Das Schild hat Schnetti heute Morgen nach ihrer Landung angebracht …!«

11:07 Uhr
Katie an Sanny
»Schnetti ist auch da???? Oh, ist das alles geil! Setzen uns ins Taxi und kommen!!!!!!!!«

Datum: 20.09.

19:03 Uhr
Katie an Sanny
»Ich bin gelandet … Zweimal in die Tüte gekotzt … Mir ist so so schlecht!«

19:07 Uhr
Sanny an Katie
»Können ja nur noch Magensäfte rausgekommen sein … hast ja gestern Nacht – oder besser: heute früh – im Dollhouse schon über der Schüssel gehangen …«

19:09 Uhr
Katie an Sanny
»Erinnere mich nicht … wie peinlich! Ich kann mich da nie wieder im ganzen Leben blicken lassen … Aber lustig war's!«

19:14 Uhr
Sanny an Katie
»Es war der Hammer! Wie Du dem Tänzer Deine Dollhouse-Dollar in den knappen String gesteckt hast – mit dem Mund! Ich dachte, ich sterbe vor Lachen! Die Bilder sind der nackte Wahnsinn! Nehme ich unter Verschluss, bevor man falsche Schlüsse zieht …«

19:15 Uhr
Katie an Sanny
»So schlimm?«

19:15 Uhr
Sanny an Katie
»Noch schlimmer, Du versoffene Schnapsdrossel! Diese Fotos musst Du später vor Deinen Kindern verstecken! Und wie Du Dich an den Tänzer rangeschmissen hast!«

19:16 Uhr
Katie an Sanny
»Der hat aber auch einen extrem sexy Body – nur: ist Dir schon mal aufgefallen, dass der Mann an sich von vorne einfach nicht schön ist?«

19:17 Uhr
Sanny an Katie
»Na ja, zwei tolle Titten und ein gepflegter Venushügel sind eben ansprechender, als so'n Gehänge! Obwohl ich ganz klar finde, dass bekleidete Körper schicker und ansprechender sind, als ein ganz Nackiger! Ich kann diese ganzen FKK-Anhänger auch überhaupt nicht verstehen oder begreifen, was die daran finden, wenn sie nackt Campingurlaub machen. Alleine nackt und siffend auf einem Stuhl zu sitzen, finde ich furchtbar. Mal davon abgesehen, dass ich Camping auch angezogen nicht unbedingt bevorzuge …!«

19:18 Uhr
Katie an Sanny
»Ich bin ja 'n oller Ossie und bei uns gab es ja eine sehr ausgeprägte FKK-Kultur, aber ein Anhänger? Ich? Um Himmels willen … Muss mir auch nicht die vernillten Eicheln anschauen.

Pfui! Und es gibt mehr Männer, als einem lieb sind, die haben auch Titten … manche mehr als Du!«

19:19 Uhr
Sanny an Katie
»Vernillte Eicheln? Was haben sie Dir denn im Leben schon angetan? ☺ Und hacke nicht wieder auf meine gelungenen, formschönen 75 B ein, alte Milchtüte!«

19:24 Uhr
Katie an Sanny
»Wie Melinda abgegangen ist?! Die fand den Typen im Albers Eck ja total scharf! Und Bergi? Wieder die Vollste! So so komisch!«

19:34 Uhr
Sanny an Katie
»Ich glaube, Ihr beiden habt euch in Punkto Promille beide nichts geschenkt … Aber als leichtes Mädchen hast Du eine gute Figur gemacht!«

19:42 Uhr
Katie an Sanny
»Hilfe … jetzt fällt mir das auch wieder ein. Um Gottes Willen. Wo habt Ihr denn eigentlich den Skianzug hergezaubert, damit ich aussehe, wie eine der Bordsteinschwalben? Und dann der ekelhafte, zahnlose Typ, der mich für fünfzig Euro gleich mit ins Auto nehmen wollte? Hatte Panik!«

19:47 Uhr
Sanny an Katie
»Dein Gesicht – das werde ich nie vergessen. Was haben wir uns weggeschmissen … Also, auf dem Kiez würdest Du vor lauter

Angst vor den Freiern glatt verhungern … Aber die Polizisten der Davidswache haben Dich ja schön beschützt …«

19:52 Uhr
Katie an Sanny
»Wer kam eigentlich auf die blöde Idee, auf die Davidswache zu gehen, um den Jungs von der Polizei Kondome zu vertickern?«

19:53 Uhr
Sanny an Katie
»Ach, so eine Tusse vom Fernsehen mit glasigen Augen und einer Schnapsfahne von hier bis nach Timbuktu! War aber genial, und das sind echt die coolsten Polizisten der Welt!«

20:03 Uhr
Katie an Sanny
»Bin gleich vor meiner Haustür und werde nur noch ins Bett fallen. Ausgerechnet morgen habe ich den letzten Dreh vor meiner Hochzeitspause. Den ganzen Tag … was Oliver wohl sagt, wenn ich leicht grün da auftauche?«

20:04 Uhr
Sanny an Katie
»Wieso Oliver? Seit wann machst Du Dir Gedanken über Deinen Filmpartner? Doch mehr gelaufen auf der Kinopremiere, als zugegeben? Gestern mit gelöster Zunge hast Du nur erzählt, dass er Dich doch mehr reizt, als Dir lieb ist. Im Suff liegt die Wahrheit!«

20:05 Uhr
Katie an Sanny
»Quatsch. Das stimmt gar nicht. Im Suff liegt nicht die Wahrheit – man erzählt nur Blödsinn, um sich interessant zu machen. Nein,

mir tut Oliver nur leid, denn die Texte habe ich nicht wirklich gelernt – eigentlich habe ich noch nicht einmal einen Blick drauf geworfen ... Peter sehe ich ja auch wieder ... Markus und ich gehen jetzt schlummern!«

20:06 Uhr
Sanny an Katie
»Was erzählt er denn über seinen Abend und Tag in Starnberg?«

20:07 Uhr
Katie an Sanny
»Nichts – wir haben von vorneherein abgemacht, nicht darüber zu sprechen ... ist besser so, um Streit zu vermeiden!«

20:08 Uhr
Sanny an Katie
»Kluges Kind!«

20:09 Uhr
Katie an Sanny
»Wie war das jetzt? Du kommst morgen Mittag nach München und Bernhard kommt leider erst zur Hochzeitsfeier, sprich: er lässt den Polterabend Polterabend sein, weil er noch Termine hat?«

20:12 Uhr
Sanny an Katie
»Du bist ja total durcheinander ... Nein, ich komme übermorgen – drehe morgen doch noch hier vor'm Hamburger Dom! Ja – und Bernhard hat doch Präsentation und fliegt direkt zur Hochzeit eine Woche später ein. Schade, hätte ihn gerne dabei gehabt ... aber vielleicht bringe ich ja Mika mit!«

20:14 Uhr
Katie an Sanny
»War ja fast richtig … Und von Mika heute schon was gehört?«

20:15 Uhr
Sanny an Katie
»Der Mailverkehr ist ja doch ein wenig eingeschränkt … er ist sehr zurückhaltend … ich hoffe, ich habe ihn nicht wirklich verloren. Kann mir das nicht vorstellen, so wie der mich immer in den Himmel gehoben hat … Treffe ihn übermorgen und spreche mit ihm. Sterbe vor Sehnsucht!«

20:27 Uhr
Katie an Sanny
»Weiß ich – Du hast gestern Abend über nichts anderes gesprochen, als über seine geile Leck-Technik, seinen Schwanz und überhaupt … ☺«

20:28 Uhr
Sanny an Katie
»Man sollte im Suff einfach mal die Schnauze halten!«

Datum: 21.09.

08:05 Uhr
Katie an Sanny
»Der Tag nach der Feierei ist ein wenig wie nach einer Magen-Darm-Grippe … Und morgen wird wieder gesoffen und gepoltert … Gott, so richtig gut geht es mir immer noch nicht … Egal, bin

angekommen, aufgehübscht und los geht es! Viel Glück bei Deiner Veranstaltung!«

11:05 Uhr
Katie an Sanny
»Dauerstress ... Kaum ein paar Tage raus aus dem Job, schon ist man nicht mehr so belastbar ... Oliver macht es super und entwickelt sich prächtig! Haben schon so gelacht – er wollte natürlich alles über den Abschiedsabend wissen. Als ich ihn fragte, warum er denn noch nicht geheiratet hätte, meinte er, dass ich ja leider besetzt wäre ... Schätze, das war ein Scherz ...!«

14:24 Uhr
Sanny an Katie
»Und: wie läuft's? Oliver und Du schon in den Requisiten verschwunden? Bei mir alles easy. Das Team packt grade das Equipment zusammen und dann fahren wir gemütlich los. Heute ist es ganz schön kühl hier. Jetzt kommt die graue Jahreszeit voller Kälte und kahler Bäume ... Gut, dass Du mit Deiner Hochzeit Sonne in unser Leben bringst ...!«

15:35 Uhr
Katie an Sanny
»Maus, klingst ja fast ein wenig nachdenklich ... Was ist denn los? Du bist am Überlegen, stimmt's? Was jetzt wird und wie es weitergeht?«

15:36 Uhr
Sanny an Katie
»Ja, klar ... Mika meldet sich nur noch selten. Wenn, zwar liebevoll, aber es hat sich was geändert ... Schätze, er baut Druck auf, damit ich das längst überfällige Ultimatum nicht weiter ignoriere ... und Bernhard ist zwar für seine Verhältnisse bemüht, aber es

reicht einfach nicht / nicht mehr … Und ich sage es noch mal: ich will mein Leben zurück. Bevor Mika kam, war alles so einfach! Ich war sieben lange Jahre verliebt und habe den Sex auch gar nicht so vermisst … Ich gehe jetzt in die Geisterbahn …! Da kann es nicht gruseliger werden, als mein momentanes Leben …«

17:04 Uhr
Katie an Sanny
»Bin so so aufgeregt. Heute Abend düsen Markus und ich noch mal ins Lehmbach, die letzten organisatorischen Dinge für morgen besprechen. Da muss ja auch so 'ne Polterwand aufgestellt werden … Hoffentlich klappt es alles!«

17:05 Uhr
Sanny an Katie
»Polterwand? Was bitte soll das sein?«

17:06 Uhr
Katie an Sanny
»Noch nie geheiratet? Es wird eine Art Wand aufgestellt und da können die Gäste das Geschirr und Porzellan dran zerdeppern! Die Scherben bringen dann dem Brautpaar in der Ehe Glück!«

17:07 Uhr
Sanny an Katie
»Kannte nur die Vokabel nicht … und bohre doch bitte erneut tief in der Wunde rum: nein, ich hatte noch nie das Vergnügen!«

17:07 Uhr
Katie an Sanny
»Gläser an die Wand zu hauen?«

17:08 Uhr

Sanny an Katie

»Nein, ZU HEIRATEN. Bist ja vor lautert Aufregung nicht auszuhalten … So, Dreh geht weiter. Zigarettenpäuschen ist vorbei!«

17:08 Uhr

Katie an Sanny

»Bei mir auch … habe noch vier Szenen und wir hängen … wird ein langer Abend!«

20:30 Uhr

Sanny an Katie

»Bernhard fragt, ob Du morgen auch schon einen Fotografen bestellt hast und ob er Bilder von Dir mit dem neuen Kleid dann anschließend ins Internet auf seine Homepage setzen könnte. Bevor Du fragst: Nein, es gibt kein Geld für Dich als Werbeträgerin … Du wurdest schließlich ausgestattet!!!!«

21:45 Uhr

Katie an Sanny

»Jetzt erst fertig. Sitze schon bei Markus im Auto und werde gleich mal das Süppchen probieren, das uns morgen Nacht vor'm hang over retten soll … Darren kommt erst direkt zur Hochzeitsfeier, aber Dad macht morgen Fotos. Ist ja sein kleines Hobby und er macht das ausgesprochen professionell! Klar kann sich Bernhard mit meinem Antlitz schmücken und Massen dank meiner Präsenz verkaufen! ☺«

21:50 Uhr

Sanny an Katie

»Super! Mika kommt morgen Abend mit. Markus wird wohl nicht irgendwelche blödsinnigen Schlüsse ziehen, oder?«

21:51 Uhr
Katie an Sanny
»Glaube mir: der ist so nervös und mit sich und seiner künftigen Frau beschäftigt, der bekommt das gar nicht mit … Dann hast Du auch endlich Deinen Mika mal wieder …!«

21:55 Uhr
Sanny an Katie
»Endlich! Kann das Jungfernhäutchen eigentlich wieder zuwachsen?«

21:57 Uhr
Katie an Sanny
»Da Du anders bist als andere, traue ich Deinem Häutchen ALLES zu. Aber morgen ist die sexlose Zeit ja vorbei … jedenfalls bei Dir … schnief. Wobei, vielleicht lerne ich ja Markus nach der Hochzeit noch mal neu und anders kennen, bestimmt hat er alles genau dafür aufgespart. ☺«

21:59 Uhr
Sanny an Katie
»Bestimmt! Ich lande am frühen Vormittag, und bis wir um halb acht das Haus verlassen, um bei Dir einen guten Eindruck zu machen, werde ich mich von Mika so was von verwaffeln lassen. Der soll jeden Tropfen aus meiner Muschi saugen und mich einfach nur von vorne und hinten vögeln … JA JA JA!«

22:30 Uhr
Katie an Sanny
»Ich weiß, ich darf nicht … aber wenn Du so was sagst, werde ich nicht nur rollig, sondern vermisse Peter …!«

22:31 Uhr
Sanny an Katie
»Nein, das tust Du jetzt nicht. Schluss!«

23:06 Uhr
Katie an Sanny
»Müssen wir eigentlich einen Geschenke-Tisch aufbauen lassen oder schenkt man am Polterabend nichts?«

23:07 Uhr
Sanny an Katie
»Aufstellen! Werden doch hoffentlich nicht nur Schmarotzer kommen! Die Gäste, die auch zur Hochzeit kommen, die bringen die Geschenke am Tag der Trauung. Alle anderen, die nur den morgigen Abend genießen werden, bringen die Präsente selbstverständlich morgen auch mit! Stell einen Tapeziertisch auf! Signalisiert gleich, dass Du Großes erwartest!«

23:08 Uhr
Katie an Sanny
»Alter Geier! Du machst das richtig!«

23:09 Uhr
Sanny an Katie
»Geier hört sich so negativ an … Nur klug und ich weiß, was mir zusteht! ☺ Aber im Prinzip – das muss ich einfach klarstellen – hasse ich Geiz und das typische Geierverhalten! Du weißt doch, wie ich es gehasst habe, als ich jahrelang Promotion gemacht habe! Sobald es was umsonst gab, haben sich auch Männer für OB's angestellt. Einfach abschreckend …!«

23:10 Uhr

Katie an Sanny

»Kannst Du Dich morgen ein wenig – neben Mika – auch um Peter kümmern?«

23:11 Uhr

Sanny an Katie

»Dein Geliebter kommt auch zu Deinem Polterabend? Willst Du mich verarschen?«

23:12 Uhr

Katie an Sanny

»Entschuldige mal: er ist mein Chef – Geliebter war mal – außerdem wäre es ja auch komisch, wenn er nicht käme. Markus würde sich wundern und die beiden kennen sich ja auch – quasi entfernt befreundet!«

23:13 Uhr

Sanny an Katie

»Wahre Männerfreundschaft!«

23:14 Uhr

Katie an Sanny

»Hör bitte auf! Außerdem: zum Polterabend lädt man nicht ein – wer kommt, der kommt! Hast Du mir doch mal gesagt! Und das ganze Team von Lovely Train kommt. Peter also auch … bestimmt. Wird hart, aber ich freue mich so auf die Hochzeit und die Zeit mit Markus, dass ich Peter überwinden werde, wenn ich nicht schon drüber weg bin … Es ist alles hundertprozentig richtig, was und wie ich es mache! Jawohl!«

23:15 Uhr
Sanny an Katie
»Ganz bestimmt!«

Datum: 22.09.

10:30 Uhr
Katie an Sanny
»Rien ne va plus – nichts geht mehr! Es ist soweit!«

10:31 Uhr
Sanny an Katie
»Du bist genial!!!! Und schlau!!! Ja – jetzt werden Nägel mit Köpfen gemacht! Bis später und versuche, nicht vor lauter Aufregung schon vorher in Ohnmacht zu fallen!«

10:32 Uhr
Katie an Sanny
»Du hast leicht reden ... ich hyperventiliere schon seit dem Aufstehen! Markus auch. Der bekommt noch nicht mal einen hoch ... Stresserprobt ist was anderes ...!«

14:05 Uhr
Sanny an Katie
»Alle schweizer Gäste schon eingetroffen? Habe eigentlich auch noch genug von dem Abend auf der Reeperbahn, aber ich glaube, der erste Bacardi schmeckt dann doch wieder! Sitze schon auf Mikas Sofa und er macht noch schnell ein paar Besorgungen! Schön, wieder hier zu sein ...«

16:02 Uhr
Katie an Sanny
»Sorry, waren mit Markus' Eltern noch beim Asiaten! Ja, so allmählich trudeln die ersten ein, die dann auch bei uns übernachten. Sieht bei uns im Wohnzimmer aus wie im Feriencamp!«

17:30 Uhr
Sanny an Katie
»Kann ich bitte jetzt schon zu Dir kommen?«

17:31 Uhr
Katie an Sanny
»Schmerzt die Ritze schon? Du wolltest doch ununterbrochen mit Mika vögeln … Ja klar, komm' jederzeit. Mache mich grade fertig!«

17:32 Uhr
Sanny an Katie
»Nur mein Herz schmerzt … sonst nichts. Ich komme allein!«

17:33 Uhr
Katie an Sanny
»Nein, was ist los?«

17:34 Uhr
Sanny an Katie
»Will Dir bestimmt nicht Deinen Polterabend versauen, aber Mika und ich – das ist Geschichte!!!!«

17:34 Uhr
Katie an Sanny
»Habt Ihr Euch gestritten? Weil er Dich so unter Druck gesetzt hat? Sanny, sei nicht traurig – alles wird gut! Streit gibt's in jeder

Beziehung! Das ist doch normal und sonst auch sterbenslangweilig! Mika ist aber auch ein Sturkopf – der weiß doch, dass es heute wichtig für uns alle ist!«

17:35 Uhr
Sanny an Katie
»Magdalena!«

17:36 Uhr
Katie an Sanny
»Was ist mit der? Der Name verursacht mittlerweile den gleichen Brechreiz bei mir wie der Name Anneliesa!«

17:37 Uhr
Sanny an Katie
»Ist ja auch der gleiche Typ Frau: Männer-Diebinnen!«

17:38 Uhr
Katie an Sanny
»Was willst Du damit sagen? Wenn es das ist, was ich denke, dann lasse ich meinen Abend ausfallen und statte der feinen Magdalena mal einen Besuch ab!«

17:39 Uhr
Sanny an Katie
»Es ist, wie Du denkst!!!! Er hat es mir unter Tränen gestanden! Er wollte es mir schon vor ein paar Tagen sagen, aber nicht am Telefon … So hat er bis heute gewartet. Toller Zeitpunkt von Herrn Meier! Er hat gesagt, dass er mich so unendlich geliebt hat, dass er es nicht mehr ertragen konnte, zu wissen, dass ich zwei Leben lebe. In Hamburg wäre es ihm bewusst geworden, dass Bernhard immer zu mir und meinem Leben gehören wird … Wäre er bloß nicht gekommen oder diese blöde Waschmaschine nicht umgekippt …«

17:45 Uhr
Katie an Sanny
»Wenn er Dich so liebt, wie kann er dann was mit diesem Schrotthaufen anfangen? Tolle Liebe – ganz ehrliche, tiefe Liebe!«

17:52 Uhr
Sanny am Katie
»Ja, er behauptet, dass er weiß, dass ich niemals mit Bernhard Schluss machen werde, auch wenn ich ja die letzten Wochen schon mehrfach eingeworfen habe, dass ich es mir ernsthaft überlegen werde ... Meinte ich ja auch so! Er glaubt es einfach nicht! In den letzten Tagen hat es dann zwischen ihm und dem Bauernmädchen gefunkt. Und er hat sie schon gefickt. Mir schnürt sich alles zusammen. Ich bin so verzweifelt. Wie kann er denn mit der vögeln, wenn er mich angeblich so so so liebt? Geliebt hat ...!«

17:53 Uhr
Katie an Sanny
»Und wollte er heute Abend denn nicht mehr mit oder hast Du es für Dich entscheiden?«

17:54 Uhr
Sanny an Katie
»Ich habe ihn angefleht, angebettelt – er möge doch bitte diese eine Nacht noch mit mir verbringen. Ich habe mir gedacht, dass er dann wieder bemerkt, was wir aneinander haben und diese furchtbare Schlampe vergisst. Wir haben soviel miteinander erlebt ... aber er wollte nicht. Es ist besser so, hat er gesagt! Und – O-Ton – die Kleine bedeutet mir sehr viel und ich will alles richtig machen – von Beginn an! Der sieht das Mistvieh heute noch und wer weiß, was die noch alles treiben ...!«

17:56 Uhr
Katie an Sanny
»Komm erstmal her, mein Schatz! Wo bist Du?«

17:58 Uhr
Sanny an Katie
»Schon bei mir im Hotel. Mache mich schnell fertig, sprich: optische Schadensbegrenzung und komme. Tut mir leid … ausgerechnet heute!«

17:59 Uhr
Katie an Sanny
»Muss Dir nicht leid tun … wird dem Meier noch leid tun!«

18:25 Uhr
Sanny an Katie
»Sitze im Taxi! Freu mich auf Dich!«

18:26 Uhr
Katie an Sanny
»Wir werden trotzdem Spaß haben, und die Probleme lösen wir morgen!«

Datum: 23.09.

04:06 Uhr
Katie an Sanny
»Warum gehst Du nicht an Dein Handy? Wieso ist es aus? Du hast nie Dein Handy aus und es ist was wirklich Schlimmes – nein: GRAUSAMES passiert! Gott – melde Dich!«

04:08 Uhr
Katie an Sanny
»Wer hätte denn vermutet, dass Markus auf die DAMEN-Toilette kommt? Was hat der überhaupt da verloren? Na ja, nun ist das Kind eh in den Brunnen gefallen …!«

07:10 Uhr
Sanny an Katie
»Scheiße, hätte ich bloß nicht soviel getrunken. Jetzt habe ich das Beste verpasst … Tut mir so so leid für Dich, wenn es so ist, wie es sich anhört! Wo bist Du jetzt?«

07:12 Uhr
Katie an Sanny
»Ich? Total überdreht in Peters Hotelzimmer! Er schläft jetzt ein wenig und ist wohl der Arsch der Nation! Nein, das bin ja ich schon! Wann bist Du gegangen? Hast Du denn von der Katastrophe nichts mitbekommen? Was mache ich nur? Ich kann mich nur noch umbringen – vom Balkon stürzen oder vor die Bahn werfen … Oder auswandern, weit weg von Deutschland und der Schweiz!«

07:13 Uhr
Sanny an Katie
»Nur die Besten sterben jung!«

07:14 Uhr
Katie an Sanny
»Sandra!«

07:14 Uhr

Sanny an Katie

»War ein Scherz! Bin ich noch besoffen und träume das alles grade? Keiner da, der mich mal kneifen könnte … Was ist denn los???? Ich bin voll wie tausend Russen um halb drei ins Taxi. Durch den Stress mit Mika hatte ich vergessen, zu essen und dafür doppelt getrunken … Und als ich die Party schwankend und wankend verlassen habe, da war – glaube ich – alles in Ordnung … Die letzten Bilder, die ich vor Augen habe, sind Du und Markus zusammen auf der Tanzfläche. Also noch alles ganz harmonisch …!«

07:15 Uhr

Katie an Sanny

»Ich bin das Allerletzte … habe alles zerstört. Mein Leben … habe alles verloren … bin obdachlos, ungeliebt und geächtet … zu Recht …!«

07:17 Uhr

Sanny an Katie

»Jetzt atme bitte erstmal durch … komm runter und fang von vorne an … Willst Du zu mir kommen? Hast Du überhaupt schon geschlafen?«

07:20 Uhr

Katie an Sanny

»Ich weiß gar nicht, was ich machen soll … nein, ich habe noch kein Auge zugemacht – wie auch? Mein komplettes Leben ist ein Trümmerhaufen und ich kann nicht mehr … Es kommen noch nicht einmal mehr Tränen … Alles war doch so perfekt … Der Tisch mit den Geschenken rappelvoll, alle Freunde da und die Stimmung ausgelassen, heiter und wundervoll. Markus war so niedlich und wir hatten eine verdammt schöne Zeit. Gegen drei Uhr morgens hatte ich auch ordentlich einen im Karton … da bin ich auf die Toilette und dann ist es passiert … Frag mich nicht, wie, aber es ist passiert!«

07:21 Uhr
Sanny an Katie
»Katie, was????? Was ist passiert?????«

07:23 Uhr
Katie an Sanny
»Als ich aus der Kabine kam, bin ich zum Spiegel … wie Frau halt so ist … und dann kam Peter! Auf's Damenklo!!!! Er ist langsam auf mich zu. Es war so erotisch … Er sagte mir, dass es der schlimmste Abend seines Lebens ist und er Markus nicht an meiner Seite ertragen kann. Dass er mich begehrt wie nie und ich alles überdenken sollte. Erst habe ich noch gelacht, dann hat er mich geschnappt und innig und leidenschaftlich geküsst … und genau in dem Moment ging die Tür auf … Markus!«

07:26 Uhr
Sanny an Katie
»Scheiße, Scheiße, Scheiße … aber was wollte der denn auf der Toilette? Hat ihm jemand was gesteckt?«

07:28 Uhr
Katie an Sanny
»Seine Eltern wollten los. Du kennst seine Mutter nicht – wenn die gehen will, dann sofort. Und da ich in meiner Handtasche den Haustürschlüssel hatte, wollte sich Markus den schnell für seine Eltern holen, bevor die Mutter Aufstand macht …!«

07:29 Uhr
Sanny an Katie
»Dann ist seine Mutter Schuld an dem Unglück! Ist er auf Peter los?«

07:31 Uhr
Katie an Sanny
»Es hat ihm glatt die Sprache verschlagen ...!«

07:33 Uhr
Sanny an Katie
»Mann, Ihr hättet doch auch nur reden können ... stiller Ort, um noch ein paar Dinge bezüglich Deiner Filmrolle als Katja abzusprechen ...!«

07:34 Uhr
Katie an Sanny
»Sanny: ich saß auf der Waschbeckenablage, meine Beine um Peter geschlungen, mein Kleid hochgerutscht und seine Hand war noch an meinem Schritt! Das ist kein Unterhalten mehr ... Als Markus seine Stimme wiedergefunden hatte, kam nur ein tiefer Schrei. Sofort stand die ganze Familienbande bei ihm und alle haben auch direkt geschnallt, was los ist!«

07:36 Uhr
Sanny an Katie
»Leck mich fett ... und Peter? Und Du?«

07:41 Uhr
Katie an Sanny
»Mein zukünftiger Ex-Schwiegervater bekam einen hysterischen Lachanfall, die Mutter von Markus drohte in Ohnmacht zu fallen und schrie nur Skandal, Skandal! Meine Mom hat sich gleich mit

denen angelegt, sie sollten mal überlegen, wie so was kommen kann und ihre Tochter in Ruhe lassen. Dad hat alle Gäste ohne Umwege nach Hause geschickt, die Musik abgedreht und vor den restlichen Personen, die nun noch da waren, klargestellt, dass es nichts zu sehen gibt und alle sich mal beruhigen sollen. Dann hat er mich und Peter geschnappt und ins Taxi gesetzt. Nicht ohne die mahnenden Worte: »Und wir sprechen morgen!« Peter bekam daraufhin im Hotel die mittelschwere Krise: was, wenn Markus alles seiner Frau erzählt? Schön, dass es um meine Ehe geht! Wenn die Presse davon erfährt und es alle Blätter drucken?«

07:50 Uhr
Sanny an Katie
»Glaube nicht, dass Markus es Peters Frau steckt. Dann würde er kommunizieren, dass er verloren hat … Und weißt Du was? Soll er ihr das doch erzählen, dann trennt die sich von Peter, Ihr heiratet und alles wird am langen Ende gut?«

07:56 Uhr
Katie an Sanny
»Nichts wird gut! So wie Peter reagiert hat, hat er wieder einmal bestätigt, dass er ohne seine Familie nicht will. Nicht ohne mich, aber auch nicht ohne die andere Rasselbande. Und genau das, dass ich seine ewige Geliebte bin, will ich nicht mehr! Ich habe Markus geliebt, wollte die Hochzeit und habe alles versaut!«

08:00 Uhr
Sanny an Katie
»Komisch, jetzt haben wir fast am gleichen Tag beide zusammen einen wichtigen Menschen verloren. Eine große Liebe. Du Markus, ich Mika. Wir sind so gleich in beinahe allen Dingen, und das zeigt erneut: gut, dass wir uns haben! Wir gehen diese Wege niemals allein!«

08:01 Uhr
Katie an Sanny
»Mein einziger Trost. Wo soll ich denn nun hin?«

08:03 Uhr
Sanny an Katie
»Zum Planen ist es zu früh … es gibt so viele Dinge, die jetzt erledigt werden müssen. Meinst Du, dass Markus das verzeihen kann?«

08:04 Uhr
Katie an Sanny
»Bist Du verrückt geworden? Nie! Niemals! Schon gar nicht, weil seine Familie und Freunde live dabei waren. Nein, das Ding ist durch …«

08:05 Uhr
Sanny an Katie
»Dann muss die ganze Hochzeit abgesagt werden. Alle Lieferanten müssen Bescheid bekommen und Ihr müsst Euch überlegen, wer ausziehen wird. Du kannst doch erstmal in meinem Hotel-Appartement wohnen. Komm zu mir, dann bist Du nicht alleine …!«

08:15 Uhr
Katie an Sanny
»Markus hat angerufen. Ganz kühl und distanziert … Zu Recht … Wir teffen uns um zwei in der Wohnung, es gäbe einiges zu klären … wie wahr! Versuche jetzt doch noch ein wenig Schlaf zu finden. Brauche Kraft für später! Hat Mika sich gemeldet?«

08:17 Uhr
Sanny an Katie
»Nein, natürlich nicht. Der schwebt auf Wolke sieben mit der Schlampe. Lege mich auch noch hin, bin immer noch voll. Vielleicht wache ich auf und es war doch alles nur ein böser Traum …!«

08:18 Uhr
Katie an Sanny
»Schön wäre es …! Und diese Wahrsagerin hat doch Recht behalten …! Erschreckend!«

08:20 Uhr
Sanny an Katie
»Gib mir mal die Nummer … ich mache sofort einen Termin! Hoffentlich sieht die, dass Mika zurückkommt und alles nur eine kleine geschmackliche Verirrung von seiner Seite war!«

08:21 Uhr
Katie an Sanny
»Die Nummer habe ich im Telefonbuch daheim. Gebe ich Dir später. Heute hat sie eh keine Sprechstunde. Kannst Montag da anrufen … Wie kommt der schnelle Wandel? Hast Du mich nicht ausgelacht und Frau Sybilla als dumme Hexe bezeichnet?«

08:23 Uhr
Sanny an Katie
»Irren ist menschlich und ich bin auch nur ein Mensch!«

08:24 Uhr
Katie an Sanny
»Hoffentlich ist Dein Blatt besser, als meine Karten waren …!«

08:26 Uhr
Sanny an Katie
»Wenn sie Dir schon angekündigt hat, dass die Hochzeit ausfällt, hat sie denn auch gesagt, wie es weitergeht?«

08:28 Uhr
Katie an Sanny
»… da habe ich schon nicht mehr zugehört …!«

08:30 Uhr
Sanny an Katie
»Oh je …!«

13:37 Uhr
Sanny an Katie
»Maus – egal, was auch in unserem Leben noch passiert und gleich, wenn Du Dich mit Markus triffst, geschehen wird: alles ist für etwas gut! Man sollte NICHTS bereuen und zu den Dingen, die man gemacht hat, stehen. Es gibt dort oben eine Macht – nenne es Gott oder wie auch immer –, die uns leitet und lenkt und weiß, warum Dinge unser Leben erst einmal offensichtlich erschweren. Das alles sind Lernprozesse, die uns helfen werden. Ganz bestimmt. Und eines Tages – nicht heute oder morgen – wirst Du wissen, warum das gestern so gekommen ist! Ich liebe Dich! Wenn Du Hilfe brauchst: bin geduscht mit Kopfschmerzen abrufbereit!«

13:40 Uhr
Katie an Sanny
»Danke! Zittere am ganzen Körper! Dad kommt mit … alleine gehe ich da nicht rein …!«

13:46 Uhr
Sanny an Katie
»Sei stark! Ich warte noch ab und fliege heute Abend nach Hause!«

13:48 Uhr
Katie an Sanny
»Wieso das? Musst doch morgen schon wieder hier arbeiten?«

13:50 Uhr
Sanny an Katie
»Ich muss das einfach mit Bernhard klären … Ich beende das. Die einzige Chance, Mika wieder zurückzuerobern.«

13:51 Uhr
Katie an Sanny
»Was für ein bitterer Tag … Hast Du es Dir gut überlegt?«

13:52 Uhr
Sanny an Katie
»Es war längst überfällig … Er tut mir nur so unendlich leid. Er wird es nicht verstehen können …!«

13:53 Uhr
Katie an Sanny
»Erzählst Du ihm von Mika?«

13:54 Uhr
Sanny an Katie
»Niemals! Das würde ich immer – auch im Nachhinein – bestreiten. Nein, wir haben uns auseinander gelebt. Ist ja auch die traurige Wahrheit. Wäre alles gut gelaufen und in bester Ordnung, so hätte ich ihn doch niemals betrogen und Gefühle für einen

anderen Mann aufbringen können ... Das ist die Wahrheit! So sieht es aus ... nicht anders!«

13:56 Uhr
Katie an Sanny
»Würde ich genauso machen ... Hätte es auch lieber gesehen, dass Markus nie etwas von mir und Peter erfährt ... So, Dad parkt ein. Gehen hoch!«

15:14 Uhr
Katie an Sanny
»Er hat seine Tasche schon gepackt ... er geht. Er hält das hier nicht aus. Eiskalt schien er – aber es war nur Fassade. Was habe ich nur angerichtet? Er will zurück in die Schweiz. Weit weg von hier. Aber vielleicht sind das nur seine ersten Gedanken im Gefühlschaos ...!«

15:16 Uhr
Sanny an Katie
»Bleibst Du dann da wohnen?«

15:19 Uhr
Katie an Sanny
»Ich weiß nicht. Ich weiß eigentlich gar nichts mehr ... Die Zeit wird es zeigen. Er hat einen viertelstündigen Monolog mit tränenerstickter Stimme gehalten. Wie sehr er mich geliebt hat, dass er sich mit mir eine Familie gewünscht hat und für mich hofft, dass ich meine Zukunft geregelt bekomme – er mich jedoch niemals wieder sehen möchte. Dass er sich Kommentare zu meiner Person erspart und verlangt, dass ich den entstandenen Schaden – wie Kosten der Hochzeit – übernehme ...!«

15:23 Uhr
Sanny an Katie
»Der hat sie doch nicht alle. Jetzt sollst Du alleine alles blechen? Sei froh, dass Du den Geizknüppel los bist – wo gibt's denn so was? Brauchst Du Geld?«

15:27 Uhr
Katie an Sanny
»Wahrscheinlich könntest Du mir tatsächlich was borgen … Habe die letzten Wochen ja nicht so viele Einsätze gehabt und dementsprechend weniger Einnahmen. Ich zahle es Dir so schnell wie möglich zurück. Habe jetzt ja genug Zeit zum Drehen … so ohne Mann …! Ich kann schon verstehen, dass er diese ganze Scheiße nicht noch zahlen will. Egal! Ich muss das gesamte Ausmaß erst einmal überschlagen!«

15:34 Uhr
Sanny an Katie
»Sag' mir dann einfach, wieviel Du brauchst! Wir schaffen das alles! Ich habe Dir schon immer gesagt, dass Markus nicht zu Dir passt – jetzt zeigt der doch sein wahres Gesicht!«

15:40 Uhr
Katie an Sanny
»Bin durch. Mir geht es schlecht. Körperlich wie seelisch. Mom und Dad nehmen mich mit zu sich nach Hause. Schlüpfe erst einmal unter und mache auf verschollen!«

15:46 Uhr
Sanny an Katie
»Und Peter?«

15:55 Uhr
Katie an Sanny
»Der macht es wie ich … verschollen! Handy aus! Typisch! Du Arme, hast das Schlimmste noch vor Dir! Ich drück Dich!«

16:02 Uhr
Sanny an Katie
»Hoffentlich mache ich nichts Falsches … Aber ich muss Mika einfach wieder haben!«

23:00 Uhr
Sanny an Katie
»Wir haben geweint. Uns einander geklammert und gefragt, was mit uns und unserer Liebe geschehen ist! Es war so unglaublich emotional, dass man das eigentlich nicht aushalten kann. Aber Bernhard hat mir gestanden, dass er das Gespräch auch suchen wollte – nur nicht wusste, wie. Wir sind gemeinsam zum Entschluss gekommen, dass wir immer Freunde bleiben und uns in tiefster Liebe füreinander und Freundschaft trennen. Er wird sich in Ruhe eine Wohnung suchen und immer für mich da sein. Ich auch für ihn. Ich liebe ihn, und das werde ich immer tun!«

Datum: 24.09.

01:23 Uhr
Katie an Sanny
»Bin grade wieder aufgewacht … So stelle ich es mir vor, wenn man auf Droge ist, und ich meine dabei nicht, dass man entspannt ein kleines Tütchen geraucht hat … Klingt traurig und doch positiv, was Du mir da schreibst. Ich wäre auch gern mit Markus

befreundet geblieben. Hab noch mal versucht, ihn anzurufen, um eine zweite Chance gebettelt, es auf den Alkohol geschoben – nichts – es ist aus … FÜR IMMER! Ich werde ihn nie wiedersehen oder von ihm hören. Das macht mich krank! Peter hat sich auch nicht gemeldet. Ich bin alleine, einsam und unglücklich!«

09:01 Uhr
Sanny an Katie
»Der Morgen war schlimm. So unendlich traurig. Bernhard hat mich geküsst und nochmals betont, dass ich immer an erster Stelle stehen werde. Vielleicht, eines Tages, führen uns unsere Wege und Gefühle ja wieder zusammen. Ich komme gleich zurück nach München und werde Mika zurückerobern!«

09:03 Uhr
Katie an Sanny
»Du schaffst es! So, wie er Dich geliebt hat … und eine von uns beiden muss doch glücklich werden! Im Herzen sind wir doch gute Menschen! Dad flößt mir Rinderkraftbrühe ein und ich rauche wie eine alte Dampflok!«

09:04 Uhr
Sanny an Katie
»Pass auf Dich auf! Brauche Dich noch!«

12:05 Uhr
Katie an Sanny
»Markus hat über seine Mutter und über meine Mom ausrichten lassen, dass er seine Sachen, sprich: Möbel und das ganze Zeug, übermorgen von einer Spedition abholen lässt. Ein paar Dinge, die wir zusammen gekauft haben, wollte er noch durchsprechen … wer was behält. Ich habe ihm mitteilen lassen, dass er alles haben kann. Mein Herz hängt an nichts Materiellem … Mir ist

einfach alles egal! Außerdem ist er viel zu stolz und lässt das meiste eh da – erinnert ihn ja auch dann schmerzlich an alles – wo bist Du?«

14:04 Uhr
Sanny an Katie
»Schon im Hotel. Habe mir einen Transporter gemietet und fahre gleich zu Mika. Mein antikes Sideboard steht noch bei ihm … das hole ich ab und hoffe, ihn so zum Reden zu bringen. Ich sehe toll aus! Komisch, dass das mit Mika in meinem Kopf so präsent ist und meine Trennung von Bernhard zwar unendlich traurig ist, mich aber momentan nicht so umhaut … Jetzt schließe ich die nächste Baustelle ab…!«

14:07 Uhr
Katie an Sanny
»Weiß Mika, dass Du jetzt kommst?«

14:10 Uhr
Sanny an Katie
»Nein, ich setze auf den Überraschungsmoment … Wenn er mich sieht, muss er doch einfach schwach werden. Worüber reden wir eigentlich? Wenn Magdalena ein Rasseweib wäre, besonders begabt und unendlich sexy, dann hätte ich eventuell noch ein wenig Verständnis … aber schau sie Dir an … Du hast sie ja gesehen – die ist unterste Schublade!«

14:11 Uhr
Katie an Sanny
»Ich schätze ohnehin, er hat das nur gemacht, damit Du Dich endlich nach dem ganzen Hin und Her und Hickhack zu einer Entscheidung durchringst. Er ist Zwilling – wie ich, und wir leiden tief. Keine Gefühle sind einem Zwilling fremd. Und Mika hat

gelitten, weil er Dich so so gerne alleine haben wollte. Du bekommst ihn wieder. Du Glückliche …!«

14:15 Uhr
Sanny an Katie
»Ich bete dafür …!«

16:23 Uhr
Katie an Sanny
»Peter hat angerufen, hat sich nach meinem Befinden erkundigt. Die Presse hat von dem Theater noch nichts mitbekommen. Gott sei Dank, hatte schon Angst, dass es morgen Titel BILD ist. Markus hat bislang noch nicht Peters Frau kontaktiert. Doch ein Edelmann.«

17:15 Uhr
Sanny an Katie
»Sitze in der Maske. Drehe durch! Mika hat mich zwar in die Wohnung gelassen, wir haben gesprochen, aber er ist mit dem Thema durch. Er hat geweint und nochmals betont, dass es für uns keine gemeinsame Zukunft mehr gibt.«

17:17 Uhr
Katie an Sanny
»Hast Du ihm gesagt, dass das mit Bernhard vorbei ist? Das hat er sich doch immer gewünscht? Nun ist es soweit, und da soll es zu spät sein? Unlogisch!«

17:20 Uhr
Sanny an Katie
»Mein Reden … Entweder hat er mir das nicht geglaubt oder er ist bereits bis über beide Ohren in dieses Luder verliebt. Wie kann man sich so schnell in eine andere Frau verlieben? Mir ist das alles schleierhaft!«

17:21 Uhr
Katie an Sanny
»Jetzt hat er ja alles: vollen Kleiderschrank, vom Feinsten eingerichtete Wohnung, war schick im Urlaub – und alles auf Deine Kosten ... Mal darüber nachgedacht?«

17:24 Uhr
Sanny an Katie
»Das ist doch Blödsinn. Jetzt kommst Du mir wieder damit. Mika ist nicht käuflich und auch nie gewesen. Er wollte das alles doch nicht, ich habe es ihm alles angeboten, weil es mir so einen Spaß gebracht hat, seine optische Veränderung mitzuerleben ...! Der Schliff vom Rohdiamanten zum besonderen Stein ...«

17:27 Uhr
Katie an Sanny
»Ist richtig ... natürlich wollte er das alles nicht ... Du hast ihn ja quasi zu seinem Glück und zu all den tollen Sachen gezwungen ... armer Mika!«

17:30 Uhr
Sanny an Katie
»Katie, ich weiß, dass Deine Nerven auch blank liegen. Aber bitte werde jetzt nicht wieder ironisch ... das kann ich wirklich nicht gebrauchen. Ich muss mich jetzt erst einmal auf meine Sendung konzentrieren ... Bis später! Kopf hoch!«

17:35 Uhr
Katie an Sanny
»Hauptsache, die Promi-Tonne berichtet jetzt nicht gleich von der Polterabend-Katastrophe ... ☹«

17:37 Uhr
Sanny an Katie
»Was glaubst Du, was die Story meine Einschaltquote explodieren lassen würde. Könnte kotzen, dass das nicht einer anderen Person des öffentlichen Lebens passiert ist … Anneliesa zum Beispiel … Die Geschichte ist so unglaublich, dass man sich die gar nicht vorstellen kann … aber natürlich erfährt von mir keiner was!«

17:38 Uhr
Katie an Sanny
»Was, wenn Mika es rausbekommt? Er könnte doch plaudern …!«

17:40 Uhr
Sanny an Katie
»Mal davon abgesehen, dass er momentan nur Gedanken an diese blöde Kröte verschwendet, bin ich immer noch die Redaktionsleiterin mit letzter Entscheidungsgewalt meines Magazins! Unglaublich: ich mache ihn zum Chef vom Dienst, und als Dankeschön pimpert der die widerliche ungarische Küchenmagd!«

17:42 Uhr
Katie an Sanny
»Armleuchter!«

17:42 Uhr
Sanny an Katie
»Obwohl wir schon einen ordentlichen Betrag für ein Exklusivinterview mit Dir rausrücken würden …«

17:43 Uhr
Katie an Sanny
»Brauchen wir nicht zu diskutieren! NEIN!«

17:44 Uhr
Katie an Sanny
»Sehen wir uns heute noch?«

17:46 Uhr
Sanny an Katie
»Gern. Bin bis kurz nach acht im Sender, danach bei Frau Sybilla und könnte anschließend zu Dir fahren. Mag auch nicht alleine sein …!«

17:50 Uhr
Katie an Sanny
»Was? Du hast so schnell einen Termin bekommen? Die ist doch immer so ausgebucht … Bin ja gespannt. Glaube, es wird zu spät – sei nicht sauer, aber ich bin echt angeschlagen. Treffen wir uns morgen?«

17:51 Uhr
Sanny an Katie
»Okay! Hoffe auch immer noch im tiefsten Inneren, dass Mika mich heute Abend vielleicht doch noch mal treffen möchte …«

19:31 Uhr
Katie an Sanny
»Endlich wieder die Promi-Tonne mit Dir. Ist ja viel mehr Pfiff drin. Ich finde, Deine Vertretung macht es zwar ganz gut und liest die Texte zwischen den Beiträgen nahezu fehlerfrei vom Prompter, aber sie bringt keine eigene Note mit rein … Und die von ihr geführten Interviews sind langweilig …!«

19:45 Uhr
Sanny an Katie
»Danke für die Lorbeeren! Recht hast Du natürlich. Bin trotzdem froh, dass ich sie habe … In der Redaktionskonferenz hat mich Magdalena so ekelhaft gemustert. Vollvotze! Meinst Du, Mika hat ihr von mir und ihm erzählt und sie genießt jetzt ihren Sieg?«

19:52 Uhr
Katie an Sanny
»Das wäre ja wohl der Gipfel. Dann redest Du nie wieder mit dem kleinen Pisser! Ihr habt Euch doch geschworen, dass von Eurer Affäre niemals jemand etwas erfahren soll. Das schließt Magdalena ja wohl mit ein!«

22:01 Uhr
Sanny an Katie
»Die Frau Sybilla ist ja noch schlimmer, als von Dir beschrieben … Nur Quatsch geredet …!«

22:03 Uhr
Katie an Sanny
»Hat sie Deine Situation aus den Karten ersehen können?«

22:04 Uhr
Sanny an Katie
»Nö! Angeblich kommt ein Neuer! Ganz schnell ginge das jetzt. Als wäre ich bereit für einen neuen Mann … Gönne mir noch einen Drink, werde in Selbstmitleid versinken und morgen sehen wir uns. Dann erzähle ich Dir alles in Ruhe.«

22:05 Uhr
Katie an Sanny
»Freu mich!«

22:07 Uhr
Sanny an Katie
»Wenn ich in Hamburg bin, gehe ich noch mal zu der Kartenlegerin, die Bergi immer konsultiert. Die soll einsame Spitze sein – eine echte Ausnahmeerscheinung ihres Faches. Frau Boldensott!«

22:08 Uhr
Katie an Sanny
»Stimmt, von der schwärmen alle ... zu der will ich auch!«

Datum: 25.09.

11:45 Uhr
Katie an Sanny
»Treffe mich gleich mit Peter! Er hat eine SMS geschickt. Im Blockhaus – wie immer! Vielleicht wird doch alles gut!«

11:56 Uhr
Sanny an Katie
»Bin grade erst aufgewacht. Ich glaube, ich bin erst gegen Morgengrauen eingeschlafen. Habe mir die DVD von »The Secret« angesehen. Immer und immer wieder. Die sagen, dass man alles bekommt, was man sich wirklich wünscht und man quasi gedanklich sein eigenes Leben inszeniert! Also, Magdalena habe ich bestimmt nicht herbeigewünscht ...! Fühle mich leer! Viel Glück mit Peter! Und sag Bescheid, wann wir uns wo treffen wollen. Muss gegen fünf Uhr wieder in der Redaktion sein ...!«

14:05 Uhr
Katie an Sanny
»Ich schaffe es heute nicht mehr … Peter hat sich den ganzen Tag frei genommen für mich. Wir leihen uns Fahrräder und machen einen Ausflug in den englischen Garten … die frische Luft wird gut tun …!«

14:07 Uhr
Sanny an Katie
»Hört sich ja nach Liebe an … Aber Peter soll auch nicht vergessen, dass er die Mitschuld an dem Desaster trägt … Er besteht immer auf die Verantwortung seiner Familie gegenüber, aber er hat verdammt noch mal auch Verantwortung für Dich! Genieße! Ich fahre jetzt schon in den Sender … mir fällt die Decke auf den Kopf!«

14:08 Uhr
Katie an Sanny
»Mika sich gemeldet?«

14:09 Uhr
Sanny an Katie
»Negativ! Aber Bernhard. Er hat eine tolle Wohnung an der Elbe gefunden. Gott, geht das schnell … zu schnell … Habe Angst! Angst vor der Zukunft ohne ihn …«

16:04 Uhr
Sanny an Katie
»Katie, Dein Markus hat mich eben angerufen! Er wollte wissen, ob es bei Dir und Peter eine Geschichte gibt. Ob er zu blind war, das zu sehen und ob ich in der Promi-Tonne davon was bringen werde. Er wünscht, mit dem Thema nicht mehr in Berührung zu kommen …!«

17:04 Uhr
Katie an Sanny
»Markus hat Dich angerufen? Das passt ja jetzt gar nicht zu ihm … Und was hast Du gesagt?«

17:05 Uhr
Sanny an Katie
»Überflüssige Frage! Habe ihm natürlich gesagt, dass ich es als Deine beste Freundin nun wissen müsste, wenn bei Dir und Peter in der Vergangenheit was gelaufen wäre … Habe alles bestritten und auf guten Freund gemacht. Männer müssen immer das Gefühl haben, dass man sie versteht. Wie dumm sind die eigentlich? Als würde ich Dich an Deinen Ex verraten … egal. Er hat mir – schätze ich – geglaubt und sich etwas entspannt. Habe ihn auf den Trichter gebracht, dass Du wohl Torschlusspanik bekommen hast, dass das besser vor der Hochzeit war als danach und dass natürlich auch alle an dem Abend randkantenvoll waren …!«

17:06 Uhr
Katie an Sanny
»Ich glaube auch, so schmerzhaft es ist, dass ich das im Unterbewusstsein herbeigeschrien habe … Auch wenn ich mir noch so gewünscht habe, eine glückliche Ehe mit Markus zu führen, wenn man mal ehrlich ist, konnte ich Peter nie vergessen und früher oder später wäre es dann doch wieder passiert. Er ist nun mal die Liebe meines Lebens, und nicht umsonst kommen wir voneinander nicht los!«

17:07 Uhr
Sanny an Katie
»Ein wenig weniger Drama wäre nur gut gewesen …!«

17:08 Uhr
Katie an Sanny
»Ich bin wohl eben die Dramaqueen!«

17:09 Uhr
Sanny an Katie
»Die Königinnen eben! Und wer keine Tiefen zulässt …«

17:10 Uhr
Katie an Sanny
»… kann auch keine Höhen erleben!«

17:11 Uhr
Sanny an Katie
»So ist es – nicht anders!«

18:05 Uhr
Sanny an Katie
»Fühle mich echt einsam … Von Mika Schweigen im Walde und Bernhard organisiert voller Enthusiasmus seinen Umzug und Auszug aus meinem Leben … Gehe mit Andrea aus … Ablenkung ist bekanntlich alles!«

18:30 Uhr
Katie an Sanny
»Sind jetzt im Hotel. Er duscht … Jetzt merke ich erst wieder, wieviel Bock ich aufs Vögeln habe. Wasserfall ist nichts dagegen …!«

18:35 Uhr
Sanny an Katie
»Ich will auch. Ich kann Dir gar nicht sagen, wie mein Körper vor Schmerzen zuckt, wenn ich mir vorstelle, dass Mika Magdalenas Stinkeschlitz leckt. Wie konnte das nur passieren?«

18:36 Uhr

Katie an Sanny

»Frag' mich nicht … mir sind die Männer ein Rätsel, das man nie ganz knackt. Peter scheint sich auch zu freuen … er singt unter der Dusche! Obwohl er das mit seinem musikalischen Fehlempfinden lieber lassen sollte … Der trifft ja echt keinen Ton! Ich werde ihn die ganze Nacht nicht schlafen lassen! Wenn Du so wuschig bist und es nicht aushalten kannst, dann geh' online und schaue unter den Seiten, die Escort-Guys anbieten. Für zweihundert verwöhnen die Dich, bis Du schreist!«

18:37 Uhr

Sanny an Katie

»Einen Gigolo buchen? Na, das kann ich ja haben …!«

18:38 Uhr

Katie an Sanny

»Die bieten aber volles Programm! Bringen sogar Leckfolie mit!«

18:39 Uhr

Sanny an Katie

»Bitte was?«

18:40 Uhr

Katie an Sanny

»Nie was von Leckfolie gehört? Gerade Du!? Gibt es in der Apotheke! Legen die Männer auf die Muschi und können so ausgiebig schlappern, ohne wirklich mit der Haut und der Scham der Frau in Berührung zu kommen. Also, auf Deutsch: sie müssen den Saft nicht schmecken und schlucken. Du feuchtest dann einfach unter der hauchdünnen Folie!«

18:42 Uhr
Sanny an Katie
»Von der Erfindung hätte man mal Bernhard berichten sollen, vielleicht wäre er dann auch mal abgetaucht …!«

19:57 Uhr
Sanny an Katie
»Habe mir so dermaßen den Vibrator gegönnt und an Mika gedacht. Bin explodiert! Andrea kommt gleich!«

23:06 Uhr
Katie an Sanny
»Peter holt neue Drinks an der Rezeption! Er ist fantastisch. Mir kommt es so vor, als wäre der Sex noch gigantischer nach dem ganzen Mist der letzten Tage. Er sagt auch, wie glücklich er ist, dass ich nun doch nicht heirate und wie er mich vermisst hat! Klingt gut, oder?«

23:07 Uhr
Sanny an Katie
»Und? Hat er Dir gesagt, dass er nun endlich seine Frau verlässt?«

23:10 Uhr
Katie an Sanny
»Habe ich nicht angeschnitten, dieses leidige Thema … ich lasse es vorsichtig angehen!«

23:11 Uhr
Sanny an Katie
»Ich lasse mich auch vorsichtig volllaufen … Prosit!«

Datum: 26.09.

03:11 Uhr
Sanny an Katie
»Nur Idioten auf der Piste. Alles Typen, die sich komplett selbst überschätzen! Sehen aus … ist Dir mal aufgefallen, dass die meisten Männer von ihren Frauen verlangen und es als selbstverständlich ansehen, dass das weibliche Geschlecht sich pflegt, Diät hält, work-out macht, sich rasiert und frisiert und megasexy Klamotten trägt, während ER sich gehen lässt, einen Bauch anfrisst, schwitzt und seine Haare verliert???? Einfach unglaublich!«

03:15 Uhr
Sanny an Katie
»Ach ja: ich bin so gar nicht neidisch auf Deine Nacht … ☺ Ich habe Mika gemailt, dass ich feiern bin — ob er eventuell dazu kommen möchte: NICHTS! Auch so'n falscher Fünfziger!«

12:03 Uhr
Katie an Sanny
»Soll ich zu Dir kommen? Peter muss los und Markus ist ja bei uns in der Wohnung, um seine Sachen zu holen … Könnten alles in Ruhe besprechen – und ich muss Dich einfach sehen!«

12:10 Uhr
Sanny an Katie
»Klar, komm vorbei! Ist eh ein ätzender Tag. Dieser Dauerregen geht mir ans Nervenkostüm, das ich eh nicht mehr habe …!«

12:11 Uhr
Katie an Sanny
»Bist doch Hamburger! Man hat nie das falsche Wetter – nur die falsche Kleidung!«

12:12 Uhr
Sanny an Katie
»Dir hat Peter heute Nacht wohl das Resthirn rausgebumst!«

12:14 Uhr
Katie an Sanny
»Auf alle Fälle fühle ich mich wie neugeboren und sehe meiner Zukunft etwas gelassener entgegen. Und mein Spruch hätte eher von Dir kommen können … Du hattest vollkommen Recht: es kommt, wie es kommt! Und weiß man zunächst auch nicht, warum etwas Schlimmes passiert: die Zeit wird es zeigen!«

12:16 Uhr
Sanny an Katie
»Im Moment ist die Zeit mein schlimmster Feind. Jede Sekunde starre ich auf mein Handy und hoffe auf eine Nachricht von Mika. Wenn ich das Gefühl habe, es sind schon Stunden vergangen, dann sind doch erst ein paar Minütchen vorbei. Ich habe die Schnauze so voll!«

12:17 Uhr
Katie an Sanny
»Erde an Sanny: alles wird gut!«

12:18 Uhr
Sanny an Katie
»Erde an Katie: das wollen wir doch erst einmal sehen …! So, wie Mika mich behandelt, so behandelt man doch nicht mal seinen schlimmsten Feind!«

17:02 Uhr
Sanny an Katie
»Schön, dass Du da warst. Immerhin haben wir mal wieder gelacht, und das in dieser grenzwertigen Zeit … Bist Du Dir immer noch sicher, dass Du da jetzt alleine hinfahren möchtest? Warte doch, bis ich aus der Redaktion komme und wir machen das gemeinsam. Meinst Du nicht, dass es ein Schock werden könnte, wenn Du die Wohnung betrittst, und alle persönlichen Sachen von Markus sind weg?«

17:05 Uhr
Katie an Sanny
»Lieb von Dir, aber ich muss da jetzt alleine durch! Ich muss jetzt wirklich realisieren, was passiert ist, und es in meinem Kopf geordnet bekommen. Dad hat auch angeboten, mitzufahren. Süß. Aber nein: ich will das jetzt wirklich alleine tun. Und so furchtbar kann es nicht werden. Schätze, ich stelle heute Abend noch ein wenig um und versuche, es mir gemütlich zu machen …!«

18:03 Uhr
Sanny an Katie
»So still?«

18:05 Uhr
Katie an Sanny
»Stell Dir vor ... Er hat einfach alles mitgenommen! Einfach ALLES! Ich habe nicht einmal mehr einen verdammten Löffel! Und ich bin obdachlos.«

18:06 Uhr
Sanny an Katie
»Was? Der entpuppt sich ja als Alptraum! Alles?«

18:07 Uhr
Katie an Sanny
»Markus war bestimmt kein Verräumer ... aber ein Abräumer! Bin so geschockt, das gibt es doch gar nicht. Gentleman, von wegen ... der spinnt doch. So peinlich, diese billige Rache ... wegen fast nichts ... na gut ... aber trotzdem ...«

18:09 Uhr
Sanny an Katie
»Pfui, wie schäbig!«

18:10 Uhr
Katie an Sanny
»Rufe Peter an – er muss jetzt helfen!«

18:14 Uhr
Katie an Sanny
»Er kommt!«

18:17 Uhr
Sanny an Katie
»So rund, wie es bei Euch momentan läuft, solltest Du ihn einfach am 29.09. heiraten. Meinst Du, er bekommt die Scheidung in den nächsten drei Tagen durch?«

18:20 Uhr
Katie an Sanny
»Schön wäre es! Aber er ist wirklich wie ausgewechselt momentan. Ich liebe ihn!«

20:57 Uhr
Sanny an Katie
»Habe eben so geweint. Bernhard hat mir die schönste E-Mail geschrieben, die ich jemals in meinem Leben bekommen habe. Dass er mir nie vergessen wird, was ich für ihn getan habe. Dass er noch nie zuvor im Leben für einen Menschen so viel empfunden hat und dass er auch in Zukunft stets einen Schritt hinter mir ist und aufpassen wird, dass es mir gut geht. Er hofft, dass wir immer Freunde bleiben und füreinander da sind und wünscht mir für meinen weiteren Lebensweg nur Sonnenschein! Ich glaube, ich habe da was falsch gemacht!«

21:03 Uhr
Katie an Sanny
»Nein, hast Du nicht, und das weißt Du auch! Natürlich tut es weh und ist jetzt so emotional. Mein Gott: was erwartest Du nach sieben Jahren? Sich von einem Menschen zu trennen, gerade vom Partner, das ist, wie einen Tod zu verarbeiten! Nimm Dir die Zeit. Aber hättest Du das nicht gemacht, hättest Du bis in alle Ewigkeit im Zölibat gelebt. Willst Du das? Nein! Oder Du hättest ihn ständig betrogen. Das war doch nervenzerfetzend! Lebe die wahre Liebe, und zu der gehört nun mal auch Sex und nochmals Sex!«

21:04 Uhr
Sanny an Katie
»… sagt die Frau, die einen Asexuellen sogar heiraten wollte!«

21:05 Uhr
Katie an Sanny
»Wir gehören eben beide weggeschlossen ☺«

21:07 Uhr
Sanny an Katie
»Habe beschlossen, ich nehme mir ab morgen eine Auszeit, wenn es mir genehmigt wird. Ich habe so viel gearbeitet und mein Privatleben so vernachlässigt … jetzt stehe ich vor den Scherben meines Lebens! Ich brauche jetzt Zeit, um nachzudenken und kann Mika in der Nähe dieser Magdalena nicht ertragen. Ich muss mir das Theater ja nicht noch live reinziehen Tag für Tag!«

21:08 Uhr
Katie an Sanny
»Nicht, dass Du dann nur in Hamburg bist – ich brauche Dich hier bei mir!«

21:10 Uhr
Sanny an Katie
»Du hast ja Peter in Deiner Nähe, und wenn Dich die Sehnsucht packt: in einer Stunde und fünf Minuten schaffen die Flieger die knapp 800 Kilometer vom Süden in den Norden!«

21:11 Uhr
Katie an Sanny
»Na gut …! Aber komm trotzdem schnell wieder!«

Datum: 27.09.

11:00 Uhr
Sanny an Katie
»Eine Woche Sonderurlaub ist durch! Ich fliege in meine schützende Heimat. Weit weg von dem Mann, den ich so liebe und der mich so quält. Kopf hoch und bis bald!«

11:04 Uhr
Katie an Sanny
»Du kannst nicht fliegen! Die nächste Katastrophe ist perfekt! Anneliesa hat bei Lovely Train eine Gastrolle bekommen! Birgit hat es mir gerade gesteckt!«

11:05 Uhr
Sanny an Katie
»Jetzt wildert das olle Warzenschwein auch noch in Deinem Revier! Wie konnte Peter das zulassen? Hast Du Dich nie mit ihm über die Schlampe unterhalten? Nicht, dass die Dir erst die Hauptrolle und dann Peter wegnimmt …! Hört denn das Leid nie auf?«

11:06 Uhr
Katie an Sanny
»Was soll ich denn jetzt tun? Dank der bekloppten Hochzeit habe ich noch über vierzehn Tage frei und kann sie nicht kleinhalten …!«

11:07 Uhr
Sanny an Katie
»Freunde Dich doch mit ihr an …!«

11:10 Uhr
Katie an Sanny
»Bevor ich mit DER auf just good friend mache, springe ich lieber von irgendeiner Brücke!«

11:12 Uhr
Sanny an Katie
»Du musst mit Peter sprechen! Die muss sofort wieder rausgeschrieben werden!«

11:14 Uhr
Katie an Sanny
»Das werde ich sofort tun!«

15:30 Uhr
Sanny an Katie
»Stell Dir vor: Bernhard ist verschwunden!!! Alle suchen ihn! Keiner weiß, wo er ist!!!! Nicht, dass er in irgendwelchen Unterlagen von mir etwas von Mika rausgefunden hat und jetzt alles weiß …«

15:31 Uhr
Katie an Sanny
»Wie: er ist weg? Und welche Unterlagen? Dachte, Du bist immer so vorsichtig? Ist er vielleicht bei einem Freund?«

15:33 Uhr
Sanny an Katie
»Nein, ich habe alle seine besten Freunde angerufen. Es ist Nachmittag und alle arbeiten! Sollte Bernhard auch tun! Nicht einmal seine Assistentin weiß, wo er steckt. Er wusste, dass ich überraschend nach Hamburg komme, ich hatte es ihm am Telefon gesagt! Ich wollte mit ihm sprechen, und er hat sich

gefreut! Nun ist er verschollen ... einfach weg! Mache mir große Sorgen!«

15:36 Uhr
Katie an Sanny
»Nicht, dass er Eure Trennung doch nicht so easy wegsteckt und sich aus Liebeskummer was antut????«

15:38 Uhr
Sanny an Katie
»Er wollte mich vom Flughafen abholen! Ich stehe hier nun schon fast eine geschlagene Stunde. Sein Handy ist an, aber er geht nicht ran. Habe ihm schon seine komplette Mailbox vollgesprochen. Zuhause geht er auch nicht ran. Im Büro ist er nicht und seine Freunde wissen von nichts.«

16:05 Uhr
Sanny an Katie
»Hab ihn gefunden. Er sitzt betrunken vor mir wie Harald Juhnke. Ich will ihn nie wieder sehen. Ich hatte solche Angst, dass ihm was zugestoßen ist ...«

16:06 Uhr
Katie an Sanny
»Das glaube ich jawohl nicht. Er ist zuhause? Wieso betrunken um diese Uhrzeit? Das ist ja nicht auszuhalten, und Du bist vor Kummer und Sorge fast umgekommen!«

16:10 Uhr
Sanny an Katie
»Wahnsinn, oder? Wie ein Penner. Bis unters Dach voll mit wer weiß was. Nun habe ich ihn ins Bett gelegt. Von Mika hat er nichts rausbekommen!!! Nützt mir auch nichts – der ist fertig mit mir.

Habe ein so verdammt schlechtes Gefühl … Mann, aber wir leben! Danke, dass Du da bist. Was für ein Stress.«

21:30 Uhr
Sanny an Katie
»Gute Nacht, mein Schatz. Endlich ist der Tag rum. Ich weiß, warum Bernhard sich betrunken hat. Er wollte unbedingt bei mir bleiben. Er ist so verzweifelt und traurig. Er tut mir so so leid. Er will es nicht akzeptieren. Mein Herz blutet. Aber ich liebe nun mal einen anderen Mann, der wiederum eine andere liebt. Fast wie im Kino. Siehst Du Deinen Schatz noch? Genieß es doll!!«

21:33 Uhr
Katie an Sanny
»Der Arme! Ja, Peter ist bei mir! Wir kochen!«

21:34 Uhr
Sanny an Katie
»Weiß er, was er sich da antut?«

22:34 Uhr
Sanny an Katie
»Bernhard schläft. Er sieht so lieb aus, und er ist es ja auch. Mir tut alles so leid. Er wirkte doch nach unserem Gespräch so gefasst … Andrea hat mich eben angerufen! Sie hat in der Maske ein Gespräch zwischen Mika und einem Freund am Telefon mitbekommen … sie haben über Magdalena gequatscht und er meinte wohl, er findet seine Ungarin richtig geil. Ich hab keine Chance mehr … Er kommuniziert sie schon als seine Freundin!!!!!! Geh jetzt aus … muss mich betäuben. Drück Dich.«

22:36 Uhr
Katie an Sanny
»Und der blöde Sack will Dich so geliebt haben? Am Arsch hängt der Hammer mit Knopploch und mit Klammer!«

22:37 Uhr
Sanny an Katie
»Sag mal, Schatz: ganz kurz noch … Ist Anneliesa nun gefeuert, bevor sie auftaucht?«

22:45 Uhr
Katie an Sanny
»Versau mir mit solchen Fragen bitte nicht den romantischen Abend … NEIN! Peter hat erst nicht verstanden, warum ich mich so aufrege … Wäre doch eine tolle Frau, und die Figur … Alles gemacht, habe ich ihm erzählt! Aber es ist nicht seine Entscheidung. Der Sender will sie. Ich kann nicht mehr …!«

22:46 Uhr
Sanny an Katie
»Ach Du Schreck …«

Datum: 28.09.

10:30 Uhr
Sanny an Katie
»Bin grade im Solarium gewesen und habe – man glaubt es nicht, eine Mail von Mika bekommen!«

10:34 Uhr
Katie an Sanny
»Es geschehen noch Zeichen und Wunder!!! Ist doch toll! Und was will er? Zurück? Kann ich gut verstehen bei dem Weib, das er sich im Wahn ausgesucht hat … bist eben doch die Nummer eins!«

10:36 Uhr
Sanny an Katie
»Ich bin so sprachlos … ich leite Dir seine Mail einfach mal weiter …!«

10:37 Uhr
Sanny an Katie, weitergeleitete Mail von Mika
»Guten Morgen! Wärst Du so nett und würdest mir die Tage, wenn Du wieder im Sender bist, den Hammer und die Nägel bitte mitbringen? Das wäre ganz lieb von Dir … lg der Mika«

10:38 Uhr
Katie an Sanny
»Der will einen blöden Hammer und rostige Nägel zurück????? Der hat sie doch nicht mehr alle, nach dem, was Du ihm alles ermöglicht und bezahlt hast??!! Leg ihm einfach 2,50 Euro ins Büro und schreib dazu, er soll sich den Mist neu kaufen. Das Arschloch!!«

10:40 Uhr
Sanny an Katie
»Den haben sie doch echt mit dem Klammersack gepudert! Ich schenke ihm die geilsten Sachen dieser Welt, von denen er ohne mich nicht einmal wüsste, dass sie existieren und der dumme Junge will ein paar billige, alte Nägel zurück. Bin durch mit ihm!«

10:41 Uhr
Katie an Sanny
»Hat er noch Sachen von Dir?«

10:42 Uhr
Sanny an Katie
»Die kann er sich in den Allerwertesten schieben – quer!«

10:43 Uhr
Katie an Sanny
»Nichts da … nachdem Markus mir alles geklaut hat, brauche ich diverse Dinge neu. Also: forder ab!«

10:56 Uhr
Sanny an Katie
»Habe ihm jetzt geschrieben. Ganz sachlich und kühl. Der wird sich wundern: ich kann auch anders! Er soll mir meinen Sandwich-Toaster zu Andrea in die Maske stellen. Mika kann sich per sofort einen romantischen Abend mit lecker Sandwich und seiner dummen Nuss abschminken. Soll sie ihm doch Gulasch-Suppe kochen!«

10:59 Uhr
Katie an Sanny
»Jetzt wird's aber kleinlich … 'nen Sandwichmaker willst Du zurück? Aber immerhin lernst Du dazu … nimm ihm alles wieder weg!«

11:36 Uhr
Sanny an Katie
»Bernhard hat mir einen Wahnsinnsstrauß roter Rosen geschenkt … als kleine Entschuldigung für gestern! Wir haben noch einmal gesprochen, und er sagt, dass er weiß, dass unsere Trennung

besser ist, damit wir die schöne Zeit nicht nachhaltig zerstören. Dass ihm das trotzdem mehr als schwer fällt und er sich sein Leben ohne mich als Mittelpunkt nicht vorstellen kann. Ich auch nicht! Er ist jetzt in der neuen Wohnung und lässt alles streichen. Wir haben uns darauf geeinigt, dass wir beide keine Eile haben und er sich Zeit lassen soll, bevor der Möbelwagen kommt. Gott, es ist so traurig. Alles wegen Mika …!«

11:38 Uhr
Katie an Sanny
»Peter und ich fahren zum Chiemsee. Möchte mal wissen, was er in der Firma erzählt, wo er immer ist, wenn wir zusammen sind … Ich glaube, er weiß jetzt, was er will … mich! Ich bete dafür! Markus hat mir eine SMS geschrieben, dass er meine Kreditkarte gesperrt hat. Lächerlich!«

11:40 Uhr
Sanny an Katie
»Hätte nicht gedacht, dass er so unter die Gürtellinie geht … Alle gleich: kennst Du einen, kennst Du alle!«

11:43 Uhr
Katie an Sanny
»Meinst Du, wir bekommen trotzdem weiterhin Klamotten von Bernhard?«

11:44 Uhr
Sanny an Katie
»Wieso? Hat Markus die auch mitgenommen?«

11:46 Uhr
Katie an Sanny
»☺«

13:05 Uhr
Katie an Sanny
»Es ist doch immer das gleiche: wir tanken grade und stehen NATÜRLICH wieder an der Schlange, die am längsten dauert. Da tankt bestimmt 'ne Frau ...!«

13:06 Uhr
Sanny an Katie
»... oder Opa mit Hut! Ist doch ein Phänomen, dass man immer und grundsätzlich an der falschen Schlange oder Kasse steht, im Stau natürlich auf der falschen Spur fährt und der Bus oder die Bahn immer dann kommt, wenn man sich gerade eine Zigarette angezündet hat ... Wie kann das angehen?«

13:07 Uhr
Katie an Sanny
»Kann ich ebenso wenig beantworten wie die Frage, warum Frauen stets zu zweit auf's Klo gehen ... die können doch nicht alle koksen ...!«

16:03 Uhr
Sanny an Katie
»Habe mir mit Bernhard seine neue Wohnung angesehen. Ein Traum. Da wird er sich bestimmt wohl fühlen. Mit großer Dachterrasse und allem Pi-Pa-Po! Er will sich komplett neu einrichten, d. h. weg von den Antiquitäten und alles ein wenig puristisch. Passt auch! Ach ja: Mika hat auch geantwortet. Langweilt sich wohl! Er stellt den Toaster mit meinem Prada-Sack in die Maske. Heute noch! Der hat's ja eilig. Wie kann der so neutral zu mir sein? Seine ganze angebliche Liebe war nur geheuchelt!«

16:07 Uhr
Katie an Sanny
»Wir bleiben über Nacht. Peter hat sich frei genommen. Was der wohl der Alten für eine Lügengeschichte auftischt? Oder er wird sie eh bald für mich verlassen und übt schon mal … mir soll's Recht sein! Kuss«

21:05 Uhr
Sanny an Katie
»Maus, der tiefe Fall nach unten geht weiter! Mika ist mit seiner Freundin nach Italien gefahren zum Geburtstag seiner Mutter. Zwei volle Tage!!!! Es wird nie wieder was. Ich will ihn nie wieder sehen! Er hat sich endgültig entschieden und führt seine Freundin sogar in die Familie ein. Er liebt sie.«

21:06 Uhr
Katie an Sanny
»Die schüttet ihm doch was ins Essen … Das hätte ich nie gedacht. Der Typ ist eine große Enttäuschung. Willst Du nun doch zu Bernhard zurück?«

21:20 Uhr
Sanny an Katie
»Nein, es ist besser so. Unsere Zeit ist um. Ich will Mika! Ich bleibe jetzt für immer solo! Ich habe so geweint … ich kann nicht mehr. Wir haben uns alles eingebildet. Er liebt die Ungarin so, dass er sie in die Familie einführt, und hat mich komplett abgeschrieben. Die streiten sich nicht – die lieben sich.«

21:22 Uhr
Katie an Sanny
»Der kann die nicht lieben! Er liebt Dich!«

21:23 Uhr
Sanny an Katie
»Nein … es ist vorbei … für immer!«

21:39 Uhr
Sanny an Katie
»Von wegen meine Sachen stehen in der Prada-Tüte. Steht alles nur so da. Andrea hat gerade angerufen. Der lügt auch noch!!!«

21:41 Uhr
Katie an Sanny
»Vergiss diesen unterentwickelten Knilch!«

21:43 Uhr
Sanny an Katie
»Ich muss … mache mich ja lächerlich! Sag mal: was glaubst Du ehrlich … werden wir je wieder zusammenfinden? Ehrlich.«

21:44 Uhr
Katie an Sanny
»Er wird angekrochen kommen und Du willst ihn nicht mehr! Willst Du seinen Schwanz noch haben, nachdem er damit diese Kuh beglückt hat?«

21:47 Uhr
Sanny an Katie
»Der Gedanke macht mich wirklich wahnsinnig. Hoffentlich fällt ihm sein Fleischpenis ab!«

21:48 Uhr
Katie an Sanny
»Iiiiigitt … Was findest Du besser bei einem Mann: Fleischpenis oder Blutpenis?«

21:50 Uhr
Sanny an Katie
»Mach Du mir noch mal auf prüde und stellst solche Fragen … Mir egal, im arbeitsfähigen Zustand sind sie ja nahezu gleich … Ich mag kleine Eier … die hatte Mika ja …!«

21:51 Uhr
Katie an Sanny
»Auf die stehe ich auch … einige Männer sehen aus wie ein alter Kirchturm … da sind die Glocken auch länger, als der Strick!«

21:52 Uhr
Sanny an Katie
»Beschnitten oder mit Pelle?«

21:54 Uhr
Katie an Sanny
»Na, das ist wieder Dein Thema … Beschnitten. Markus war es und Peter auch. Die stinken auch nicht so leicht wie die anderen Käsestangen. Welch ein Erlebnis, die Haut runterzuziehen und dann kommt Dir »bäh« entgegen … Pfui, pfui, pfui!«

21:59 Uhr
Sanny an Katie
»Boa, mir wird schlecht …! Gibt ja auch Arschritzen-Stinker … Denen sieht man es aber meistens schon an. Und dann gibt es noch die, die zusätzlich Klabusterbeeren haben!«

22:00 Uhr
Katie an Sanny
»Bitte was?«

22:01 Uhr
Sanny an Katie
»So nennt man die kleinen, aber feinen Verklumpungen in der Poperze und Ritze aus Haaren, Kot und Toilettenpapier! Wie kleine Dreadlocks! Kannst Du nur rausschneiden! Mika war so sauber und lecker! Was mache ich denn nur mit Mika???«

22:06 Uhr
Katie an Sanny
»Ruhe bewahren, Maus! Der kommt schon wieder, und dann musst Du für Dich entscheiden, ob Du ihm das Mädchen verzeihen kannst!«

22:08 Uhr
Sanny an Katie
»Okay … mache es genauso, wie Du gesagt hast. Kuss«

Datum: 29.09.

13:30 Uhr
Sanny an Katie
»Katie!!!!!!!! Hast Du vergessen, dem von mir beauftragten Blumenheini abzusagen? Der hat mir meinen kompletten Anrufbeantworter panisch vollgeschnackt … ob er bei der falschen Kirche wäre … wo Ihr seid und wo die Ware abgestellt und aufgebaut werden soll?????!!!!«

13:34 Uhr
Katie an Sanny
»Ach, Du ahnst es nicht … ja, den habe ich vergessen … Scheiße! Stimmt ja, heute wäre meine Hochzeit gewesen … Ist der 29.09.??? Voll verdrängt. Markus muss ja auch unheimlich traurig sein, von dem kam noch nichts! Der hat mich doch auch nie geliebt … Dumm mit den Blumen, ein weiteres Loch in meiner knappen Haushaltskasse … ich kümmer mich drum. Vielleicht heiratet Peter mich ja …!«

13:37 Uhr
Sanny an Katie
»Nun mach mal halblang … der ist noch nicht einmal getrennt! Habt Ihr schon darüber gesprochen, wie es weitergehen soll?«

13:47 Uhr
Katie an Sanny
»Werde ich vorsichtig anschneiden, später … der kann ja nicht annehmen, dass es jetzt auf Geliebte und Geliebter weitergeht … Nein, so ist Peter nicht!«

13:56 Uhr
Sanny an Katie
»Er ist ja auch nicht der erste Mann auf diesem Planeten, der seine Familie verlässt … auch, wenn er gern so tut …«

18:00 Uhr
Katie an Sanny
»Mika hat mich angerufen!«

18:04 Uhr
Sanny an Katie
»Dich???? Warum? Was wollte er?«

18:05 Uhr
Katie an Sanny
»Schätze, mir zur Hochzeit gratulieren? Bin nicht rangegangen, rufe ihn gleich zurück!«

18:07 Uhr
Sanny an Katie
»Du Süße. Du würdest mir doch sagen, wenn Mika in Eurem Gespräch sagt, wie sehr er das Bauernmädchen liebt und dass es nie wieder was wird? Oder? Egal, wie traurig ich bin. Ich freue mich jetzt schon ganz doll auf Dich. So sehr.«

18:10 Uhr
Katie an Sanny
»Den knöpfe ich mir erstmal vor und mache dem nochmals deutlich, was für eine tolle Frau er da verloren hat und auch auf Dauer verliert, wenn er nicht endlich wieder normal wird! Verlasse Dich auf mich!«

18:11 Uhr
Sanny an Katie
»Mach ich! Danke dem lieben Gott, dass er einen Engel namens Katie auf die Erde gesandt hat.«

21:08 Uhr
Katie an Sanny
»Der leidet! Habe recht lange mit ihm telefoniert! Er war etwas geschockt, dass meine Hochzeit nicht stattgefunden hat … Soll ich Dich anrufen?«

21:10 Uhr
Sanny an Katie
»Bin mit Bernhard essen … was hat er gesagt, wieso leidet er, und wo war die Ziege?«

21:13 Uhr
Katie an Sanny
»Na, so eine Trennung wie Bernhard und Du möchte ich auch mal erleben … seid Ihr Euch sicher, dass Ihr da nichts falsch verstanden habt? Er war zunächst betont cool und ich dachte schon, ich erfahre nichts. Als das Gespräch schon fast beendet war, wollte er wissen, wie es Dir geht. Glaube, seine Schrottschraube war nicht in seiner Nähe … Habe ihm gesagt, dass Du seinen plötzlichen Liebes- und Sinneswandel nicht nachvollziehen kannst. Wie auch? Und dass Bernhard ausgezogen ist … na ja, habe da ein wenig vorgegriffen … Ich habe ihm erklärt, dass ich in letzter Sekunde bemerkt habe, dass Markus nicht der Richtige war und für ihn hoffe, dass er nicht in sein Unglück rennt. Das hat gesessen!«

21:15 Uhr
Sanny an Katie
»Was meinte er dazu?«

21:16 Uhr
Katie an Sanny
»Wie Du bereits bemerkt hast, sind Männer alle einfach und ein wenig doof. Ich habe auf verständnisvolle Freundin gemacht und er sagte nur, dass das mit Bernhard zu spät käme. Er hätte so gelitten und könne einfach nicht mehr. Glaube ich ihm nicht. Er wird kommen!«

21:18 Uhr
Sanny an Katie
»Oh bitte … und nun?«

21:20 Uhr
Katie an Sanny
»Ich würde an Deiner Stelle eine SMS an Mika schicken und ihm nochmals mitteilen, wie sehr Du ihn liebst, dass Du ihn aber freigibst. Drück auf die Tränendrüse und auf alle Knöpfe, die bei den Herren der Schöpfung zu drücken sind …«

21:23 Uhr
Sanny an Katie
»Perfekt! Das mache ich! Danke! Und was hat Peter gesagt zum Thema Liebe und so?«

21:28 Uhr
Katie an Sanny
»War heute nicht so passend. Aber ich werde definitiv morgen das Gespräch suchen, bevor er wieder nach Berlin fährt!«

22:15 Uhr
Sanny an Katie
»Mail ist raus!«

22:46 Uhr
Sanny an Katie
»Nicht gemeldet! Ende!!!«

23:05 Uhr
Sanny an Katie
»Immer noch nichts. Leck mich«

23:07 Uhr
Sanny an Katie
»Ich bin so geschockt: immer noch keine Reaktion. Bin auf 380!!!!!!!!!!!!!«

23:10 Uhr
Sanny an Katie
»Maile ihm jetzt noch mal: Ich mach Schluss, Du klammerst mir zu sehr!«

23:30 Uhr
Katie an Sanny
»Sorry, bin eingenickert … auf meiner herrlich notdürftigen Matratze … kotz … und hatte das Handy auf lautlos … mir gingen die ganzen Anrufe und Beileidsbekundungen auf den Sack! Nichts von Mika? Frechheit … wahrscheinlich kann er nicht, wie er will, weil seine Freundin um ihn rumlungert … was hast Du denn geschrieben?«

23:31 Uhr
Sanny an Katie weitergeleitete Mail, die vorher an Mika ging
»Lieber Mika. Ich muss diese Mail leider noch schreiben, weil es mir wichtig ist und ich einen Abschluss finden muss. Durch Dein unterkühltes Verhalten hast Du mir gezeigt, wie wichtig ich in Deinem Leben noch bin und was ich Dir noch bedeute – NICHTS! Ich bin Dir nicht mal einen Anruf wert oder eine kleine Nachricht, was mich menschlich einfach so enttäuscht. Wenn ich nicht Deine Traumfrau war, dann muss ich das akzeptieren und begreifen und darf den schönen Zeiten nicht mehr hinterherlaufen, um auch meinen Frieden zu finden – den Du offenbar gefunden hast. Und das freut mich ehrlich. Und um genau zu sein: ich habe es gesehen und festgestellt, dass Du mit Magdalena wirklich gut zusammenpasst, also muss ich Dich gehen lassen, und das werde ich tun. Ich

wünsche Dir alles Glück der Welt. Auch für mich wird es wieder kommen, wenn ich es mir auch mit Dir gewünscht hätte. Aber vielleicht ist es auch besser so. Umarme Dich ein letztes Mal, wenn auch nur gedanklich, und muss jetzt wieder zu mir finden. Kuss, der Sonnenschein, der auch mal Dein Stern war!«

23:36 Uhr
Katie an Sanny
»Die Mail ist doch mehr als gigantisch. Habe Gänsehaut bekommen. Er ist einfach dumm. Er wird kommen!«

23:38 Uhr
Sanny an Katie
»Alles doof!«

23:40 Uhr
Katie an Sanny
»Schatz – nein!!! Nicht alles doof. Es wird 1000mal schöner. Wetten, dass!!!??? Ich weiß es! Und lass Dir nichts gefallen, Maus … ab jetzt machst Du die Spielregeln.«

Datum: 30.09.

12:45 Uhr
Sanny an Katie
»Hallo Schatz … bin wieder etwas ruhiger nach der SMS. Es kam wie erwartet keine Antwort – weil er keinen Stil hat! Ich konzentriere mich jetzt wieder auf mich, kümmere mich um den Auszug von und mit Bernhard und fange neu an. Wenn Mika glaubt, dass ich warte, bis er mit der Nutte keinen Spaß mehr hat, liegt er

falsch. Ist ja peinlich, gegen eine junge Schlampe wie die ausgetauscht zu werden. Ohne mich. Kuss und danke, dass es Dich gibt und Du mir so hilfst.«

13:02 UHR

Katie an Sanny

»Das ist meine kleine Sanny! So will ich Dich hören! Treffe gleich Peter noch mal. Einen Quickie im Hotel abholen … und dann fliegt er heim ☹!«

14:18 UHR

Sanny an Katie

»Habe von Kollegen gehört, dass Mika diese Ungarin einfach nur flachlegen wollte. Na, das muss ja Liebe sein … und dass die Kleine ihm hinterherrennt, wie eine läufige Hündin!! Ständig während der Arbeit nervt und stört. Schickt sogar Kollegen unter 'nem Vorwand hin, um ihn zu sich zu bitten. Peinlich. Und er sei schon voll abgeturnt. Der hat seine Strafe: die Alte ist Strafe genug.«

14:20 UHR

Sanny an Katie

»Warum nur nimmt er sie gleich mit zu einer so intimen Familienfeier? Wahrscheinlich tut sie ihm leid, weil sie niemanden hat!«

16:08 UHR

Katie an Sanny

»Darfst mich auch willkommen im Club heißen! Es ist aus und vorbei!«

16:09 UHR

Sanny an Katie

»?«

16:10 Uhr
Katie an Sanny
»Es war total nett und Peter und ich hatten so viel Spaß. Kurz vorm Abschied habe ich gefragt, wie es jetzt weitergeht und wie er es sich in Zukunft vorstellt. Er meinte, dass er wusste, dass das Gespräch ansteht … Aber so sehr er mich auch liebt, er kann seine Alte nicht verlassen. Angeblich liebt er sie auch noch! Hallo? Und er hat Angst, seine Kinder zu verlieren. Es geht einfach nicht! So sehr er sich das auch wünscht.«

16:16 Uhr
Sanny an Katie
»Ist denn die ganze Welt verrückt geworden? Er weiß doch, wie er Dich damit quält!«

16:20 Uhr
Katie an Sanny
»Ja, er hat mir gesagt, dass er weiß, wie weh mir diese ganze Geschichte tut und deswegen hält er es für das Beste, wenn wir uns jetzt endgültig trennen, damit ich wieder glücklich werden kann und er mich nicht weiter so traurig macht.«

16:23 Uhr
Sanny an Katie
»Das hatten wir schon so oft … meinst Du nicht, dass sich das wieder regelt?«

16:24 Uhr
Katie an Sanny
»Er liebt seine Alte noch!!! Mich auch, die aber auch! Nein, ich muss mich jetzt selbst schützen und – wie Du – von vorne beginnen! Er ist ein egozentrisches Arschloch! Peter will seine Familie nicht verlassen, weil er ihr das nicht antun kann? Braucht er auch

gar nicht! Sie wird sich trennen, denn ich erzähl alles … so … mit Fotos und SMS!«

16:30 Uhr
Sanny an Katie
»Gott, Maus: der war ja so lieb und süß zu Dir. Was für ein Mann. Wenn Ihr nicht zusammengehört – dann verliere ich den Glauben an die Liebe!«

16:31 Uhr
Katie an Sanny
»Wenn ich bei ihm war, existierte die Zeit nicht mehr … nun wird die lange einsame Zeit mein schlimmster Feind werden …! Ich hasse ihn!«

16:34 Uhr
Sanny an Katie
»Schnullerbacke: ich komme morgen nach München zurück und leiste Aufbauhilfe! Können wir gemeinsam leiden und gehen mal los! Wie heißt es noch? Auch andere Mütter haben schöne Söhne! Und genau die schnappen wir uns jetzt!«

17:04 Uhr
Katie an Sanny
»Gute Idee! Bitte komm!«

17:07 Uhr
Katie an Sanny
»Ich weiß, ich nerve, denn Du leidest ja auch … Aber wie soll nur alles werden?«

17:10 Uhr

Sanny an Katie

»Du nervst nie!! Ich brauche Dich, wie die Luft zum atmen. Oder um es in unseren Worten zu sagen: ich liebe Dich wie Prada!«

17:15 Uhr

Katie an Sanny

»Dass mir das alles passieren konnte. Mein Leitspruch war eigentlich: lieber bewahre ich mir meine Würde, als unglücklich verliebt zu sein! Und nun dieser ganze Mist. Aber ich muss einfach stark sein. Für mich! Ich bin mir zu schade, nur ein Zeitvertreib zu sein. Ich hab so viel gegeben, aber jetzt soll er mich in Ruhe lassen. Ich bin so jung, will mal Mutter werden und brauche einen Mann, der immer für mich da ist! Und vögelt!«

17:16 Uhr

Sanny an Katie

»Hoffentlich ist diese Art Mann nicht ausgestorben. Mika war so einer … hätte ich mich doch bloß früher entschieden!«

21:08 Uhr

Katie an Sanny

»Peter hat gemailt! Er fragt, wie es seiner Traumfrau geht!«

21:09 Uhr

Sanny an Katie

»Der kann nicht ohne Dich. Nicht wie Mika, der mich komplett vergessen hat! Und jetzt?«

21:09 Uhr

Katie an Sanny

»Ich hab geantwortet: pass auf …«

21:10 Uhr
Katie an Sanny, weitergeleitete Mail, die an Peter ging
»Nenn mich bitte nicht mehr Traumfrau, denn dann würdest Du jetzt nicht mit einer Anderen auf dem Sofa sitzen! Du willst wissen, wie es mir geht? Ich sag es Dir: ich habe keinen Hunger, ich rauche und trinke, habe keine Lust, andere Menschen zu sehen, fühl mich aber schrecklich allein. Ich habe kein Lachen mehr und auch keine Tränen und sehe demnach aus, wie das blühende Leben. Mein Herz hat ein tiefes Loch und meinen Körper spüre ich nicht mehr, und wenn, dann tut er weh. Es ist alles gesagt, also lass mich in Ruhe, denn ich werde mich lösen und Du solltest das auch tun!«

21:15 Uhr
Katie an Sanny
»Er hat zurückgeschrieben, dass er auch so leidet und ich solle ihm sagen, was er jetzt tun kann! Ich solle ihm bitte helfen!!!!!«

21:18 Uhr
Sanny an Katie
»Ich glaub das alles nicht mehr!«

21:19 Uhr
Katie an Sanny
»weiter …«

21:20 Uhr
Katie an Sanny, weitergeleitete Mail, die an Peter ging
»Dir helfen? Mir hilft auch keiner und Du tust mir fast schon leid … mich mit dem zufriedengeben, was ich habe, obwohl ich mich nach etwas anderem mehr sehne, nämlich nach MEHR? Nein, das ist mir zu arm. Und ja, ich werde eines Tages wieder glücklich sein und werde das MEHR haben, was Du nicht bereit warst, zu riskieren. Und deswegen hast Du es auch verdient, es zu bereuen!

Ich wünsch Dir Glück … denn ich bin Deins nicht! Und jetzt lass mich endlich in Ruhe!!!«

21:23 Uhr
Sanny an Katie
»Hoffentlich bekommt der keinen Herzinfarkt vor lauter Aufregung!«

21:25 Uhr
Katie an Sanny
»Dann kann ihn doch seine Frau schön ins Krankenhaus fahren und auf besorgte Ehegattin machen!«

21:28 Uhr
Sanny an Katie
»Bitter!«

Datum: 01.10.

10:07 Uhr
Katie an Sanny
»Ich sehe aus wie eine lebende Tote! Wie war das mit der Hämorridencreme gegen Tränensäcke? Wann kommst Du?«

10:10 Uhr
Sanny an Katie
»Lande um halb zwei. Fahre schnell noch in die Redaktion. Die Sendung gestern hatte schlimme Quoten … kein Wunder bei den Themen, die die Dilettanten gewählt haben … Mache da etwas Dampf und dann komme ich zu Dir! Was Neues?«

10:23 Uhr
Katie an Sanny
»Peter gibt keine Ruhe! So ein stolzer Mann, und jetzt, da er realisiert, wie stark ich bin und dass es das erste Mal für immer vorbei ist, schickt er verzweifelte Mails! Aber ich habe ihm geschrieben, dass ich es ihm nun schon mal gesagt habe: dieses Mal ist es wirklich ernst! Er hat seine Wahl getroffen. Er hat sich für sein Scheißleben entschieden. Gibt doch den netten Spruch: soviel Glück hätte uns eh nur gelangweilt. Jeder verreckt ab jetzt für sich allein.«

11:05 Uhr
Sanny an Katie
»Gut, dass Bernhard und ich uns so friedlich trennen! Alles andere ist doch Bullshit!«

11:24 Uhr
Katie an Sanny
»Habe bei Frau Sybilla angerufen! Die will mir keinen Termin geben, weil ich ja erst da war, aber die hat mein ganzes Leben verhext, und nun soll ich alleine aus dem dampfenden Kessel klettern?«

11:28 Uhr
Sanny an Katie
»Passt zu ihr! Mir hat sie ja, wie gesagt, nur Quatsch erzählt!«

11:30 Uhr
Katie an Sanny
»Meinst Du, Du siehst Mika heute in der Redaktion?«

11:31 Uhr
Sanny an Katie
»Natürlich seh ich ihn heute … wenn das Bauernmädchen da ist, dann fällt es mir echt schwer. Wie soll ich mich verhalten?«

11:32 Uhr
Katie an Sanny
»Sei lieb und nett! Aufmerksam und strahle! Geh trotzdem auf Abstand! Der soll in jeder verdammten Sekunde merken, wie geil Du bist und was er da angerichtet hat!«

11:33 Uhr
Sanny an Katie
»So mach ich es! Kuss bis später!«

16:09 Uhr
Sanny an Katie
»Maus, ich bin fertig und mache mich jetzt auf den Weg zu Dir! Bist doch daheim, oder? Soll ich was mitbringen?«

16:11 Uhr
Katie an Sanny
»Nee, hab alles hier! Komm einfach nur schnell! Mika getroffen? Oder ist der Sack noch in Italien?«

16:13 Uhr
Sanny an Katie
»Ja, er war natürlich da und hat indirekt versucht, mit mir zu reden … hat extra laut gesprochen, damit ich ihn auch ja höre … Das tut so weh! Ich bin so sauer und entsetzt und menschlich so enttäuscht. Was ist nur aus meinem Mika geworden?? Es wird schwer, weil ich ihn einfach so liebe. Aber so nicht. Ich möchte, wenn Du ihn noch mal siehst oder sprechen solltest – und das

Thema passt – dass Du sagst: Gott sei Dank hat das schlimme Leiden ein Ende, denn ich war ja auch mit den Nerven am Ende. Aber als mir klar wurde, dass es nie wieder zu reparieren geht … anhand von zwei Dingen, die mir das schlagartig schmerzlich klargemacht haben, da hörte es auf mit dem Leiden, weil die Hoffnung gestorben ist. Der wird zusammenbrechen, wenn er das hört. Sie ist so hässlich. Und erkältet.«

16:14 Uhr
Katie an Sanny
»Erkältet? Wohl zu kurze Röckchen angehabt … diese Schlampe! War sie etwa auch da????«

16:16 Uhr
Sanny an Katie
»Ja, das war schlimm, sie so zusammen zu sehen. Ich hasse ihn dafür, dass er so schnell umswitchen kann, nach einer angeblich großen Liebe, und dann mit dieser Drecksperle 24 Stunden am Tag die Zeit verbringt. Das könnte ich gar nicht. Widerling! Die Alte hängt hier nur noch rum, statt Locations zu suchen … Ich seh ihn gar nicht mehr ohne sie. Ich könnt heulen. Morgen noch, und dann ist sie erst mal weg. Es wird nie was.«

16:23 Uhr
Katie an Sanny
»Wieso? Wohin fährt die Pute denn?«

16:25 Uhr
Sanny an Katie
»Zurück nach Ungarn. Sie hat einen Vertrag für zwanzig Tage im Monat! Gott sei Dank – weit weit weg! Ciao, Magdalena! Vielleicht kommt Mika dann zur Besinnung. Auf alle Fälle weiß er nun, dass ich wieder in der Stadt bin. Wollen wir heute ausgehen?«

16:27 Uhr
Katie an Sanny
»Ich weiß ja: Ablenkung ist bekanntlich alles … aber ich fühle mich so ausgepumpt und leer. Ich bin fertig! Würde lieber hier bleiben … Wo bist Du denn jetzt?«

16:30 Uhr
Sanny an Katie
»Fast da. Habe kurz einen Stopp am Viktualienmarkt gemacht und hole uns frischen Saft. Wie immer? Bunter Mix? Vitamine sind jetzt wichtig für uns – wir können es uns nicht leisten, jetzt noch krank zu werden!«

16:31 Uhr
Katie an Sanny
»Okay … habe weder Hunger noch Durst. Möchte nur wissen, ob Peter mich schon vermisst …!«

16:32 Uhr
Sanny an Katie
»Er leidet! Nicht umsonst schreibt er solche verzweifelten Mails!«

16:33 Uhr
Katie an Sanny
»Ich meine es ernst!«

16:34 Uhr
Sanny an Katie
»Ich auch!«

16:35 UHR
Katie an Sanny
»Er muss ja auch leiden. Peter hat mir ja gesagt, dass er die Entscheidung nicht mit dem Herzen, sondern mit dem Kopf gefällt hat!«

16:36 UHR
Sanny an Katie
»Wenn ich höre, dass er die Entscheidung mit dem Kopf getroffen hat, dann hat er in dieser Beziehung nichts in der Rübe!«

16:37 UHR
Katie an Sanny
»Einsam …!«

16:37 UHR
Sanny an Katie
»Ich auch! Lass uns eine Kontaktanzeige aufgeben: Einsame sucht Einsamen zum Einsamen …!«

16:38 UHR
Katie an Sanny
»Du hast sie nicht alle …!«

16:40 UHR
Katie an Sanny
»… da ich ja nicht grade ein gefragtes Modell zu sein scheine und wohl auch eher als der Freundinnen-Typ als eine Frau für eine potenzielle Partnerschaft gesehen werde, bitte ich hiermit um Familienanschluss! Will auch immer artig sein!«

16:42 Uhr
Sanny an Katie
»Schon adoptiert!«

16:43 Uhr
Katie an Sanny
»Ich bin heute wahnsinnig gefährdet ... mir gehen 328 675 SMS durch den Kopf, die ich Peter schreiben könnte ... dreh noch durch!«

16:45 Uhr
Sanny an Katie
»Wenn Du das Bedürfnis hast zu schreiben und Deinen Kummer rauszuschreien: maile mir! Peter bekommt nicht eine verschissene SMS mehr von Dir! Aus, Ende und vorbei!!!! Du hast ihm alles gesagt und kannst Dich jetzt nicht unglaubwürdig machen!«

16:48 Uhr
Katie an Sanny
»Kannst Du nicht mal eine Nachricht von Peter an mich beim Universum bestellen???? Und dass er sich doch für mich und nur für mich entscheidet???? Bitte!«

16:49 Uhr
Sanny an Katie
»Für Dich mache ich alles!«

16:51 Uhr
Katie an Sanny
»Glaubst Du, er meldet sich noch mal?«

16:52 Uhr
Sanny an Katie
»So sicher wie das Amen in der Kirche! Hundert Pro!«

16:54 Uhr
Katie an Sanny
»Aber wann?????«

16:55 Uhr
Sanny an Katie
»Wenn ich das nur beantworten könnte …!«

16:58 Uhr
Katie an Sanny
»Ich werde verrückt … mögen mir die Finger abfaulen, falls ich mich noch mal dort melde!«

16:59 Uhr
Sanny an Katie
»Richtig! Bin in zwei Minuten da – suche schon Parkplatz!«

17:01 Uhr
Katie an Sanny
»Wenn ich endlich wieder drehe, dann werde ich auch unnahbar sein. Peter soll wimmern und vor lauter Sehnsucht soll ihm der Saft aus dem Schwanz tropfen … Wird Zeit, dass er sich mal meinen schönen Rücken ansieht! Und die kalte Schulter! Hoffe, mein Plan geht auf und meine letzten Mails waren nicht der totale Abnerver …!«

17:02 Uhr
Sanny an Katie
»Plan?«

17:03 Uhr
Katie an Sanny
»Naja, dass ich so unnahbar und schön bin, dass er einfach künftig merkt, dass ich in sein Leben gehöre und nicht seine alte Nervensäge zuhause!«

17:04 Uhr
Sanny an Katie
»Dachte, Du wolltest wirklich nicht mehr …?«

17:05 Uhr
Katie an Sanny
»Ich liebe Peter! Ich muss mich nur schützen, und ich habe ein Recht, wieder glücklich zu werden … auch ohne ihn. Ich weiß einfach momentan nur, dass ich nichts weiß …!«

17:06 Uhr
Sanny an Katie
»Bitte drück auf den Türöffner – Deine Rettung ist da!!! Wenn auch eine angeschlagene, unglückliche Rettung … aber besser als nichts!«

Datum: 02.10.

11:08 Uhr
Katie an Sanny
»Wo bist Du?«

11:10 Uhr
Sanny an Katie
»Noch im Hotel. Ziehe mir grade meine Joggingschuhe an! Brauche nach unserem Leidenstag frische Luft. Einfach mal durchatmen. Ist es nicht komisch? Wenn man glücklich verliebt ist, dann denkt man zwar ein paar Mal am Tag zufrieden an seinen Partner, wenn man aber Liebeskummer hat, dann denkt man an nichts anderes. Ich wache morgens mit dem Gedanken an Mika auf und schlafe mit Gedanken an Mika ein. Man dreht sich im Kreis. Ich kann nicht mehr! Bernhard hat schon angerufen. Übermorgen zieht er schon aus. Traurig. Was passiert eigentlich grade? Habe das Gefühl, mein Leben bricht komplett auseinander!«

11:11 Uhr
Katie an Sanny
»Ich bin grade in der Stadt – wollte noch schnell Tampons kaufen. Ist ja typisch: zu allem Überfluss habe ich noch meine Emma bekommen … Und nun schätze, wer eben vor mir an der Kasse stand?«

11:13 Uhr
Sanny an Katie
»? Peter?«

11:14 Uhr

Katie an Sanny

»Falsch! Mika! Leider – jetzt sei tapfer – mit der Hässlette ...!«

11:15 Uhr

Sanny an Katie

»Die gehen zusammen einkaufen? So weit sind die schon ... Dachte, die Olle fliegt heute zurück? Naja, vielleicht geht der Flieger erst später ... hat er Dich gesehen? Was hat er gesagt? Wie hat er reagiert? Ich kann nicht mehr ...!«

11:17 Uhr

Katie an Sanny

»Die Welt ist doch ein Taschentuch ... Rumms, steht der Maier vor mir! Klar hat er mich sofort registriert. Ist mir überschwänglich in den Arm gefallen. Der hat doch auch keinen Anstand. Und dieses Kind stand dumm daneben. Wie die aussieht ... Könnte kotzen!«

11:18 Uhr

Sanny an Katie

»Sah er glücklich aus?«

11:19 Uhr

Katie an Sanny

»Nein! Definitiv NEIN! Er sah echt schlecht aus!«

11:20 Uhr

Sanny an Katie

»Weißt Du, warum er so fertig aussieht? Er strahlt nicht mehr!! Null komma null. Der Glanz ist weg. Und warum?? Weil er nicht mehr in meiner Sonne steht!!«

11:21 Uhr
Katie an Sanny
»Recht hast Du! Der sah unglücklich aus. Kein Wunder mit der Magdalena an der Hacke … Der muss sich jede Sekunde denken, wie dumm er ist, dass er Dich verloren hat! Ich sage Dir: der bereut seinen Schritt in jeder Sekunde! Hat auch nach Dir gefragt! Obwohl sie dabei war … na ja, sie versteht ja nichts … Sie unterhalten sich auf Englisch! Und das bei Mika, der den Wortwitz so geliebt hat! Habe ihm gesagt, wie beschäftigt Du bist und dass bei Dir im Leben grade verdammt viel passiert! Hättest sein Gesicht sehen sollen! Glaube, er hat Angst, dass Du einen neuen Typen kennengelernt hast! Das würde er nicht verkraften …!«

11:22 Uhr
Sanny an Katie
»Ich liebe liebe Dich so so sehr. Und glaube mir … er leidet schon und Du gibst ihm den Todesstoß!«

11:23 Uhr
Katie an Sanny
»Der kam mir schon vor wie ein vergammelter Wolf im Schafspelz! Sag mal: wie sieht dieses Mädchen eigentlich aus?????«

11:24 Uhr
Sanny an Katie
»Ist ein Hammer, oder? Ohne Witz: wie sieht die bitte aus? Habe nicht übertrieben. Keine Lippen, schiefe Zähne und ein verschrobener Körper. Ekelhaft!! Das ist eine Beleidigung ohne Ende. Soll er. Sie bekommt ihn geschenkt.«

11:25 Uhr
Katie an Sanny
»Stimmt … Du kannst Mika eigentlich auch nicht wiedernehmen, nachdem er diese Kreatur gefickt hat …!«

11:26 Uhr
Sanny an Katie
»Weißt Du was: wir sollten uns einen Mann backen …!!!«

11:28 Uhr
Katie an Sanny
»Oh Gott – da kann ich mich doch wieder nicht entscheiden!«

11:29 Uhr
Sanny an Katie
»☺«

13:45 Uhr
Sanny an Katie
»Joggen hat gut getan. Gehe jetzt auch noch schwimmen …!«

13:56 Uhr
Katie an Sanny
»Mach nicht zuviel! Du hast eh so abgenommen!«

14:00 Uhr
Sanny an Katie
»Sechs Kilo habe ich nun schon verloren. Meine Klamotten sind alle viel zu weit … sieht aber sexy aus. Als ich früher noch aktiv gemodelt habe, da war ich auch so dünn …«

14:03 UHR
Katie an Sanny
»Ja, das ist aber auch ein paar Jahre her! Und zu dürr ist nichts … Männer wollen was in der Hand halten!«

14:04 UHR
Sanny an Katie
»Ja, im alltäglichen Leben wollen die Herren der Schöpfung was Dünnes und im Bett wollen sie dann Masse … Krank!«

14:07 UHR
Katie an Sanny
»Ich fühle mich zwar nicht besser, aber wenn Du Lust hast, dann lass uns heute Abend ein wenig um die Häuser ziehen. Mir fällt die Decke auf den Kopf …!«

14:09 UHR
Sanny an Katie
»Supergerne! Vielleicht treffen wir ja Mika … Wenn er Magdalena am Flughafen abgesetzt hat, dann taucht der doch bestimmt wieder in sein altes Leben ein … Er ist so gerne weggegangen … Ach, das wäre was! Wann und wo treffen wir uns?«

14:14 UHR
Katie an Sanny
»Gegen acht? Komm doch wieder zu mir! Dann können wir ein wenig vorglühen, und los geht's! Fahre jetzt auch mal ins Studio … Birgit hat zum kleinen Umtrunk eingeladen – sie wird vierzig! Alte Schachtel … ☺ Dann sehe ich hoffentlich Peter … ich werde ihn mit meiner umwerfenden Art verrückt machen!«

14:17 Uhr
Sanny an Katie
»Mach nichts, was ich nicht auch tun würde …!«

14:19 Uhr
Katie an Sanny
»… der Spruch kommt mir bekannt vor …!«

14:23 Uhr
Sanny an Katie
»Ach was …!«

18:09 Uhr
Katie an Sanny
»Peter ist nicht da … Könnte heulen! Vielleicht auch besser so! Muss mal dringendst aufs Klo …!«

18:12 Uhr
Sanny an Katie
»? Was ist denn das für eine Aussage? Dann geh doch, oder haben die aus Kostengründen bei Euch am Set die Toiletten abgebaut?«

18:13 Uhr
Katie an Sanny
»Nee – so weit ist es noch nicht … aber Tina hat mir gesagt, dass Anneliesa was mit dem Unterleib hat und man sollte jetzt wie ein Fuchs aufpassen, dass man sich nicht ansteckt. Wer weiß, was für Drecksbakterien sie sich wo eingefangen hat …!«

18:14 Uhr
Sanny an Katie
»Die ist auch da? Was kommt die denn da auf der Feier von Birgit angetrippert???? Vor allem: wer weiß, welcher Dreckspimmel bei

ihr eingelocht hat. Die hat sich doch wieder hochgeschlafen, eine andere Erklärung kann es für ihren vorläufigen Erfolg nicht geben! Aber der Untergang kommt. Er muss einfach kommen – die muss doch zu stoppen sein!«

18:15 Uhr
Katie an Sanny
»Widerwärtiges Weib! Die sieht doch sowieso langsam aus wie Amy Winehouse zu ihren besten Zeiten!«

18:16 Uhr
Sanny an Katie
»Wohl eher zu ihren schlechtesten! ☺«

18:18 Uhr
Katie an Sanny
»Mache hier auch gleich die Biege! Freu mich auf Dich und unseren Abend! Habe schon einen Kleinen intus vom billigen Prosecco!«

18:20 Uhr
Sanny an Katie
»Nur weil wir Liebeskummer haben, sollten wir nicht asozial werden … wenn, gehen wir mit Stil unter! Champagner!!!!!«

18:23 Uhr
Katie an Sanny
»Wie konnte ich nur … Rette mich!«

19:56 Uhr
Sanny an Katie
»Sitze schon im Taxi! Brauchst Du noch Kippen?«

20:00 Uhr
Katie an Sanny
»Unbedingt. Bring mir bitte eine Stange West Silver mit!«

20:01 Uhr
Sanny an Katie
»Klingt nach einer langen Nacht ... klingt mehr als gut!«

Datum: 03.10.

13:08 Uhr
Katie an Sanny
»Maus, was war das wieder für ein genialer Abend. Ich habe so gelacht. Aber die geilste Szene war doch die, als Du den Typen angesprochen hast. Wie hieß er noch gleich? Thorsten! Was für ein Spinner! Du auf witzig, gehst zu ihm und sagst »Hi – ich bin die Sanny, you can say you to me« und er darauf »Und ich bin der Thorsten und ich geh' dann mal wieder!« Ich schrei mich weg! Frei nach dem Motto: ungeöffnet zurück!«

13:10 Uhr
Sanny an Katie
»Echt, was für ein unverschämter, sich selbst überschätzender Hirni. Es läuft nicht mehr bei uns! Unser Glanz ist weg! Ähnlich wie bei Mika. Ohne Witz – so was ist mir noch nie in meinem ganzen Leben passiert! Ich dachte, ich höre nicht richtig! Vor ihm steht die Königin, und er verabschiedet sich, bevor wir auch nur einen Satz gesprochen haben ...! Mika hätte das nie gemacht – der weiß, was gut ist. Na ja, er wusste das mal, bevor er die schwere Krankheit bekam.«

13:11 Uhr
Katie an Sanny
»Was hat er denn? Hast mir ja gar nicht erzählt, dass es ihm nicht gut geht!?«

13:15 Uhr
Sanny an Katie
»Na – schwere Geschmacksverirrung! Der sollte sich behandeln lassen und dann sehnsüchtig in meine schönen Arme zurückkehren! Ich will ihn wieder! Ich sterbe ohne ihn. Man kann an gebrochenem Herzen sterben. Ich fühle das. Es tut so weh.«

13:18 Uhr
Katie an Sanny
»Aber der Ansgar hat es Dir gestern Abend doch auch schwer angetan …!«

13:20 Uhr
Sanny an Katie
»Ist doch ein ganz süßer Typ … Groß, gut gebaut, lustig, offen und nettes Lachen … aber natürlich mit Mika nicht zu vergleichen …!«

13:22 Uhr
Katie an Sanny
»Naja, mein Geschmack war der Ansgar nicht … egal! Wenn er Dich ablenkt, ist er wenigstens für was gut!«

13:25 Uhr
Sanny an Katie
»Nun mal halblang … haben ja nur Telefonnummern ausgetauscht. Ich will nur ein paar SMS erhalten, dann fühlt man sich begehrt! Jede Frau sollte einen SMS-Partner haben! Ansgar ist

der Typ Mann, von dem man sich vögeln lässt, nicht jedoch der Typ Mann, den man heiratet!«

13:27 Uhr
Katie an Sanny
»Überfluss ist kein Geschenk!«

13:28 Uhr
Sanny an Katie
»Werde nüchtern!«

17:06 Uhr
Katie an Sanny
»Was machst Du denn heute?«

17:36 Uhr
Sanny an Katie
»Liege bewegungslos auf meinem Bett und werde heute nicht ausgehen, falls das Deine nächste Frage wäre … Maile grade mit Ansgar! Scheint ein guter Typ zu sein …«

17:37 Uhr
Katie an Sanny
»Nachtigall, ick hör' Dir trapsen … Ich finde nur, dass der so gar nicht in Dein Beuteschema passt … Ich will auch jemanden zum Mailen … Habe heute tatsächlich Markus vermisst, und ich gestehe: Ich habe ihn angerufen … er ist nicht rangegangen. Mann, wir wollten heiraten – der kann mich doch nicht so konsequent aus seinem Leben streichen. Männer sind Schweine!«

17:43 Uhr
Sanny an Katie
»Generell kann ich die Aussage natürlich unterstreichen, aber verlange nicht zuviel. Du, die Typen haben auch ein Herz …!«

17:45 Uhr
Katie an Sanny
»Seins ist kalt! Von Peter auch nichts. Nichts! Gut, dass wir gestern Tina kurz im Club getroffen haben: die wird schon dafür sorgen, dass jeder erfährt, wo wir gestern waren. Und wenn Peter hört, dass ich ausgehe, dann stirbt er vor Eifersucht!«

17:47 Uhr
Sanny an Katie
»Von Mika auch nichts! Ich hasse ihn! Ärgere mich so sehr … er hat mich vergessen. Dieser Wurm – würde ihm am liebsten schreiben, wie Null er mich interessiert. Mach ich aber nicht. Trotzdem, der Wicht!!«

17:50 Uhr
Katie an Sanny
»Wir müssen jetzt tapfer und stark sein! Nur wie? Hast ja die Pfeifen gestern gesehen, die da rumlaufen. Wir gehen ins Kloster!«

18:13 Uhr
Sanny an Katie
»Habe eben mit Andrea gesprochen – die bekommt ja in der Maske alles mit … Magdalena hat wohl vor ihrem Abflug erzählt, sie hätte seit drei Tagen Depressionen. Wieso wohl?? Sie sei immer so alleine. Weiß nicht, was sie machen soll und das Wochenende sei so furchtbar gewesen … Das muss ja die große Liebe sein bei den beiden! Mich hat Mika immer erheitert!«

18:16 Uhr
Katie an Sanny
»Du, ich sage Dir: Mika wollte sich nur rächen und ablenken. Er dachte, dass Du Dich niemals von Bernhard trennen wirst. Und aus purer Verzweiflung hat er sich die Göre geschnappt. War ja auch leichte Beute, denn sie ist ja mehr als willig. Habe sie doch in der Disco gesehen, wie die ihn angehimmelt hat. Sie wollte ihn haben und er hat im verwirrten Zustand zugegriffen und jetzt hat er die Alte an der Backe … Es ist nur noch eine Frage der Zeit! Der bereut alles, glaube mir!«

20:04 Uhr
Katie an Sanny
»Ich werde irre hier allein zu Hause. Kann ich zu Dir kommen?«

20:05 Uhr
Sanny an Katie
»Klar! Bring doch bitte einen guten Film mit!«

23:23 Uhr
Katie an Sanny
»Bin wieder zuhause angekommen! War lustig. Gehe pennen! Bis morgen!«

Datum: 04.10.

02:30 Uhr
Sanny an Katie
»Bist Du noch wach????????? Melde Dich!«

02:35 Uhr
Katie an Sanny
»Sanny, bist Du aus dem Bett gefallen? Habe schon geschlafen und bin von der SMS aufgewacht. Was ist denn los um diese unchristliche Uhrzeit?«

02:36 Uhr
Sanny an Katie
»Mika hat mir gemailt! Kaum ist seine Gespielin weg!!!! Leite sie Dir weiter!«

02:37 Uhr
Sanny an Katie, leitet Mail von Mika weiter
»Bist Du allein im Hotel? Bin auf einer privaten Fete und brauch in der Nähe einen Platz zum schlafen ☺!«

02:38 Uhr
Katie an Sanny
»Wow, geht ja schneller, als erwartet … Was machst Du?«

02:39 Uhr
Sanny an Katie
»Unter die Dusche hüpfen!!!!!!!! Bin aufgeregt!!!!!«

02:40 Uhr
Katie an Sanny
»Und wer hat es Dir gesagt????? Wer wusste, dass er wiederkommen wird? ICH!«

02:41 Uhr
Katie an Sanny
»Erwarte morgen den ausführlichen Bericht!«

02:42 Uhr
Sanny an Katie
»Er kommt um kurz nach drei. Gerade Mail bekommen.«

02:45 Uhr
Sanny an Katie
»Bin gespannt. Bedeutet mir alles.«

02:47 Uhr
Sanny an Katie
»Bekomme ich ihn wieder?!«

02:52 Uhr
Katie an Sanny
»Du hast ihn schon wieder!«

03:03 Uhr
Sanny an Katie
»Mika. Jetzt. Es ist so so schön.«

10:03 Uhr
Sanny an Katie
»Es war unsere Nacht! Mika war mir so nahe! Wir haben die ganze Nacht wie die Karnickel gevögelt. Mit allem Drum und Dran. Haben sogar Rollenspiele ausprobiert. So lustig! Er hat mir ins Ohr geflüstert, wie sehr er mich liebt, dass er mich nicht vergessen kann und wie er mich begehrt!«

10:05 Uhr
Katie an Sanny
»Kann man gratulieren? Ist das Traumpaar wieder zusammen?«

10:06 Uhr
Sanny an Katie
»Gute Frage – nächste Frage! Nein! Nachdem wir die ganze Nacht willenlos übereinander hergefallen sind, kam natürlich die Sprache auf Magdalena. Ab da war er wie ausgewechselt. Er hat sich bewusst für ein Leben mit der Schlampe entschieden, sie tut ihm gut und er wird mit ihr zusammen bleiben. Ich war nach der Ansprache fassungslos. Und da hat er seine Sachen gepackt und ist gegangen. Nicht ohne mich zu bitten, dass die Nacht unter uns bleibt. Ich hasse ihn!«

10:07 Uhr
Katie an Sanny
»Unglaublich. Der ist gestorben. Kommt zu Dir, hat die Nacht seines Lebens und entschwindet wieder. Ein Ekelpaket. Und nun?«

10:09 Uhr
Sanny an Katie
»Glaube, dass er mich auf die Folter spannen will. Glaub mir: der kommt. Trotzdem schade. Scheine ihm ja egal zu sein. Aber ich spüre, wie sehr er nur einen quält: sich. Weil er mich wirklich liebt und begehrt. Er wird auch zurückkommen. Verwette alles, weil ich es einfach weiß. Dein Idiot will Dich auch. Die werden sich alle wundern.«

10:10 Uhr
Katie an Sanny
»Alle wollen uns! Jawohl!«

10:11 UHR

Sanny an Katie

»Das Problem ist: ich liebe ihn. Aber ich habe ihn verloren. Ich weiß nicht, wie es weitergehen wird. Treffe mich heute abends mit Ansgar. Er hat mich zum Essen eingeladen und das werde ich machen! Das ist bestimmt nicht so ein mieses Schwein!«

10:12 UHR

Katie an Sanny

»Recht so. Lenke Dich ab. Was bilden sich die Männer eigentlich ein? Birgit hat eben angerufen, ich soll heute Nachmittag ins Büro kommen. Was das wohl zu bedeuten hat? Jetzt lässt mich Peter schon über seine Assistentin ins Büro zitieren. Er vermisst mich – ich spüre das, und jetzt hat er diesen Weg gewählt ...!«

10:13 UHR

Sanny an Katie

»Ungewöhnlich ... aber in der Verzweiflung isst der Teufel Sahnebonbons ...!«

10:14 UHR

Katie an Sanny

»Ich habe auch keine Lust mehr zu leiden. Das zerrt so an einem ... Furchtbar!«

10:25 UHR

Sanny an Katie

»Habe Mika gemailt. Dass ich es so unsagbar traurig finde, dass er mich so begehrt und sich trotzdem gegen ein Leben an meiner Seite entscheidet. Dass er sich das doch so lange gewünscht hat und nun – wo Bernhard und ich getrennte Wege gehen – sein Traum endlich in Erfüllung gehen könnte. Und ich habe ihm mitgeteilt, wie ich leide ...!«

10:30 Uhr
Katie an Sanny
»Und?«

10:31 Uhr
Sanny an Katie
»Ohne Worte … ich leite seine Antwort mal weiter … immerhin hat er sich überwinden können, zu antworten …!«

10:32 Uhr
Sanny an Katie, leitet Mail von Mika weiter
»Es tut mir sehr leid, dass ich mit einem solchen Abend bei Dir diesen Schmerz auslöse, wirklich. Wir müssen das einfach sein lassen, bis wir damit umgehen können.«

10:33 Uhr
Katie an Sanny
»Was für ein A …!!!! BIN ECHT SAUER! Was machst Du?«

10:36 Uhr
Sanny an Katie
»Habe ihm gemailt, dass das alles nicht wahr sein kann und er sich bitte mal fünf intensive Minuten Zeit nehmen soll zum Nachdenken … Wir gehören zusammen …!«

10:45 Uhr
Sanny an Katie
»Er meldet sich nicht. Er hasst mich und ich weine jetzt.«

11:05 Uhr
Sanny an Katie
»Nichts, verstehe die Welt nicht mehr. Schick mir mal ’ne Testmail – ich glaub, ich kann keine SMS mehr empfangen! Uns

bleibt doch nix erspart …! Vor ein paar Wochen waren Mika und ich noch in Köln, so schnell war seine Liebe weg. Er hat mich nie geliebt. Ich habe Schmerzen.«

11:30 Uhr
Sanny an Katie
»Weißt Du, die können mich alle mal. Nicht gemeldet – nichts. Bin durch mit dem. Es passt nur so gar nicht. Egal. Mal sehen, wie es mit dem Fleischmann wird … Du fehlst. Jawohl, jemand, der da ist. Ich liebe Dich. Mir wurde gestern mein Herz getötet!«

11:35 Uhr
Katie an Sanny
»Vergiss nicht, gleich bei Ansgar nach einem Freund zu fragen. Gut aussehend und Kohle. Humor und mich liebend.«

11:36 Uhr
Sanny an Katie
»☺«

15:04 Uhr
Katie an Sanny
»Maus – ich bin raus!«

15:05 Uhr
Sanny an Katie
»Wo?«

15:10 Uhr
Katie an Sanny
»Lovely Train. Hatte eben ein Gespräch mit Peter und dem stellvertretenen Producer. Meine Rolle hätte schon alles erlebt. Die Storys gäben nichts mehr her und das wär's …! Bringe mich um!«

15:11 Uhr
Sanny an Katie
»Du spinnst????? Das Hauptgesicht der Soap bist doch Du??? Die denken sich doch auch um die anderen Schauspieler tolle Geschichten aus? Gott – und nun?«

15:16 Uhr
Katie an Sanny
»Angeblich soll ich erst einmal ein halbes Jahr pausieren. Als Katja gehe ich dann nach Australien. Ein halbes Jahr? Du glaubst doch selbst nicht, dass die mich dann wieder holen. Und Anneliesas Rolle wird schön ausgebaut! Ich bin am Boden zerstört ... ich soll ausgetauscht werden? Für das dreckige Mistvieh von Anneliesa? Nur weil die größere Möpse hat als ich? Doppel D reicht wohl nicht mehr ... morgen lieg ich unter'm Messer ... ich sag's Dir! Ich kotze. Wovon soll ich denn leben? Ich habe keinen Mann, kein Geld und bin erledigt!«

15:18 Uhr
Sanny an Katie
»Und Peter???? Meinst Du, er steckt dahinter? Dass so schnell aus Liebe Hass werden kann ... Ich mache den fertig!«

15:19 Uhr
Katie an Sanny
»Er versteckt sich immer dahinter, dass das alles Senderentscheidung von ganz oben wäre! Was habe ich denn verbrochen, dass ich so in Ungnade gefallen bin? Ich kapiere das alles nicht!«

15:20 Uhr
Sanny an Katie
»Es ist eine Katastrophe. Aber Du hast mich. Ich bin bei Dir! Wir schaffen das! Soll ich vorbeikommen?«

15:21 Uhr
Katie an Sanny
»Bitte! Ich habe einen Nervenzusammenbruch – ich spüre es!«

15:21 Uhr
Sanny an Katie
»Komme!«

15:22 Uhr
Katie an Sanny
»Fährst Du dann mit mir auf's Amt?«

15:23 Uhr
Sanny an Katie
»Arbeitslos melden?«

15:24 Uhr
Katie an Sanny
»Hartz IV beantragen …!«

15:25 Uhr
Sanny an Katie
»Du hast wirklich einen Zusammenbruch … ich eile!«

19:03 Uhr
Katie an Sanny
»Genieße trotzdem den Abend mit Ansgar. Danke, dass Du da warst und für den Kontakt zur Produktionsfirma. Glaube zwar nicht, dass das was wird, aber spannend klingt die neue Telenovela! Lieb Dich! Ohne Dich wäre ich am Ende!«

19:05 Uhr
Sanny an Katie
»Ich habe so lange keinen neuen Mann in mein Leben gelassen, dass ich gar nicht mehr weiß, wie das geht … Trinke einen Kleinen … Macht lockerer …!«

19:30 Uhr
Sanny an Katie
»Bin aufgeregt«

19:36 Uhr
Sanny an Katie
»Gott, er kommt jetzt!«

19:37 Uhr
Sanny an Katie
»Schatz, geht es Dir gut? Ich hab jetzt ein aufregendes Date und werde es genießen. Wenn was ist: ich bin bei Dir!«

19:38 Uhr
Katie an Sanny
»Genieße es wirklich. Hätte auch gern ein Date … und einen Job!«

19:40 Uhr
Sanny an Katie
»Aus jeder Scheißsituation im Leben ergibt sich was Besseres! Kein wirklicher Trost … ist aber so!«

23:30 Uhr
Sanny an Katie
»War ein lustiger Abend! Der fickt wie ein Stier! Mit Finger in die Muschi und hinterher genüsslich ablecken! Kleines Ferkel!«

23:31 Uhr
Katie an Sanny
»Gestern noch Mika und heute schon den Fleischmann????«

23:33 Uhr
Sanny an Katie
»Immer mit Gummi! Und es war toll! Für das erste Mal sogar super! Und es lenkt ab!«

23:34 Uhr
Katie an Sanny
»Will auch …«

23:35 Uhr
Sanny an Katie
»Schnapp Dir doch Olli!«

23:36 Uhr
Katie an Sanny
»Warum eigentlich nicht? Never fuck in the company … aber da bin ich ja raus …!«

23:40 Uhr
Sanny an Katie
»Oh Mann Du bist der Hammer!!«

Datum: 05.10.

13:00 Uhr
Sanny an Katie
»Gehe heute Abend mit Ansgar aus. Erst schön essen und dann mal weitersehen … ☺ Was treibst Du?«

13:10 Uhr
Katie an Sanny
»Habe mich vor's Internet geklemmt und recherchiere Jobangebote … Wie wäre ich als Nanny bei Angelina Jolie und Brad Pitt?«

13:11 Uhr
Sanny an Katie
»Na dann: gute Nerven … Nein, Du gehst selbst als Star nach Hollywood! Katie: ganz bestimmt!!!!«

13:15 Uhr
Katie an Sanny
»Kann ja nur besser werden, wie wir festgestellt haben … Markus hat sich heute gemeldet … Ganz kühl, mehr als distanziert … als hätte unsere gemeinsame Zeit nie existiert! Seine Mutter will ihr Strumpfband wieder! Ich brech ins Klo! Die sind doch alle bekloppt!«

22:03 Uhr
Sanny an Katie
»Ich fliege in den Urlaub!«

22:05 Uhr
Katie an Sanny
»???? Wieso, weshalb und warum und WANN?«

22:06 UHR
Sanny an Katie
»In drei Tagen! Mit Ansgar! Er hatte den Urlaub mit seiner Ex geplant und gebucht. Und nun fragte er mich, ob ich Lust hätte!? Palmen, Meer und ein cooler Typ ... ICH WILL! Kommt mir mehr als gelegen, dann vergesse ich hoffentlich Mika und bin abgelenkt. Ich möchte nicht mehr leiden. Ab jetzt schauen wir nach vorne! Ich wollte schon immer ein Leben lang auf die Malediven! Aber Bernhard wollte nie ...«

22:14 UHR
Katie an Sanny
»Du bist so herrlich verrückt ... Du fliegst mit einem quasi wildfremden Mann – ist Dir das klar? Und so klein, wie die Atolle da sind, gibt es kein Entrinnen ... Aber ich würde es auch tun! Da hast Du doch mal wieder Glück im Unglück! Ich will auch ... Vielleicht ist Ansgar ja Mr. Right. Aber so ganz komm ich mit dem nicht klar ...«

22:16 UHR
Sanny an Katie
»Dann lerne ihn besser kennen! Sitzen im Franziskaner – bitte komm mal vorbei!«

22:17 UHR
Katie an Sanny
»Wenn Du mich so anflehst ... Komme, und dann fühle ich dem Fleischmann mal auf den Zahn!«

Datum: 06.10.

10:00 Uhr
Sanny an Katie
»Lustig war's gestern. Fahre schnell noch in die Redaktion. Mit meiner Vertretung ist alles klar – sie springt ein. Arbeite dann eben ab Mitte Oktober voll durch. Mein Flieger nach Hamburg geht um zwei. Dann werde ich heute mit Bernhard in meinen Geburtstag feiern. Obwohl … 36 ist eigentlich kein Grund mehr, Party zu machen …!«

10:05 Uhr
Katie an Sanny
»Du bist doch immer 28! Wäre gerne nach Hamburg gekommen, aber ich muss meine Kohle jetzt zusammenhalten. Das, was ich eh nicht habe … Ich werde Lotto spielen. Ich spüre es: ich werde gewinnen und alle Sorgen sind vorbei!«

10:06 Uhr
Sanny an Katie
»Das wär's! Wir werden unsere kleine Feier nachholen!«

12:03 Uhr
Sanny an Katie
»Halt Dich fest! Die olle Schrulle von Mika hat neuerdings ein Tattoo für ihn über dem Po – ein Arschgeweih!«

12:05 Uhr
Katie an Sanny
»Na und, ich hab doch auch eins!!!! «

12:07 Uhr
Sanny an Katie
»Ich auch, aber die hat sich tatsächlich seinen Namen draufritzen lassen! MIKA!«

12:10 Uhr
Katie an Sanny
»Pffuii … wenn wir so was gemacht hätten … weißt Du, wie viele Namen wir dann jetzt schon wieder weggelasert haben müssten?«

12:11 Uhr
Sanny an Katie
»Die ist irre. Und so will sie ihn an die Kette legen. Die arbeitet mit allen Tricks. Dumme Schlampe! Und er ist wahrscheinlich noch begeistert. Es ist irreparabel. Spasti!«

18:03 Uhr
Sanny an Katie
»Sitze mit Bernhard gemütlich im Tarantella. Es ist noch immer so vertraut! Habe ihm erzählt, dass ich mit Dir auf die Malediven fliege. Du brauchst Ruhe und so … Ich glaube, er hat jemand kennengelernt! Obwohl er das verneint … Aber das ist der berühmte siebte Sinn einer Frau! Traurig!«

19:30 Uhrt
Katie an Sanny
»Mausi – ich bin so aufgereget! Habe Deinen Kontakt für die neue Telenovela angerufen – wie Du es mir gesagt hast. Total netter Typ, der Producer. Sollte ihm parallel zum Gespräch meine Vita zumailen – ich glaube, er kannte mich auch aus dem Fernsehen!«

19:32 Uhr
Sanny an Katie
»Das ist ja auch sein Job! Und?«

19:34 Uhr
Katie an Sanny
»Der Mensch macht Nägel mit Köpfen! Ich soll in vier Tagen nach Köln kommen! Die zahlen sogar die Reisekosten. Klingt doch alles ganz positiv! Das Rollenprofil und der Castingtext kommen morgen per Fax zu mir. Ich werde so vorbereitet sein! Es wäre ein Traum, bei einem so großen neuen Projekt mitzumachen!«

19:35 Uhr
Sanny an Katie
»Ich will 20 Prozent!«

19:40 Uhr
Katie an Sanny
»?«

19:42 Uhr
Sanny an Katie
»Na, Management-Provision! Ich bin Dein Entdecker!«

19:50 Uhr
Katie an Sanny
»Gierlappen!«

Datum: 07.10.

00:15 Uhr
Katie an Sanny
»Ich weiß, ich habe Dir eben schon einmal telefonisch gratuliert, aber ich wollte Dir noch mal sagen, wie lieb ich Dich habe und wie froh ich bin, dass es Dich in meinem Leben gibt! Hat Mika sich gemeldet?«

00:29 Uhr
Sanny an Katie
»Er hat sich natürlich nicht gemeldet …«

00:30 Uhr
Katie an Sanny
»Schwein … aber Du bist ja auch erst seit ein paar Minütchen die Geburtstagskönigin. Und er wird sich schon noch melden!«

00:34 Uhr
Sanny an Katie
»Das glaube ich auch. Das würde er nie machen, meinen Geburtstag zu ignorieren. Der wird anrufen! Mittlerweile sind wir eine lustige Truppe und alle wundern sich doch ein wenig, wie gut Bernhard und ich uns noch verstehen … die glauben alle, dass wir wieder zusammenfinden … wer weiß!!???«

00:40 Uhr
Katie an Sanny
»Oh … wenn ich das so höre, dann fühle ich mich ganz allein. Aber soooo einsam bin ich dann doch nicht! Trinke Vodka Cola und komme auf die schönsten Ideen! Habe nämlich schon mal an meinem Geschenk für Dich gearbeitet. Du brauchst Dir kein

Motiv für das Tattoo mehr auszudenken, ich habe es schon entworfen!«

00:46 Uhr
Sanny an Katie
»Und was soll das sein? Dachte, wir wollten uns eine Krone im Nacken stechen lassen?«

00:50 Uhr
Katie an Sanny
»Viel besser! Achtung, jetzt kommt's!«

00:51 Uhr
Katie an Sanny MMS

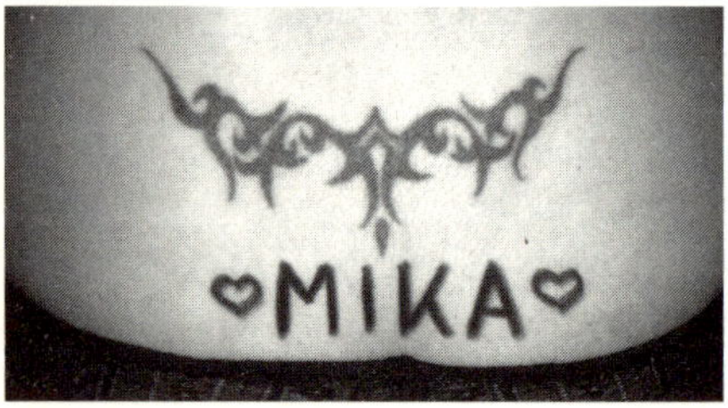

01:05 Uhr
Sanny an Katie
»Du hast einen Dachschaden!«

01:06 Uhr
Katie an Sanny
»Ich finde es lustig. Das ziehen wir durch. Hat ja auch internationales Flair!«

16:00 Uhr
Sanny an Katie
»Habe von Bernhard ein schickes Kleid bekommen! Von Mika noch immer nichts. Kein Anruf! Ich drehe innerlich durch!«

16:03 Uhr
Katie an Sanny
»Nun warte mal ab … am Ende steht der noch vor Deiner Tür!«

16:06 Uhr
Sanny an Katie
»Dann wäre ich der glücklichste Mensch … Hoffentlich kommt er!«

18:04 Uhr
Sanny an Katie
»Immer noch keine Reaktion von Mika … Das Schwein hat mich vergessen. Der kann mich nicht geliebt haben …!«

18:07 Uhr
Katie an Sanny
»Dann wäre er wirklich unterirdisch niveaulos! Das Fax ist angekommen. Meine Rolle, die ich vorsprechen soll, ist eine tragende Nebenrolle als Krankenschwester Susie. Start wäre im November. Ich mache mich mal an die Arbeit! Und Du? Immer noch im Feierstress?«

18:30 Uhr
Sanny an Katie
»Nein, kann keinen Alkohol heute mehr sehen nach dem gestrigen Saufgelage. Mache mich lieber mal nützlich und packe Koffer. Morgen erster Flieger nach München, da treffe ich Ansgar und dann geht es direkt weiter nach Male! Der hat auch angerufen

und gratuliert. Ganz süß. Bin ja gespannt, was der mir schenkt! Düse noch fix zur Drogerie. Brauche noch Sonnencreme …«

19:23 Uhr
Sanny an Katie
»Es war furchtbar!«

19:24 Uhr
Katie an Sanny
»Saß Hella von Sinnen an der Kasse und brüllte, was all die Kondome kosten? ☺«

19:25 Uhr
Sanny an Katie
»Blödsinn. Bernhard! Hab ihn gesehen! Kam mit so einer Schnecke aus dem Supermarkt! Die haben sich verliebt geküsst!!!!«

19:27 Uhr
Katie an Sanny
»Scheint dann ja wohl seine neue Flamme zu sein … aber Du hast es ja eh schon geahnt!«

19:30 Uhr
Sanny an Katie
»Ja … ist jetzt aber trotzdem ein Schock gewesen! Gott sei Dank haben die beiden mich so nicht gesehen … Aber ich gönne es ihm! Hauptsache, wir bleiben immer Freunde! Das ist mir wichtig!«

19:32 Uhr
Katie an Sanny
»Bestimmt!«

20:00 Uhr
Sanny an Katie
»Alle haben mir gratuliert! Alle. Menschen, an die ich gar nicht gedacht habe … nur einer nicht! Brauche den Namen wohl nicht nochmals explizit zu erwähnen … Ich bin unsagbar traurig!«

21:00 Uhr
Katie an Sanny
»Und?«

21:02 Uhr
Sanny an Katie
»Nichts … Gehe gleich schlafen und will nie wieder etwas von ihm hören. NIEMALS!«

21:05 Uhr
Katie an Sanny
»Für uns ist der ab sofort gestorben!«

22:38 Uhr
Sanny an Katie
»Ich fasse es nicht … er hat nicht angerufen. Dafür habe ich eben eine kurze SMS bekommen mit ›Alles Gute zum Geburtstag, lass es krachen. Der Mika!‹ Bin so traurig. Ich war ihm nicht mal einen Anruf wert. Wahrscheinlich ist die Alte wieder da. Ich meld mich nie mehr!! Der kommt schon, wenn er erst mal aufwacht. Idiot.«

22:40 Uhr
Katie an Sanny
»Dass der Dir echt nur so eine Standardmail schickt, hätte ich niemals erwartet. Vergiss ihn! Wir sollten uns über diesen Menschen gar nicht mehr unterhalten. Es langweilt!«

Datum: 08.10.

07:04 Uhr
Sanny an Katie
»Geht los!«

11:05 Uhr
Katie an Sanny
»Ey, dachte, Sanny on Tour gäbe es nur beruflich … Deine ewige Reiserei nimmt langsam überhand … Viel Spaß!!! Hoffe, Du hast ausreichend Kondome im Gepäck? Obwohl, dann ist der Koffer ja mindestens halb voll … Oder ist das bei Dir Handgepäck? Könnte peinlich werden … ☺«

20:05 Uhr
Katie an Sanny
»Wie geht es Dir? Gelandet?«

20:10 Uhr
Sanny an Katie
»Gut – ich glaube, ich werde hier Erholung pur erleben! Die Malediven sind das Paradies. Wenn ich mal sterbe, obwohl ich gern Highländer wäre, möchte ich, dass das im Himmel so ist, wie hier! Türkisfarbenes Wasser, weiße Strände, so weit das Auge reicht und bestes Essen. Einfach der perfekte Platz: the place to be! Vermisse merkwürdigerweise Mika ohne Ende. Hoffe, bei Dir ist alles gut?«

20:15 Uhr
Katie an Sanny
»Ja, alles den Umständen entsprechend okay. Mum und Dad waren heute bei mir. Die beiden sind Goldstücke – stehen zwar

immer noch leicht unter Schock, jedoch auch zu hundert Prozent hinter mir. Kannst Dir ja ausmalen, was die sich noch immer aus der buckeligen Verwandtschaft anhören müssen ... Ist doch nicht die erste Hochzeit, die geplatzt ist ...! Und sie machen sich Sorgen wegen meiner Arbeitslosigkeit ...«

20:17 Uhr
Sanny an Katie
»Na ja, bei Dir ist es eben, sagen wir, nicht ganz glücklich gelaufen ... aber was kommt Dein Zukünftiger auch auf die Damentoilette, während Dich Dein Ex-Lover nahezu beglückt?«

20:20 Uhr
Katie an Sanny
»Erinnere mich nicht mehr daran. Markus tobt immer noch, seine Eltern werden mich bis zum jüngsten Tag verachten ... Peter bleibt bei seiner alten Gans und ich fliege übermorgen nach Köln!«

20:23 Uhr
Sanny an Katie
»Schon aufgeregt und geübt im Spritzen setzen????«

20:26 Uhr
Katie an Sanny
»Du denkst doch auch nur noch an das eine ... Und ich auch! Oliver hat mich eingeladen! Der hat zwei Wochen drehfrei, und da ich ohne Arbeit hier mein Dasein friste, dachte ich: Köln, ich komme! Und vom timing würde ich sagen: perfekt gelaufen!«

20:30 Uhr
Sanny an Katie
»... da sind wir dabei ... dat is pri-i-ma ...! Aber Du wirst doch nicht ... willst Du nicht erst einmal zur Ruhe kommen ...???«

20:37 Uhr
Katie an Sanny
»Den besten Sex haben Frauen zwischen 30 und 40 Jahren ... Ich bin 31, verdammt!!!! Und ganz ehrlich: ich brauche mal ein wenig körperliche Nähe ... Der Typ ist nun schon einige Zeit mein Filmpartner, die Küsse beim Dreh waren gigantisch, und jeden Mann, der gut küssen kann, möchte man doch als Frau ohnehin mal vögeln ... Schatz: ich passe auf und lasse es mal alles auf mich zukommen!«

20:38 Uhr
Sanny an Katie
»Mach das! Hab Dich lieb, danke, dass es Dich gibt! Sag mal: was glaubst Du? Ehrlich ... werden Mika und ich je wieder zusammenfinden? Ehrlich!«

20:39 Uhr
Katie an Sanny
»Ich wünsche es Dir so und ich sage Dir, der leidet. Schau Dir doch mal das furchtbare Weib an seiner Seite an. Da ist Anneliesa ja ein Traum dagegen! Die Schreckschraube ist doch nur Ablenkung. Männer machen das immer. Würde mich nicht wundern, wenn Markus und Peter auch schon neue Weiber haben ...«

Datum: 09.10.

17:45 Uhr
Katie an Sanny
»Na, Maus! Was macht die Urlaubsstimmung?«

17:50 Uhr
Sanny an Katie
»Zum Weglaufen ... Der Fleischmann geht mir nur noch auf den Sack. Der stresst tierisch! Dieser olle Spießer. Heute sind wir Jetski gefahren. Nein, er ist getuckert und ich habe mich hinten drauf gelangweilt. Was für ein Speed-Junkie. Fuhr bestimmt 10 km/h ... konntest schneller nebenher schwimmen. Dann hat der Klamotten an – zum wegrennen. Wie konnte ich nur mit dem Komplex-Heini in den Urlaub, obwohl ich ihn gar nicht richtig kenne? Und: wie konnte ich mich so täuschen? Ich könnte zusammen sein mit allen Männern dieser Welt – und mein Herz wird trotzdem immer Mika gehören.«

17:54 Uhr
Katie an Sanny
»Arme Maus. Schieß ihn ab, wenn Ihr wieder in Deutschland seid. Ist ja kein Zustand ... Bin grade gelandet, und eigentlich müsste Oliver gleich kommen. Bin gespannt, wo und wie er wohnt. Erinnerst Du Dich an die Anfänge mit Mika? Die WG? Mir bleibt hoffentlich wenigstens das erspart ... habe genug Scheiße in letzter Zeit durchlebt ...! Du bekommst Mika wieder – Ihr habt Euch nach so kurzer Zeit so innig geliebt. Und er liebt Dich immer noch!«

17:56 Uhr
Sanny an Katie
»Glaube ich nicht … er ist glücklich mit der hässlichen Schlampe. Bin heute so traurig … Ich bin ihm ja nicht einmal eine SMS wert … er meldet sich null! Obwohl die Kuh wieder in Ungarn ist. Aber ich melde mich auch nie wieder! Nie wieder! Schön, dass es bei Dir so aufregend ist – genieße!«

17:57 Uhr
Katie an Sanny
»Erst mal sehen … Ich rufe Mika morgen mal an, Maus! Der ist doch froh, wenn er mal reden kann und News über Dich erfährt. Was glaubst Du, wie er kotzt, dass Du mit Ansgar auf den Malediven bist. Und wo sitzt er mit seinem Flittchen? In der von Dir eingerichteten Bude, und jede Sekunde muss er an Dich denken, weil ihn einfach alles an Dich und Eure Zeit erinnert …!«

17:58 Uhr
Sanny an Katie
»Süße: Du würdest mir doch wirklich sagen, wenn er Dir im Gespräch sagt, wie sehr er dieses Bauernmädchen liebt und dass es nie wieder was mit uns wird, oder? Egal, wie traurig es mich macht … ich liebe Dich, gut, Dich zu haben. Sag mal, ist ja schon ziemlich spät. Wann ist denn Dein Casting?«

17:59 Uhr
Katie an Sanny
»Um acht Uhr! Mache mich bei Oli noch frisch, lese noch mal alles durch und hoffe, dass ich dann überzeugen kann!«

18:00 Uhr

Sanny an Katie

»Wenn nicht Du – wer dann??? Du bist die Größte, die Beste und kannst alles schaffen!!!«

22:03 Uhr

Katie an Sanny

»Champagner für alle! Die negative Bestrahlung ist vorbei! Ich habe gesiegt! Und ich werde nicht die Susie sein, sondern habe die Hauptrolle bekommen!!!! Die waren so hin und weg und maßlos begeistert, dass ich der neue Top-Star bin. Das Leben hat wieder einen Sinn, und nun muss Olli ran!!!!!!!«

22:04 Uhr

Sanny an Katie

»Sensationell! Rufe Dich in fünf Minuten an!«

Datum: 10.10.

12:00 Uhr

Katie an Sanny

»So, Lagebericht: die Nacht war okay, aber er küsst besser, als er fickt! Und dabei war ich so juckig … Habe direkt gemerkt, dass ich noch nicht soweit bin. Peter ist zu präsent in meinem Kopf, in meinen Gedanken und einfach Millionen Mal besser … Fliege nun doch heute wieder heim. Gehe erstmal ein kräftiges Katerfrühstück einwerfen. Hab Bock auf fettiges und schmieriges Huhn! Wo ist der nächste Imbiss????«

12:35 Uhr
Katie an Sanny
»Die Kölner sind doch im Karneval steckengeblieben … habe mir ein halve Hahn bestellt und was habe ich daraufhin bekommen? Ein belegtes Käsebrötchen … Hilfe!«

14:35 Uhr
Sanny an Katie
»Ich kann den Fleischmann nicht mehr ertragen. Vermisse Mika so sehr!«

17:07 Uhr
Sanny an Katie
»Bitte hole mich sofort ab! Ich werde verrückt! Das ist der letzte Typ!«

17:30 Uhr
Katie an Sanny
»Ach Scheiße. Da bist Du auf der Trauminsel, und der Typ ist Horror. Halte durch, mach Dein Ding und versuche das alles trotzdem zu genießen. War ja teuer genug. Schlimm, dass der Dich nicht eingeladen hat …«

20:00 Uhr
Sanny an Katie
»Kennst Du das, wenn man den anderen nicht einmal mehr riechen kann? Ansgar stinkt!«

20:05 Uhr
Katie an Sanny
»Hab Dir doch gleich gesagt, dass das ein Vollidiot ist!«

Datum: 11.10.

12:05 Uhr
Sanny an Katie
»Ich ruf Dich nachher an. Hab Heimweh. Vermisse Dich. Und Mika … Kann es nicht erklären. Will nur weg. Er geht mir so auf die Nerven. Ende. Meld mich, wenn Luft rein.«

13:54 Uhr
Katie an Sanny
»So schlimm?«

13:56 Uhr
Sanny an Katie
»Ach, alles furchtbar. Bin so abgeturnt. Will nur weg. Mehr später. Schön, dass Du bei mir bist.«

15:04 Uhr
Sanny an Katie
»Schatz, jetzt regnet es ununterbrochen … Und er ist einfach schwachsinnig und komplexbeladen.«

16:09 Uhr
Sanny an Katie
»Will nach Hause … ☹«

16:14 Uhr
Sanny an Katie
»Du kannst Dir nicht vorstellen, was für kranke Macken der im alltäglichen Leben hat. Muss ich Dir alles erzählen. Du wirst schreien vor Lachen.«

17:00 Uhr
Sanny an Katie
»Meldest Dich ja gar nicht … Fleischmann liegt wie immer im Bett. Der schaut fern. Wie spannend. Nein, das kann es nicht sein. Muss mein Leben dringendst neu ordnen. Komplett umstellen und ändern.«

20:00 Uhr
Katie an Sanny
»Sorry, habe heute mit den Vertragsverhandlungen so zu tun gehabt … Unglaublich, wie schnell und professionell die arbeiten. Nicht zu vergessen, wie großzügig die sind: ich bekomme die doppelte Gage … Was war denn gleich noch mal Lovely Train ☺????? Ansgar???? Habe Dir von Anfang an gesagt, dass der gestört ist!«

20:10 Uhr
Sanny an Katie
»Haben uns so gestritten … nein, ich mich mit ihm … Habe ihm erst mal an den Kopf geknallt, wie unflexibel und abnormal er ist. Jetzt fängt der an, Listen zu schreiben … Der notiert genau, was ich sage und was ihm an mir missfällt. Sprich: er legt sich Ordner an für private Geschichten. Mehr geht ja nicht …! Er sagt, ich wäre so beleidigend. Der kann doch nicht mal mit angemessener Kritik umgehen!«

20:12 Uhr
Katie an Sanny
»Bitte was? Der kann mit Deiner Ehrlichkeit nicht umgehen, aber Du sollst mit seiner – die keine ist – klar kommen? Der ist zu blöd, um aus dem Bus zu winken! Außerdem sieht der Typ scheiße aus!«

Datum: 12.10.

12:06 Uhr
Sanny an Katie
»Er sieht abends TV und morgens. Hallo? Es scheint die Sonne und er schaut in die Glotze!!! Furchtbar. Ich habe mir das echt anders vorgestellt. Ich vermisse Mika … oder anders: ich will mein altes Leben zurück! Aber der ist immer noch glücklich mit seiner Stinke-Kuh!«

12:12 Uhr
Sanny an Katie
»Freue mich so auf Dich. Wir machen uns das mal so richtig gemütlich und pupen in Dein Sofa … Schön auch, dass ich auf Dein Anraten noch vor'm Urlaub bei der Kartentante war. Du weißt schon: Frau Sybilla. Aber die hat nur Schrott erzählt!«

12:15 Uhr
Katie an Sanny
»Das verstehe ich einfach nicht. Bei mir ist doch alles eingetroffen, was sie in den Karten gesehen hat … leider! Hätte gern darauf verzichtet – glaube mir. Wie kann die sich denn bei Dir nur so irren? Was hat sie denn genau falsch interpretiert?«

12:17 Uhr
Sanny an Katie
»Na – um es auf den Punkt zu bringen: ALLES von der Dame ist ein einziger Irrtum gewesen. Wie sagte sie noch so schön? Herzlichen Glückwunsch – die Suche ist vorbei. Sie haben den Mann, den Sie heiraten werden, gefunden. Sie werden sehr glücklich. Und ich hatte noch kleine, leichte Panikattacken, weil ich mir nicht vorstellen konnte, dass ich nun ausgerechnet den spießi-

gen Fleischmann heiraten werde, und ich konnte mir – um ehrlich zu sein – auch nicht vorstellen, dass dieser Typ mich nun so glücklich macht. Aber okay. Jetzt habe ich mich auf den Urlaub eingelassen und erlebe die Hölle …!«

12:18 Uhr
Katie an Sanny
»Schande. Und nun? Ruf die doch noch mal an …!«

12:20 Uhr
Sanny an Katie
»Schätzele – habe ich schon! Eben gerade hier von den Malediven. Schön teuer per Handy. Und jetzt kommt's – das hätte sie nie gesagt! Hallo? Bin ich jetzt verwirrt? Bekomme ich irgendwas durcheinander? NEIN! Sie hätte lediglich gesehen, dass eine Ehe mit dem Fleischmann gut gelaufen wäre, aber er ist es nicht! Da kommt ein ganz anderer Mann! Soll ich Dir mal was sagen? Verarschen kann ich mich alleine. So eine dumme, dumme Betrügerin. Die hat gelogen, die alte Hexe!«

12:28 Uhr
Katie an Sanny
»Sei nicht so ungerecht. Beruflich hat sie doch in vielen Punkten bei Dir goldrichtig gelegen. Und vielleicht kommt Mika ja auch wieder? Sei froh, dass Du diesen verklemmten und irren Typen von Fleischmann nach dem Urlaub los sein wirst. Der passt so null zu Dir! Du bist, wie Du bist, und er wollte Dich doch nur verändern. Das kann ich schon mal gar nicht leiden!«

12:30 Uhr
Sanny an Kati
»Dieser alte Wichser!«

12:35 Uhr
Katie an Sanny
»Der hat doch nicht nur ’ne Macke, der ist eine Macke an sich und außerdem hat er auch noch einen Sprachfehler!«

12:45 Uhr
Sanny an Katie
»Nein – das stimmt so nicht!«

12:50 Uhr
Katie an Sanny
»Er lispelt leicht! Definitiv!«

12:52 Uhr
Sanny an Katie
»Die von RTL lispelt auch!«

13:00 Uhr
Katie an Sanny
»Ja und? Findest Du das süß? Findest Du das wirklich SÜSS????????«

13:01 Uhr
Sanny an Katie
»Ich finde ja auch Christopher Lambert ganz süß …!«

13:03 Uhr
Katie an Sanny
»Ach was? Willst Du jetzt etwa sagen, Dein Ansgar hat neben dem Schlick auf der Zunge auch noch Schielaugen?«

13:06 Uhr
Sanny an Katie
»Nein – er schielt nicht, er hat einen total erotischen Silberblick! ☺«

13:10 Uhr
Katie an Sanny
»Seine Zähne sind unecht! Und seine Frisur!!! Neulich hat der sich seine Haare zum Basecap geformt.«

13:14 Uhr
Sanny an Katie
»Ein Alptraum! Stell Dir vor, ich hätte von dem Schrottvogel versehentlich ein Kind bekommen …«

13:17 Uhr
Katie an Sanny
»Jetzt wird's aber lustig … Wie bitte das?«

13:18 Uhr
Sanny an Katie
»Weiß ich auch noch nicht so genau, Betriebsunfall oder Loch im Kondom … Aber eines weiß ich genau: die ersten Worte dieses Kindes! Nicht etwa Mama, Papa oder Auto – nein: DAS IST NICHT KORREKT! Hat er ja in jedem zweiten Satz gesagt, wenn ich etwas falsch gemacht habe!«

13:28 Uhr
Sanny an Katie
»Jetzt ist das mit Mika schon über eine Woche her! Eine Woche, und seit er sich getrennt hat, haben wir nur einmal gepoppt! Also, nur eine Nacht lang: drei Mal!«

13:31 Uhr
Katie an Sanny
»Drei Mal nur? Wenn man sich trennt, poppt man eigentlich gar nicht mehr! Entschuldigung!«

13:35 Uhr
Sanny an Katie
»Das stimmt!«

17:00 Uhr
Sanny an Katie
»Der Fleischmann geht zum Lachen in den Keller! Man könnte das ja auch alles hier von der lustigen Seite sehen und drüber lachen. Aber der geht das mit einem so tierischen Ernst an. Will alles stundenlang ausdiskutieren. Ich glaube, ich fand ihn viel lustiger, als er mich. Dabei bin ich die Lustige!«

17:03 Uhr
Katie an Sanny
»Humor soll ja eher ein männliches Gen sein. Somit ist Dein Fleischmann ein Weib!«

17:06 Uhr
Sanny an Katie
»Er will für sein Kind eine Wassergeburt – hat er mir erzählt … die arme Frau an seiner Seite … ich bin es nicht!«

17:08 Uhr
Katie an Sanny
»Das passt zu ihm! Ich sage doch, der hat sie nicht alle. Hast Du Dich in der Wanne beim Rasieren mal geschnitten? Weißt Du, was das für eine Sauerei ist? Ein Tropfen Blut sieht aus, als hätte Dich der weiße Hai angeknabbert. Und da soll sein Weib das Kind

rauspressen? Und die Nachgeburt ploppt hinterher? Danke, nein – ich bekomme ja einen Kaiserschnitt. Einen schönen sauberen Cut!«

17:10 Uhr
Sanny an Katie
»Erstmal müssten wir Männer haben, die uns schwängern wollen und die uns lieben – und zwar so, wie wir sind!«

17:14 Uhr
Katie an Sanny
»Wusstest Du eigentlich, dass die Samen vier bis fünf Tage im Unterleib einer Frau abhängen und auch noch überleben?«

17:16 Uhr
Sanny an Katie
»Ist das so? Ich habe das Gefühl nach dem Sex, dass der ganze Rotz sofort rausläuft …«

17:20 Uhr
Katie an Sanny
»Die bleiben drin, und es kann nur ein Samen befruchten. Der Schuss muss sitzen. Die Samen, die Mädchen machen, leben im Übrigen länger. Das heißt: wenn ich heute das Ende meiner Tage habe und ficke, dann habe ich ein paar Tage später den Eisprung und kann schwanger werden! Ich habe im Biologie-Unterricht aufgepasst!«

17:23 Uhr
Sanny an Katie
»Wow – jetzt weiß ich mehr!«

23:00 Uhr
Sanny an Katie
»Gehe schlafen. Null Bock auf Sex. Ansgar ist auch geschafft – von der Dramatik in der Flimmerkiste. Und rumliegen strengt ja auch echt an … Will nach Hause!«

Datum: 13.10.

10:03 Uhr
Sanny an Katie
»Der hat Nerven – jetzt sitze ich wieder alleine beim Frühstück und er wagt es, mir eine SMS zu senden. Inhalt: Spatzl, mogscht miar net a friesches Cruassongl bringen? Und mit mir gmeinsam kuschelig frühstücken? Grins? Ich kotze!«

10:10 Uhr
Katie an Sanny:
»Nimm die Beine in die Hand und renne. Hau einfach ab da! Du willst keinen Mann, der SMS schickt mit GRINS, GRUNZ, LACH, SMILE und der Kater Carlo im Mickymaus-Heft beste Konkurrenz macht. Und Du willst auch keinen Mann mit schwerstem Dialekt! Trenn Dich bittschön soafoart! Lach …«

10:11 Uhr
Sanny an Katie
»Jetzt fängst Du auch schon an … und wegrennen? Eher schwimmen …!«

10:12 Uhr
Katie an Sanny
»Das ist korrekt!«

11:05 Uhr
Sanny an Katie
»Der frisst wie ein Bauer!«

11:09 Uhr
Katie an Sanny
»Weißt Du was? Wärst Du so bescheuert wie die minderbemittelte Magdalena, dann hättest Du Dir sicher seine Initialien A. F. über Deinen Hintern tätowieren lassen. Ansgar Fleischmann – wie lustig! So hättest Du ihn für immer verewigt. Und hättest Du das getan und würdest es zum jetztigen Zeitpunkt bereits bitter bereuen, so könntest Du das Ganze einem eventuellen, neuen Partner wunderbar erklären mit: AF steht für: Anal-Fick! Grunz!«

11:12 Uhr
Sanny an Katie
»Hör bitte auf!!! Habe Bauchschmerzen vor Lachen! Weißt Du was? Ich habe es einfach so satt hier. Bitte schaue mal für mich ins Internet, ob morgen ein Flug nach Hause geht! Habe hier keinen Zugang!«

11:14 Uhr
Katie an Sanny
»Ernsthaft? Und die schönen Malediven verlassen? Da ich momentan noch so viel Freizeit habe, kann ich das gerne machen!«

11:17 Uhr
Sanny an Katie
»Ernsthaft. Bitte … bevor ich zur Mörderin werde … Tod im Urlaubsparadies!«

12:01 Uhr
Katie an Sanny
»So – travel agent Katie berichtet: morgen früh – Abflug 10:30 Uhr. Soll ich umbuchen?«

12:03 Uhr
Sanny an Katie
»Du bist ein Engel! Danke! Ich rufe da selbst an. Habe eine tolle und kompetente Reisetante! Heimat, ich komme!«

13:33 Uhr
Sanny an Katie
»Alles geregelt! Die Umbuchungskosten sind zwar unverschämt, aber mir ist die Aktion jeden Cent wert! Der Fleischmann wird Augen machen!«

13:35 Uhr
Katie an Sanny
»Wahrscheinlich bekommt er das gar nicht mit! Ich war auch nicht untätig und habe mit Mika telefoniert!«

13:36 Uhr
Sanny an Katie
»In echt?????Was? Wie? Wo? Mika????!!!! Und?????«

13:40 Uhr
Katie an Sanny
»Anfänglich hatte ich das Gefühl, dass er betont cool und desinteressiert sein wollte. Aber im Laufe des Gesprächs taute er auf und ließ durchblicken, dass ihm das überhaupt nicht passt, dass Du nun mit einem anderen Kerl Urlaub machst. Er wollte alles genauestens wissen. Was Ansgar für'n Typ ist, wieso Ihr im Urlaub seid und seit wann Du ihn kennst und ob Du Dich verliebt hast. Von Magdalena kein Wort! O-Ton: Das interessiert doch jetzt auch nicht mehr! Das kriselt, wenn es nicht mal schon vorbei ist!«

13:45 Uhr
Sanny an Katie
»Wirklich????? Meinst Du, wir haben noch eine Chance? Hat er gesagt, dass er mich noch liebt????«

13:48 Uhr
Katie an Sanny
»So weit ist er nicht gegangen, aber er hat gesagt, dass das etwas Besonderes zwischen Euch war und ist!«

13:50 Uhr
Sanny an Katie
»Ich fliege morgen heim und hole ihn mir wieder!!!!! Ich muss einfach!«

Datum: 14.10.

09:34 Uhr
Sanny an Katie
»So, sitze endlich am Flughafen. Scheint alles pünktlich zu gehen … Ey, der olle Fleischmann hat noch nicht mal mehr Tschüß gesagt … verstehe ich gar nicht. Dusseliges Dreckschwein. Auf ein Nimmer-Wiedersehen! Melde mich aus München heute Abend!«

09:40 Uhr
Katie an Sanny
»Da werden wir den Abschied vom Fleischmann begießen! Juhu!«

09:45 Uhr
Sanny an Katie
»Das wird der beste Champagner meines Lebens!«

21:36 Uhr
Katie an Sanny
»Sitzt Du noch gelähmt vor Schiss im Flieger oder was ist los? Wo bleibst Du?«

22:10 Uhr
Sanny an Katie
»Sorry, Schatz – ich bin gut angekommen. Schaffe es heute nun doch nicht mehr zu Dir! Ich erkläre Dir alles morgen!«

22:12 Uhr
Katie an Sanny
»Schade … verstehe ich jetzt zwar nicht ganz … aber Hauptsache, Dir geht es gut! Bis morgen dann!«

Datum: 15.10.

14:00 Uhr
Katie an Sanny
»Weißt Du was? Ich hole Dich da aus dem Fleischmann-Knast und Du sagst mir nicht nur ab, Du meldest Dich gar nicht mehr! Posttraumatische Urlaubsdepressionen?«

14:50 Uhr
Katie an Sanny
»Sandra? Ich möchte Dir was Wichtiges sagen!«

15:05 Uhr
Sanny an Katie MMS

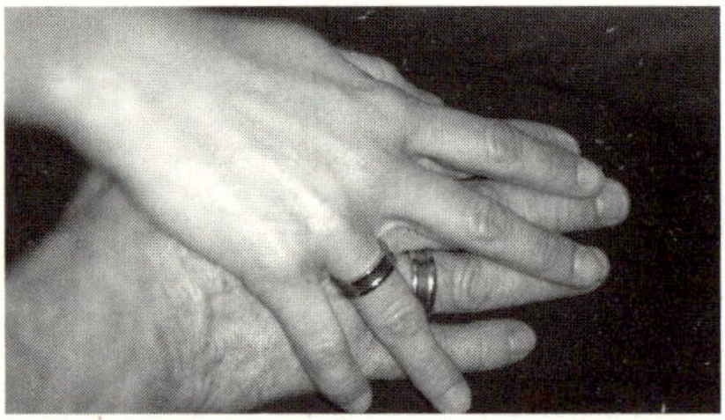

15:06 Uhr
Katie an Sanny
»Was soll das?«

15:08 Uhr
Sanny an Katie
»Du darfst mich ab sofort Frau Meier nennen! Nach der Landung gestern in München stand Mika am Flughafen und hat mich abgeholt! Wir sind aber nicht nach Hause, sondern er hat mir zwei Tickets nach Vegas in die Hand gedrückt! Eins für mich und eins für ihn – mit den Worten: wenn Du mich noch willst, dann lass

uns die letzte Chance nutzen! Willst Du mich heiraten? Mir rutschte mein Herz in die Hose! Ich bin fast in Ohnmacht gefallen vor Aufregung! Ich weiß gar nicht, ob er mein JA verstanden hat … glaube, mein Mund stand einfach nur offen … Er hat mich gepackt, wir sind in die letzte Maschine nach Los Angeles und sofort weiter nach Vegas! Es ist zu unglaublich, um wahr zu sein!!!!! Ich bin so unendlich glücklich und, ohne je verlobt gewesen zu sein, eine frischgebackene Ehefrau! Und: habe den besten Ehemann der Welt!«

15:10 Uhr
Katie an Sanny
»Willst Du mich verarschen???? Das gibt es doch gar nicht … aber ich freue mich echt für Euch! Auch wenn ich es als schwerst durchgeknallt empfinde! Aber so was kann man ja auch wieder annullieren … Kleiner Scherz! Du bist am Ziel!!!! Glückwunsch! Und ich dumme Nuss habe mir nichts dabei gedacht, als Mika mich nach dem ersten Telefonat noch mal anrief, um zu fragen, wann Du eigentlich zurückkommen wirst … Hatte es Dir auch gar nicht erst erzählt, weil … ach, ist jetzt auch alles egal! Was ist denn das nur heute für'n Tag? Der Himmel ist auch nur die Hölle oder umgedreht … hab gerade eine zweideutige SMS von Peter bekommen … ich leite sie Dir mal direkt weiter …«

15:12 Uhr
Katie an Sanny, leitet Mail von Peter weiter
»Die Zeit ohne Dich ist kaum auszuhalten … Du fehlst mir in jeder Sekunde meines Lebens – egal ob ich dusche, etwas esse, Sport mache oder mich mit Freunden treffe … alles, was ich tue, ist nichts wert ohne Dich. Ich hätte es nie für möglich gehalten, aber Du hast mich geöffnet für die wahre Liebe. Allein Dir das zu schreiben … das würde mir niemand glauben, aber Du bist meine Traumfrau und ich liebe Dich aus tiefstem Herzen. Bitte komme

zu mir zurück, ich kann nicht mehr ohne Dich leben. Ich verspreche Dir, ich werde Dich glücklich machen und ich weiß, was das bedeutet und werde alle Konsequenzen tragen und diesen Weg mit Dir gemeinsam gehen!!! Bitte lass mich wieder Dein Mann sein, wie ich es immer war und für immer wieder sein möchte!! Meld Dich … bitte!«

15:13 Uhr
Sanny an Katie
»Baff!!!«

15:14 Uhr
Katie an Sanny
»Ja, oder? Ich meine, das ist doch krank? Nach allem, was zwischen uns war und passiert ist? Was soll ich denn damit anfangen? Und vor allem: was soll ich tun? Das hat er doch schon hundertmal versprochen und nie geschafft. Für ein weiteres Mal bin ich nicht mehr stark genug … wie der zerbrochene Krug, der immer wieder geklebt wird, aber irgendwann ist er nicht mehr das Original und auch nicht mehr schön und zu retten. Ich weiß echt nicht … was meinst Du?«

15:20 Uhr
Sanny an Katie
»Maus … lass Dich nicht verarschen … aber übersieh auch nicht die wahre Liebe, die letztendlich immer siegt – wie bei Mika und mir!!!! Wir sind verrückt – und das Ganze ist einfach irre … aber so lieben und leben wir. Wir sollten tatsächlich mal ein Buch darüber schreiben … ☺«

15:25 Uhr
Katie an Sanny
»Recht hast Du – und ohne Witz – trotz allem können wir sagen: Aber … wir leben!!!! ☺«

www.annaheesch.de

www.alida-kurras.de